Alpine Guide

ヤマケイ アルペンガイド

関東周辺
週末の山登り
ベストコース160

東京区部・高尾・奥多摩
奥武蔵・秩父・外秩父・北秩父／房総・三浦半島・鎌倉・湘南
東丹沢・西丹沢／箱根・湯河原・伊豆・伊豆諸島
中央沿線・富士山周辺・富士山／奥秩父・大菩薩
八ヶ岳・中信高原・諏訪／南・中央・北アルプス
北関東・日光・奥日光・那須
尾瀬・上毛・西上州
上越国境・信越国境・越後・上信国境
東信・頸城

Alpine Guide

ヤマケイ アルペンガイド

関東周辺
週末の山登り
ベストコース160

Contents

百	日本百名山
二百	日本二百名山
三百	日本三百名山
関東	関東百名山

106 美ヶ原

長野県

群馬県

104 蓼科山
霧ヶ峰 105
103 北横岳

御座山 2112
両神山 37 38

松本

塩尻

上諏訪
諏訪市
茅野

硫黄岳 102
赤岳 102

野辺山
清里
101 飯盛山
瑞牆山 95 96
92 甲武信ヶ岳

98 西沢渓谷

諏訪

小海線

諏訪湖

入笠山 107 108 富士見

金峰山 93 94
97 乾徳山

須玉

茅ヶ岳
1704

伊那

伊那市

木曽駒ヶ岳 113 114

109 甲斐駒ヶ岳
仙丈ヶ岳 110
111 112 北岳

韮崎
韮崎市

大菩薩嶺 99 100
塩山
甲州市

駒ヶ根

2864
空木岳

甲府昭和
甲府
甲府

勝沼
塩山
中央本線

駒ヶ根

飯田線

天竜川

松川

間ノ岳 112
3051
農鳥岳
塩見岳
3047

白根

甲府南
増穂
穂

中央自動車道

高川山 81 82

三ツ峠 83 84

飯田市

152

山梨県

下部温泉早川

三峰口

伊豆ヶ岳 27 28

正丸
西武秩父線
吾野
299

25 物見山

河口湖
富士吉田

石割山 89

三国山

富士山 (吉田口) 85 86

大高山 26
日和田山 25
高麗

多峯主山 24
天覧山 24

蕎麦粒山 18
川苔山 17

棒ノ折山 31

19 鷹ノ巣山
高水三山 11

奥多摩
鳩ノ巣
川井
御嶽
二俣尾

加治丘陵 23

飯能市
仏子

富士山 (富士宮口) 87 88

越前岳 91

新富士

長泉沼津

御岳山 12
13 日の出山

青梅線

青梅

沼津

大岳山 14

圏央道

新東名高速道路

富士宮市

15 16 三頭山

武蔵五日市
あきる野
拝島

五日市線

沼津

77 坪山

22 浅間嶺

金冠山 73

達磨山 73

9 奥高尾縦走
10 生藤山
7 景信山

八王子

2 八王子城山

駿河湾

八重山 76

扇山 78 79

中央自動車道

陣馬山 8
相模湖

高尾
高尾山口
京王線

八王子

5 6 高尾山

静岡県

上野原
野原
藤野

相模湖

中央本線

3 4 草戸山

猿橋

N

0   5   10km

関東周辺 週末の山登り ベストコース160

Index Map ❶

関東周辺 週末の山登り ベストコース160

Index Map ❷

N

0   10   20km

角田山 [151] ▲巻
巻山
弥彦山
638▲
弥彦
越後線
長岡
長岡市
柏崎
柏崎
米山 ▲993
越後川口
信越本線
柿崎
十日町
六日町
ほくほく線
柿崎
直江津
上越
上越妙高
北陸新幹線
えちごトキめき鉄道
上越高田
火打山 [160]
焼山
2400▲
妙高山 [160]
妙高高原
黒姫山
2053▲
黒姫
豊田飯山
上越市
妙高市
上信越自動車道
津南
上越新幹線
塩沢石打
湯沢
谷川岳
145
苗場山 [147][148]
鳥甲山
2038▲
平標山 [146]
仙ノ倉山 146
2140▲
白砂山
野反湖
17 水

富山県
犬ヶ岳
▲1593
朝日岳
2418▲
白馬岳
唐松岳 [116]
五竜岳
2814▲
剱岳
▲2999
鹿島槍ヶ岳
▲2890
[119]立山
▲2821
針ノ木岳
三俣蓮華岳
2841
[115]燕岳
槍ヶ岳
▲3180
常念岳
2857▲
穂高岳
▲3190
穂高

根知
平岩
南小谷
白馬
大糸線
長野市
長野
長野自動車道
大町市
信濃大町
千曲川
18
上田菅平
上田市
別所温泉
松本

長野県
飯山
飯山市
飯縄山
1917
戸隠山
1904▲
湯田中
292
草津白根山 [152] ▲
[159]四阿山
万座・鹿沢口
大前
144
湯ノ丸山
[157][158]
籠ノ塔山 [156]
黒斑山 [155]
上田
小諸
小諸
しなの鉄道
佐久平
軽井沢
美ヶ原 [106]
142

群馬県
吾妻線
中之条
榛名山
1391
長野原草津口
146
浅間山 [153][154]
1104
妙義山
406
254

新潟県

⑧
403 五泉
磐越西線
津川
49
山都 喜多方 113
459
磐越自動車道 西会津 阿賀野川 吾妻山 1975▲
粟ヶ岳 ▲1293 御神楽岳 ▲1386 会津若松 磐梯山 1816▲ 安達太良山 1700▲
条市 252 会津若松 猪苗代
会津川口 猪苗代磐梯高原
守門岳 ▲1538 只見 只見線 福島県 会津鉄道 猪苗代湖 郡山
浅草岳 1586▲ 289 294
魚沼市 小出 入広瀬 会津朝日岳 ▲1624 289 会津田島 118
352 七ヶ岳 1636▲ 那須岳 (三本槍岳) 133 134
越後駒ヶ岳 ▲2003 荒沢岳 ▲1969 352 会津高原尾瀬口 那須岳 (茶臼岳) 133 134 新白河
▲八海山 150 丹後山 1809▲ 会津駒ヶ岳 2133▲ 荒海山 1581 121 那須 東北本線 289
平ヶ岳 ▲2141 帝釈山 2060▲ 上三依塩原温泉口 西那須野塩原 那須塩原 黒磯 那須塩原市 461 那珂川
49 巻機山 尾瀬ヶ原 135 燧ヶ岳 136 高原山 ▲1795 400 大田原市 400
土合 至仏山 137 138 139 140 アヤメ平 135 尾瀬沼 東北新幹線 那須烏山市
湯檜曽 武尊山 ▲2158 日光白根山 132▲ 霧降高原 127 127 128 大山 矢板 293
水上 玉原高原 141 高山 129 130 131 男体山 119
120 皇海山 ▲2144 日光市 日光 下今市 宇都宮 那須烏山市 294
沼田 122 東武日光線 宇都宮 123
沼田市 上越線 関越自動車道 赤城山 142 143 鹿沼 宇都宮上三川 50
渋川市 渋川伊香保 栃木県 北関東自動車道 笠間市
前橋市 前橋 桐生 栃木 小山 足利 太平山 125 126 雨引山 121
高崎市 高崎 両毛線 足利市 晃石山 126 船生 大平下 難台山 122 123
462 佐野 124 三毳山 264 筑波山 120
354 122 小山市 筑西市 友部 50

本書の利用法

❹コースの概要

その山の特徴や魅力、適期、紹介したコースの概要を記しています。⑩のアドバイスとともに、計画する前に目を通し、季節や好みを考慮して計画を立てることをおすすめします。

❶山名・標高・所在地

山名は国土地理院の「日本の山岳標高1003山」に準拠していますが、登山者に親しまれているもの、地元の表記を採用したものもあります。細分化した山名を併記した山もあります。所在地は山域と都道府県を併記。標高は2021年3月時点の数値で、小数点第1位まで記されている三角点が置かれたピークの場合、そのままの数値を紹介しています。データがないものは地形図から読み取った概数を記しています。

❷グレード

コースタイムや標高差、難所の有無などを考慮した無積雪期の難易度の目安です。難易度は時期や気象条件、登山道の状況、登山者の体力などで変動することもあります。余裕のある計画、無理のない行動を心がけましょう。特にビギナーはグレードが低い山から登りはじめることをおすすめします。

入門向き　歩行時間が2〜3時間程度で、累積標高差は300m前後まで。特に困難な場所はなく、登山に慣れていない人にも向いています。

初級向き　特に難所はなく、登山道や指導標も整備されていますが、歩行時間は4〜5時間程度、または累積標高差が500〜800m前後になります。

中級向き　歩行時間が5時間を超える、累積標高差が1000mを超える、登山道などの整備がやや劣る、初歩的な岩場がある、コースにわかりにくいところがあるなど、山慣れた人に向いています。

上級向き　歩行時間が特に長い、標高差が大きい、やや難しい岩場がある、コースがわかりにくい、高山で気象条件が厳しいなどの要素があるベテラン向きのコースです。

❸行程

コースごとに登山口と下山口など行程の概要、歩行時間、距離、標高差などを記しています。歩行時間は休憩時間などを含まない合計です。個人差、道の状況、荷物の重さなどで変動するので目安として考え、余裕ある計画、行程で臨んでください。距離、標高差は国土地理院の地図データから読みとったもので、多少の誤差が生じる場合もあります。標高差は登山口・下山口と山頂の差ではなく、実際に登り下りする累積標高差を記しています。

❺ピクト

花	花の群生や特徴種が見られる
展望	展望がすばらしい
温泉	登山口、下山口付近、コースの途中で温泉が利用できる
寺社	由緒ある社寺や見学・観光施設がある
紅葉 新緑	新緑、紅葉が美しい

❻カレンダー

山行に適した時期に色をつけています。低山では冬を適期としている場合もありますが、積雪や凍結に遭うこともあります。不安な場合は最新情報を確認してお出かけください。

❼コース高低図

縦軸は標高、横軸は水平距離で、コースにより比率を調整しており、実際の傾斜度とは異なります。地名と赤丸番号はガイド本文、コースマップと一致しています。国土地理院の地図データをもとに作成しており、実際とは多少の誤差がある場合もあります。原則としてメインで紹介したコースのものを入れています。

❽ガイド文

太字表記の地名はコースタイムの区切りの地点で、後ろの赤丸番号はコース高低図、地図と一致しています。自然災害などでコースの状況が変わることもあるので、計画を立てる際は現地の最新情報を確認し、万一のトラブルにも対処できるよう余裕ある計画、装備を調えて出かけると安心です。

❾アクセス

原則として鉄道の下車駅から記し、複数のコースを紹介した山ではコースごとに紹介しています。また、複数の経路がある場合、タクシー利用が有利な場合など、実情に即した注記、できるだけ具体的なデータを入れています。近年、登山地のデータ変動が激しく、特にバスの路線、運行が年ごとに変わる山もあります。最新情報を確認してお出かけください。駐車場は登山口に最寄りのものを主に、できるだけ台数や料金を入れています。

❿アドバイス

紹介する山について、新緑、紅葉、花などの時期を入れていますが、例年の標準的なもので、年により変動や当たり外れがあります。必要に応じて、逆コースやサブコース、コース中の施設などについても触れていますが、確実な利用には事前の確認をおすすめします。

⓫ plus 1

コース中や下山後に立ち寄れる温泉、食事処や店、山小屋などのデータ、サブコースなど、登山計画のヒントを解説しています。

⓬コースマップ

2万5000分の1地形図をベースに作成し、地図ごとに縮尺とスケールなどを表示しています。方位はすべて上が北です。太字表記の区切り地名、赤丸番号はコース高低図、本文と一致しています。2コースを紹介している場合、1番目のコースを赤破線、次を緑破線、サブコースがある場合は青破線で、1コースの場合は赤破線、サブコースを緑破線で記しています。三角点が置かれたピークで、地形図に標高数値が小数点第1位まで記されたものは、その数値を紹介しています。

⓭2万5000分の1地形図

コースが含まれる、国土地理院発酵の2万5000分の1地形図の図葉名を記しています。

主な地図記号

- - -	紹介コース	⛺	営業小屋
○	コースタイムポイント	⛺	避難小屋
♀	バス停	△	テント場
♨	温泉	✹	水場
Ⓒ	コンビニエンスストア	WC	トイレ
		Ⓟ	駐車場

関東の山に登る

　関東の範囲は、一般的には茨城、栃木、群馬、埼玉、千葉、東京、神奈川の1都6県。この本では周辺の新潟、長野、山梨、静岡なども含めて、日帰りおよび1泊で登れる山を収録しました。このエリアの最大の特徴は山の幅が広いこと。低山から高山、ハイキング向きの山から本格的な登山まであることでしょう。標高が高い方は、関東だけでも2500mを超える高山がいくつかあり、周辺には富士山、北・中央・南アルプスや八ヶ岳が入ってきます。

　一方の低山も個性豊かな山が目白押し。低いが展望が素晴らしい、花の群生地がある、歴史に触れられる、下山後に温泉でさっぱりして帰れるなど、様々な魅力を備えた山が豊富です。富士山の展望も関東ならではの魅力でしょう。西寄りのエリアでは間近に眺められ、その他のエリアでも思いがけず顔をのぞかせてくれます。その都度、前景や天気、富士

山の積雪量が変わることもあり、何度見ても新鮮でうれしいものです。

　茨城、千葉、東京、神奈川、静岡、新潟の各都県は海に面して、山の上から海がよく見えるのはもちろん、海岸から登り下りできる山、下山して海の幸に舌鼓を打てる山もあります。島国の日本ならではの楽しみ方です。さらに東京には船旅を楽しめる離島の山もあります。

　関東は全国で最も人口が多い地方で、全人口のほぼ3分の1が集中しています。その分、登山道や標識がよく整備され、登山者が多い山があるのは、ビギナーや単独行者に心強いし、一方で静かな山もたくさんあります。鉄道、道路ともに都心起点の幹線が多く、山へのアクセスが便利なことも関東の特徴で、日帰り、1泊圏内の山の選択肢を広げてくれます。関東の気象は太平洋型なので、冬も晴れた日が多く、雪が少ないので、一年を通して楽しめるのもうれしいところです。

＊

　私は『関東百名山』の共著者でもあります。そちらは厳密に関東のエリア内で、かつ関東側からアクセスできない山は原則として省き、尾瀬の燧ヶ岳、上越国境（越後）の巻機山などは惜しくも選外となりました。

　関東周辺の名山をフォローし、かつ、いわゆる名山でなくても登って

高山、花と楽しめる山も多い（尾瀬・至仏山）

海も富士山も眺められる低山（大楠山）

楽しい山を選ぼうと企画したのが本書の前身の『関東周辺 週末の山登りベスト120』です。当初は100山で考えたのですが、落とすには惜しい山があまりに多く、120とした経緯があります。幸い、読者のみなさんのご支持を得てリニューアル、本書の刊行となりました。セレクトも見直し、「茨城県は2山しか入っていない」といった声に応えて、身近な低山や中級山岳を増やしました。

　書名の「120」はガイド記事の項目数で、収録した山やコースはもっと多く、今回はコース数にフォーカス。さらに、サブコースをより多く紹介し、メインコースも含めて、より具体的でわかりやすいガイドをめざしました。総コース数の「160」を書名としましたが、さらに登山のヒントになるその他のコースも入れました。コース中のスポットや季節の楽しみも案内して、同じ山を繰り返し登っても楽しめる工夫もしました。永く登山の友としていただければ幸いです。　　　　石丸哲也

山の用語
本書の理解を助けるミニ用語集

■**うきいし**［**浮き石**］　斜面などにある不安定な石。不用意に乗ると転倒や落石の原因となり危険。

■**エスケープルート**　悪天候や体調不良時に早く、安全に下山できるコース。

■**おね**［**尾根**］　山頂と山頂をつなぐ峰筋、または谷と谷を分ける高くなった部分。山の骨格となる大きな尾根を主脈、主稜線、主脈から分かれる小さな尾根を枝尾根、支尾根、小尾根などともいう。

■**ガレ**　崩壊した斜面などで岩が散乱した所。岩ではなく砂利程度の場合はザレ、ザラ、岩がゴロゴロと敷きつめられたような所をゴーロなどともいう。

■**さんかくてん**［**三角点**］　測量のための定点で1等から4等まであり、通常、四角柱の花崗岩製石標。その山の最も高い所にあるとは限らない。

■**じゅうそう**［**縦走**］　ピークからピークへ尾根づたいに山を歩くこと。

■**ちょくとう**［**直登**］　斜面をまっすぐ登ること。

■**であい**［**出合**］　川や道の合流点を指す。分岐の対義語。

■**としょう**［**徒渉**］　橋のない川や沢を歩いて渡ること。

■**トラバース**　横断すること。特に斜面に対してよく使われる。

■**まく**［**巻く**］　ピークなどを直登せず、斜面を迂回してやり過ごすこと。滝や岩場を直登せず、避けることを高巻きともいう。トラバースと類義。

■**ルートファインディング**　正しいルートを見つけだす技術。道がわかりにくいガレ場や岩場、ヤブの中などでは慎重にルートを見極め、迷ったら登山道であることが確実な地点まで引き返すのが鉄則。

■**ろがん**［**露岩**］　登山道や地面に露出している岩。

東京都／区部

愛宕山
（あたごやま）

標高
25.7m

① 新橋駅〜虎ノ門ヒルズ駅

歩行時間：2時間50分 ｜ 歩行距離：8.1km ｜ 標高差：登り55m・下り53m

23区の最高峰へ大名庭園から「縦走」

自然の地形で、地形図に記され、三角点もある山の東京区部最高峰が愛宕山。付近の庭園の築山や古墳とあわせて歩けば、東京の知られざる姿や歴史を発見でき、新鮮で歩きがいのあるコースだ。コロナ禍で提唱されたマイクロツーリズムの要素も。

① 新橋駅〜虎ノ門ヒルズ駅

新橋駅❶から高層ビルが並ぶ近代的な汐留シオサイトの歩行者デッキを通り、江戸時代の大名庭園で池泉回遊式の浜離宮恩賜庭園へ。潮の満ち干で水位が変わる潮入の池を囲み、富士見山、御亭山など4座の築山がある。最高峰の富士見山でも高さ約5mだが、山頂からの園内風景は美しい。

浜離宮発着所❷から水上バスで日の出桟橋発着所❸に上陸。竹芝ふ頭客船ターミナルを通り、やはり大名庭園の旧芝離宮恩賜庭園へ。園内を一周して、高さ約5mの大山に登ろう。増上寺❹は徳川家の菩提寺で壮大な三門や本堂が並ぶ。周囲を囲むように芝公園が広がり、その南側にある芝丸山古墳は名前のとおりの小山。全長104m、高さ8mで都内最大級の前方後円墳とされる。

芝公園の外周を進み、東京

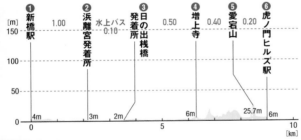

		❶新橋駅	1.00	❷浜離宮発着所	水上バス0:10	❸日の出桟橋発着所	0.50	❹増上寺	0.40	❺愛宕山	0.20	❻虎ノ門ヒルズ駅
[m]												
150												
100												
50												
0		4m		3m	2m			6m		25.7m		6m

0　　　　　5　　　　　10 [km]

旧芝離宮恩賜庭園の大山

増上寺本堂と東京タワー

出世の石段を登って開運を

タワーを見上げて、岩組みや滝が造られたもみじ谷を通り、集会広場から車道に出る。」23区唯一の山岳トンネルである愛宕山トンネルを過ぎると、出世の石段の下に着く。石段を馬で登った曲垣平九郎が徳川家光に認められたことに由来するといわれる。

急な86段の石段を登りきると本日の最高峰、**愛宕山**❺山頂だ。愛宕神社が祀られ、手前の蓋をされた枡の中に25.7mの3等三角点がある。かつては東京湾が見えたそう

だが、木立とビルに囲まれている。下山は西参道の狭く折れ曲がった階段を下り、2020年に開業した**虎ノ門ヒルズ駅**❻へ。

アクセス

①　新橋駅〜虎ノ門ヒルズ駅

行き＝JR東海道本線・横須賀線・山手線・京浜東北線・地下鉄銀座線・浅草線・ゆりかもめ新橋駅、浜離宮（水上バス10分、240円）日の出桟橋　帰り＝地下鉄日比谷線虎ノ門ヒルズ駅　水上バス（東京都観光汽船）☎03-3457-7826

駐車場情報　コース周辺に多数あるコインパーキングを利用。

アドバイス　随所に桜やツツジが咲き、新緑の4月上旬〜5月中旬ごろが最も楽しいが、四季を通じて楽しめる。紅葉は11月下旬〜12月上旬ごろ。浜離宮庭園の花畑では菜の花が2月下旬〜4月上旬、コスモスが8月中旬〜9月下旬。NHK放送博

物館は放送の歴史や資料、最新技術を展示。9時30分〜16時30分、月曜休（祝日の場合は翌日）。無料。☎03-5400-6900。水上バスは浅草やお台場からも利用できる。

問合せ先　中央区観光協会☎03-6228-7907、港区観光協会☎03-3433-7355

plus 1│2つの大名庭園

浜離宮恩賜庭園は江戸前期、徳川綱重・将軍家の別邸として造営。300円。☎03-3541-0200　旧芝離宮恩賜庭園も江戸前期、老中で小田原藩主だった大久保忠朝が造園。150円。☎03-3434-4029。ともに9時〜17時（16時30分、入園締切）、無休

浜離宮恩賜庭園の花畑

2万5000分の1地形図　東京南部

東京都・神奈川県／高尾

八王子城山
（はちおうじしろやま）

標高
545m
（富士見台）

2 高尾駅から周回

歩行時間：4時間25分 ｜ 歩行距離：10.1km ｜ 標高差：登り540m・下り540m

名城跡に戦国の歴史をしのぶ

単に城山とも呼ばれるが、小仏などの城山と区別するため〝八王子〟が冠せられる。名前のとおり、小田原北条氏の支城だった山城の遺構がある低山だ。行きは桜の美林、帰りは梅郷に寄れて早春から陽春は特に楽しい。八王子城山だけなら入門向き。

2 高尾駅から周回

高尾駅❶北口を出て、駅前の信号を直進すると多摩森林科学園サクラ保存林の入口に着く。花の季節にはぜひ寄りたいところだ。道路の反対側には多摩御陵が広がる。

高架の中央自動車道をくぐると、**霊園前❷**バス停がある。すぐ左へ入り、里道を進むと、**八王子城跡ガイダンス施設❸**、八王子城跡バス停に着く。ガイダンス施設には城跡の解説展示やパンフレットがあるので立ち寄るといい。すぐ先の管理事務所右手から山道に入るが、復元された御主殿広場などの遺構を往復してこよう。

山道に入り、雑木が茂る道を登りつめると、左へ巻き、展望が開ける。ベンチが置かれた広場がある八王子神社に着いたら**八王子城山❹**山頂を往復して西へ進み、尾根に沿って、細くなった道を登り下りして行く。この尾根は北高

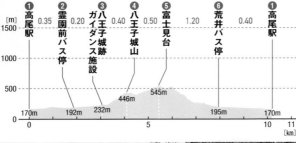

[m]	❶高尾駅	0.35	❷霊園前バス停	0.20	❸八王子城跡ガイダンス施設	0.40	❹八王子城山	0.50	❺富士見台	1.20	❻荒井バス停	0.40	❶高尾駅

446m / 545m

170m　192m　232m　　　　　195m　170m

0　　　　　5　　　　　10　11 [km]

様々な桜の品種が妍を競うサクラ保存林

八王子城跡御主殿跡

地名の由来となった八王子神社

尾山稜と呼ばれ、堂所山で奥高尾縦走路に合流する。

北高尾山稜を右に分けて、ひと登りすると富士見台❺。名前のとおり富士山などの眺めがよい。尾根を南下し、小仏関方面の道と別れて下ると中央道を迂回するように下って荒井❻バス停に出る。高尾駅❶へはバス道路を歩いてもよいが、対岸の梅郷遊歩道を通り、小仏川に沿って歩くほうが、梅の花期以外でも楽しい。

アクセス

2 高尾駅から周回

行き・帰り＝JR中央本線・京王高尾線高尾駅 ※高尾駅から歩く行程で紹介しているが、西東京バスが高尾駅北口から霊園前まで毎日、八王子城跡までは土・日曜、祝日に運行。西東京バス☎042-650-6660

駐車場情報 八王子城跡ガイダンス施設に無料駐車場約60台（8時30分〜17時／時間外は臨時駐車場が利用できる）、高尾駅付近にコインパーキングあり。

アドバイス 八王子城山から先は登山道や指導標の整備が劣り、急な登り下りもあって、やや山慣れた人向き。通年、歩くことができるが、早春〜初夏、秋〜初冬が最適期。梅郷の花期は2月下旬〜3月中旬ごろ。芽吹きは3月下旬〜4月上旬、桜は4月上旬〜下旬、新緑は4月上旬〜5月中旬、紅葉は11月下旬〜12月初めごろ。

問合せ先 八王子観光コンベンション協会☎042-643-3115

八王子城跡ガイダンス施設

plus 1 | 日本有数のサクラの林

多摩森林科学園サクラ保存林は名木や品種など桜の遺伝子の保存を目的に約1400本を集める。種類により花期が異なるが、4月中旬〜下旬は最も花が多くみごと。9時30分 〜16時（15時30分入園締切）、月曜休（祝日の場合翌日。3〜4月無休）、300円（4月400円）。☎042-661-1121

plus 1 | 日本百名城の山城

八王子城は小田原北条氏の北関東の拠点だったが、秀吉の小田原攻めとともに1590（天正18）年に落城。大規模な石垣や曲輪跡が中世山城の遺構をとどめ、江戸城や小田原城とともに日本百名城に選定されている。八王子城跡ガイダンス施設は9時〜17時、年末年始休（臨時休館あり）、無料。☎042-663-2800

初級

花

展望

温泉

社寺

食事

新緑
紅葉

| 1月 |
| 2月 |
| 3月 |
| 4月 |
| 5月 |
| 6月 |
| 7月 |
| 8月 |
| 9月 |
| 10月 |
| 11月 |
| 12月 |

東京都・神奈川県／高尾

草戸山
（くさとやま）

標高
364m

---

3 城山倉庫事務所入口〜高尾山口駅
歩行時間：2時間55分｜歩行距離：8.5km｜標高差：登り480m・下り444m

4 高尾山口駅から周回
歩行時間：3時間5分｜歩行距離：8.8km｜標高差：登り350m・下り350m

高尾山のすぐ南にあるが静かな里山

高尾山（たかおさん）と同じ高尾山口駅が登山口だが、下車する人のほとんどは高尾山へ向かい、草戸山は静か。カタクリが咲く春から新緑、紅葉の時期がおすすめだが、四季を通じて楽しめる。カタクリの時期はぜひ2つのカタクリ群生地を結ぶコース 3 を。の時

3 城山倉庫事務所入口〜高尾山口駅

城山総合事務所入口❶バス停から城山総合事務所前を北上して**城山かたくりの里❷**へ。

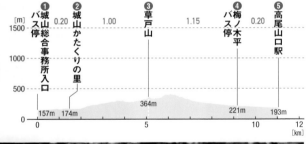

```
[m]          ❶城山総合事務所入口バス停   ❷城山かたくりの里   ❸草戸山   ❹梅ノ木平バス停   ❺高尾山口駅
1500
                  0.20    1.00        1.15        0.20
1000
 500                              364m
                          174m              221m
       157m                                        193m
   0
       0              5              10          12
                                              [km]
```

見学の後、宝泉寺（ほうせんじ）西側の斜面を登り、尾根道に出たら西へ。本沢梅林（ほんざわ）の上を通り、ヤマモミジの新緑、紅葉が美しい評議原（ぎっぱら）から金比羅宮の下で出合う車道を右へ。城山湖畔に出て本沢ダムを渡り、北岸の斜面を登る。尾根に出て西へひと登りすれば**草戸山❸**山頂だ。

下山は南西へ尾根をたどり、電波塔の手前で右へ巻く。三沢峠（みさわ）で北側へ下り、ニリンソウなどが咲く林道を進む。小坂家の先が**梅ノ木平❹**（うめのきだいら）バス停だが、バスは少ないので、国道を歩いて**高尾山口駅❺**へ。

4 高尾山口駅から周回

高尾山口駅❺から国道20

城山かたくりの里のカタクリ群生

宝泉寺上〜金刀比羅宮下の尾根道

18

草戸山休憩舎からの展望

号「高尾山入口」の信号で山側へ入り、戻るように進むと、登山道入口がある。小さな谷に沿って山道を登り、四辻**❻**から尾根道を南下する。雑木の尾根は小さな屈曲や上り下りを繰り返すが、登山道や標識は整備されている。

草戸峠❹に着くと、ベンチが置かれ、高尾山方面の展望が開ける。ここからひと登りすれば**草戸山❸**山頂で、コース**3**に合流する。

アクセス
3 城山倉庫事務所入口～高尾山口駅
行き＝JR横浜線・京王相模原線橋本駅（神奈川中央交通バス20分、240円）城山総合事務所入口　帰り＝京王高尾線高尾山口駅　神奈川中央交通バス☎042-784-0661　※城山かたくりの里開園期間中は橋本駅～かたくりの里間で直通バスが運行される。バス窓.com☎042-783-5757
駐車場情報　城山かたくりの里に無料駐車場100台（開園期間中）。高尾山口駅前に200台、薬王院自動車祈祷殿に250台の有料駐車場あり。
4 高尾山口から周回
往復＝高尾山口駅。
駐車場情報　**3**の高尾山口駅前、薬王院自動車祈祷殿。
アドバイス　**3**は逆コースでも支障ないが、便がよい高尾山口駅へ下山するほうが安心。**4**も、山道が登りとなる順コースのほうが安心。カタクリの花期は例年3月末～4月初めだが、年により大きく異なる。新緑は

4月上旬～5月なかば、紅葉は11月下旬～12月初めごろ。
問合せ先　八王子観光コンベンション協会☎042-643-3115、相模原市観光協会☎042-771-3767

plus 1｜2つのカタクリ群生地

城山かたくりの里は30万株というカタクリと前後して早咲きのツツジや桜、コブシ、ミツマタなど様々な花が咲き競う。3月第2土曜～4月第3日曜、9時～日没、開園期間中無休。500円。☎042-782-4246（小林方）。梅ノ木平の小坂邸ではカタクリとともにアズマイチゲ、半月ほど遅れてヤマブキソウが咲く。☎0426-61-4101、200円。

ゲンカイツツジとツバキ

2万5000分の1地形図　八王子

1:50,000

0　500　1km
1cm=500m
等高線は20mごと

東京都／高尾

高尾山
（たかおさん）

入門

花

展望

温泉

社寺

食事

新緑紅葉

1月
2月
3月
4月
5月
6月
7月
8月
9月
10月
11月
12月

標高
599.3m

5	高尾山口駅から周回
歩行時間：2時間25分	歩行距離：4.7km 標高差：登り130m・下り430m

6	高尾山口駅〜日影
歩行時間：3時間15分	歩行距離：6.2km 標高差：登り420m・下り384m

手軽に親しめて懐が深い東京の奥庭

都心から登山口まで1時間たらずの高尾山は自然が豊かで、登山道もよく整備され、様々なプランで歩くことができ、年間二百数十万人が訪れる人気エリアだ。初めてや子ども連れでも安心の超定番コースと、ベテランにも楽しいコースを紹介しよう。

5 高尾山口駅から周回

高尾山口駅❶から西へ進み、清滝駅❷からケーブルカーかリフトを利用する。山頂駅の

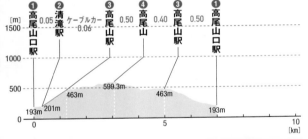

❶高尾山口駅 0.05 ❷清滝駅 ケーブルカー0.06 ❸高尾山駅 0.50 ❹高尾山 0.40 ❸高尾山駅 0.50 ❶高尾山口駅

[m]
1500
1000
500
0

599.3m
463m　　　　　　463m
193m 201m
193m

0　　　　　　　　5　　　　　　　10
[km]

高尾山駅❸から茶店が並ぶ1号路（薬王院表参道）を歩き、浄心門から荘厳な杉並木を進む。薬王院に詣で、奥ノ院から山道を登り、立派なトイレのすぐ先が高尾山❹山頂の広場だ。東側は都心方面、南側は富士山や丹沢の眺めがよい。

　下山は1号路を戻るのが最も歩きやすいが、自然が豊かな4号路を下りたい。北斜面で山地性のブナが見られ、途中の吊橋も人気だ。直下のトイレ左手から北側へ下り、山

高尾山山頂南側の展望台。富士山や丹沢がよく見える

高尾山口駅

ケーブルカーで上れる

高尾山のシンボル天狗と薬王院四天王門

下る。日影沢林道に合流して道なりに下れば下山口の日影⑥バス停だ。ただし、梅の時期は木下沢梅林に立ち寄りたい。小仏川沿いに梅林が点在

4号路の人気スポット、吊橋

する梅郷遊歩道を高尾駅まで歩くと充実する。

沢沿いの日陰が涼しい6号路に対して、稲荷山尾根は日当たりがよいので、晩秋〜冬はこちらがおすすめ。歩き足りないときは小仏城山を往復するとよい。高尾山山頂から

観音橋手前で6号路に入る。琵琶滝分岐⑤を過ぎ、流れの傍らを進んで、稲荷山コース分岐から水量が減った流れのなかを登る。ひと登りして右手の山腹からさらに木段の尾根道を登り、5号路に出合ったら右へ。1号路と合流すれば高尾山④山頂はすぐ。

帰りは静かな裏高尾へ下る。4号路に入り、尾根に出たら4号路と別れていろはの森を

高尾山山頂東側

腹の巻き道を進む。吊橋を渡り、浄心門で1号路に合流して高尾山駅③へ戻り、1号路を高尾山口駅①へ。都心方面の眺めがよい金比羅台に寄りたい。山慣れた人なら金比羅台から高尾駅へ下ってもよい。

⑥ 高尾山口駅〜日影

高尾山口駅から高尾山へのコースは、沢沿いの6号路が人気。尾根道の稲荷山コース、コース⑤の下山道の逆コースを行く1号路のほか、2〜5号路もよく利用される。

清滝駅②南側の車道を進み、

2万5000分の1地形図 八王子・与瀬

1:30,000
0　250　500m
1cm=300m
等高線は20mごと

西へ続く、広く緩やかな尾根歩きだ。一丁平の園地、ウッドテラスの展望台を過ぎ、ひと登りした小仏城山からは展望がよく、茶店もある（ガイド・地図はP24～25参照）。

沢沿いで涼しい6号路

薬王院の水行場となっている琵琶滝

アクセス

5 高尾山口駅から周回

行き＝京王高尾線高尾山口駅（徒歩5分）清滝駅（高尾山ケーブルカー6分、490円）高尾山駅または山麓駅（エコーリフト12分、490円）山上駅　帰り＝高尾山口駅　高尾登山電鉄（ケーブルカー、リフト）☎042-661-4151

駐車場情報　高尾駅、相模湖駅周辺にコインパーキング、景信山登山口の先に駐車スペース約

20台あり。

6 高尾山口駅～日影

行き＝高尾山口駅　帰り＝日影（京王バス10分、240円）JR中央本線・京王高尾線高尾駅　京王バス☎042-666-4607

駐車場情報　高尾山口駅周辺に計約280台の有料駐車場あり。800円（土・日曜、祝日は1000円）～。薬王院自動車祈祷殿の駐車場は250台、500円。

アドバイス　一年を通じて登れるが、4月上旬～5月中旬の芽吹きから新緑、11月中旬～下旬の紅葉が人気。夏は蒸し暑いので着替えやタオルを用意。冬の雪は少ないが凍結やぬかるみあり。高尾山温泉はP29参照。

問合せ先　八王子市観光協会☎042-643-3115、相模原市観光協会☎042-769-8238

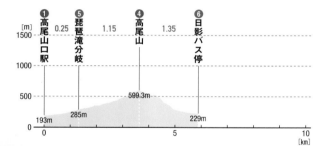

❶ 高尾山口駅	0.25	❺ 琵琶滝分岐	1.15	❹ 高尾山	1.35	❻ 日影バス停
193m		285m		599.3m		229m

木下沢梅林で春を満喫

---

plus 1 | 高尾山の情報がいっぱい

高尾ビジターセンターは自然解説の展示やガイドウォーク、登山道や開花情報を提供。☎042-664-7872。無料。10時～16時、第3月曜休（祝日の場合は翌日）。

稲荷山から都心方面

高尾ビジターセンターの展示

高尾山カレンダー

自然情報、イベントを
チェックしよう

12月下旬のダイヤモンド富士

6月上旬ごろのセッコク

1月	January	京王線とケーブルカーが大晦日から終夜運行され、元旦の山頂では初日を迎える迎光祭が催行。薬王院では大護摩供が行なわれ、初詣客でにぎわう。上旬にはもみじ台北面などでシソ科の草シモバシラの茎に氷の結晶の氷華が見られることも。
2月	February	3日、薬王院節分会。下旬には高尾梅郷で梅が開花。
3月	March	高尾梅郷の梅が見ごろで中旬に梅まつり。中旬ごろからヤマネコノメやヤマルリソウ、ダンコウバイやキブシ、スミレ類が咲き出し、木の芽がふくらんで、ウグイスもさえずる。第2日曜は薬王院火渡り祭。
4月	April	スミレやネコノメソウの仲間など春の花のピーク。桜は清滝付近で上旬、高尾山山頂や一丁平で中旬、サクラ保存林（P17）は4月下旬〜下旬前後。桜が終わると新緑の季節に。上旬〜5月下旬は高尾山若葉まつり。第3日曜は薬王院春季大祭。
5月	May	オオルリ、キビタキなど夏鳥が飛来。新緑が鮮やかになり、シャガ、チゴユリ、ヤマツツジなどの花が見ごろ。
6月	Jun	緑が濃くなり、ホトトギスやツツドリなど夏鳥が鳴く。上旬、清滝駅や6号路で野生ランのセッコクが開花。梅雨時は雨に濡れた木々や霧に霞む風景が趣深い。
7月	July	上旬、高尾山ビアマウント営業開始。ギンリョウソウ、ヤマホタルブクロ、オカトラノオやヤマアジサイが咲き、大型の蝶、アサギマダラが舞う。
8月	August	深緑の森にヤマホトトギスやオオバギボウシ、6号路でタマアジサイなどが咲く。
9月	September	ミズヒキなど秋の野草が開花。下旬にはシラヤマギク、ノコンギクなどの野菊、アズマヤマアザミなどのアザミ、オクモミジハグマなど。
10月	October	涼しく、天候は安定し、ハイキング適期に入る。10月17日、薬王院秋季大祭。中旬、高尾山ビアマウント営業終了。
11月	November	上旬、高尾山山頂の桜の葉などが色づき、中旬〜下旬が紅葉の見ごろ。上旬〜下旬には高尾山もみじまつりで週末にイベントも。
12月	December	落葉した林にガマズミやイイギリの赤い実が美しい。ベニマシコ、イカルなど冬鳥飛来。19日は薬王院で納札供養柴燈大護摩供。下旬にはシモバシラの氷華（1月参照）。冬至前後の5日間、山頂からもみじ台で富士山山頂に夕日が沈むダイヤモンド富士が見られる。

初級

花
展望
温泉
社寺
食事
新緑
紅葉

1月
2月
3月
4月
5月
6月
7月
8月
9月
10月
11月
12月

景信山
かげのぶやま

標高
727.3m

7 小仏〜千木良

歩行時間：2時間50分 ｜ 歩行距離：6.6km ｜ 標高差：登り595m・下り688m

奥高尾の真ん中にあり、展望も抜群

高尾山から陣馬山へ続く奥高尾縦走路の中央に位置するのが景信山。茶店がある山頂は展望がよく、短時間で山頂に立てるので、この山を主目的に登る人も多い。最短コースの小仏から登り、小仏城山へ縦走して相模湖へ下るコースを歩いてみよう。

7 小仏〜千木良

小仏❶バス停から西へ、舗装道路を進んで、小さなヘアピンカーブを2回繰り返した所が景信山登山口。山道に入ると植林で展望のない登りが続くが、傾斜が一定していて登りやすい。

尾根に出て小下沢からの道を合わせた後は、この尾根を登っていく。雑木林となり、さらに林がまばらになって開けてくれば**景信山❷**山頂はすぐだ。東側が大きく開けて都心方面の眺めがよく、富士山や丹沢もよく見える。

奥高尾縦走路の尾根道を南下し、旧甲州街道が越える**小仏峠❸**の鞍部に下り着く。続いて植林の尾根を登り返し、尾根が広くなだらかになって電波塔が見えてくれば**小仏城山❹**山頂だ。広く平坦な山頂の東側からは都心方面、南側からは富士山などが眺められる。

下山は山頂南側から東海自

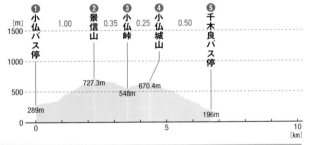

❶小仏バス停 1.00 ❷景信山 0.35 ❸小仏峠 0.25 ❹小仏城山 0.50 ❺千木良バス停

[m]
1500
1000
500
0

727.3m
548m
670.4m
289m
196m

0 5 10 [km]

景信山山頂から都心方面

景信山の三角点かげ信小屋

24

景信山から城山、高尾山の尾根

然歩道を下る。国が企画・整備を進めた長距離自然歩道の第1号だけに幅広く、要所に石畳や階段が整備されて歩きやすい。全体に樹林だが、途中で相模湖などが望める。

富士見茶屋の上で里に出れば、ゴールの**千木良❺**バス停はすぐ。バスに乗らず、さらに東海自然歩道を歩いても、相模湖駅まで40分ほどだ。

アクセス
7 小仏〜千木良
行き＝JR中央本線・京王高尾線高尾駅（京王バス20分、240円）小仏　帰り＝千木良（京王バス10分、180円）中央本線相模湖駅　京王バス☎042-666-4607、神奈川中央交通西バス☎042-784-0661

駐車場情報　高尾駅、相模湖駅周辺にコインパーキング、景信山登山口の先に駐車スペース約20台あり。

アドバイス　早春〜初夏、秋〜初冬が最適期。芽吹き・新緑は4月上旬〜5月中旬、小仏城山山頂の桜、桃は4月上旬〜中旬、紅葉は11月下旬ごろ。木下沢梅林が見ごろの早春は梅の里入口で途中下車して観賞していくのもよい（P21参照）。小仏峠で東へ下れば45分ほどで小仏へ戻れる。西へ下れば、旧甲州街道小原宿本陣などを経て相模湖駅まで1時間40分ほど。高尾山、陣馬山へのコースはP20・26参照。

問合せ先　八王子観光コンベンション協会☎042-649-2827、相模湖観光協会☎042-684-2633

小仏城山山頂の桜

plus 1 | 茶店の名物

景信山の三角点かげ信小屋の人気メニューは山菜天ぷら400円、なめこうどん500円など。9時〜17時ごろ（季節変動あり）、登山シーズンの週末中心に営業。☎0426-61-2057。

城山茶屋で人気のメニューは、メガ盛りのかき氷500円、なめこ汁300円など。9時〜17時ごろ（季節変動あり）、無休（悪天候時など不定休あり）。☎042-665-4933

城山茶屋のメガ盛りかき氷

1:50,000
1cm=500m
等高線間隔20m

陣馬山

じんばさん

東京都／高尾

標高
855m

8 和田～陣馬登山口

歩行時間：2時間45分 | 歩行距離：8.3km | 標高差：登り420m・下り573m

手軽で明るい山頂の奥高尾最高峰

奥高尾縦走路の西端に位置し、奥高尾で最も高い山が陣馬山。陣馬高原とも呼ばれる山頂は展望がよく、茶店が並ぶ。陣馬山周回は半日行程で、ビギナーのステップアップにも、ベテランの気軽な山行にも向く。東京都側はP28参照。

8 和田～陣馬登山口

和田から一ノ尾尾根への取付は2つあり、どちらでも大差ないが、ここでは早く山に入れる手前のコースから登る。和田❶バス停から和田峠方面

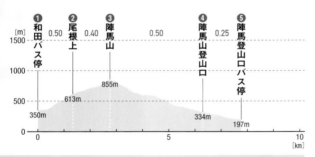

❶和田バス停 350m
❷尾根上 613m
❸陣馬山 855m
❹陣馬山登山口 334m
❺陣馬登山口バス停 197m

0.50 / 0.40 / 0.50 / 0.25

[m]
1500
1000
500

0　　　　　　5　　　　　　10 [km]

へ進み、右に大きくカーブした先で、民家の傍らから簡易舗装の細い道を登る。和田の山里を見下ろして樹林の山道に入り、枝尾根を登る。枝尾根から左の山腹へそれると一ノ尾尾根の尾根上❷に出る。

なだらかな尾根道を登り、木段のあるやや急な登りをがんばると樹林が開け、茶店が並ぶ陣馬山❸山頂に着く。草地が広がり、北東に木立はあるものの、丹沢から富士山、南アルプス、奥多摩、赤城山、奥日光、筑波山、東京スカイツリーなどを見渡せる。

下山は南へ向かい、栃谷尾根に入る。植林の急下降から、緩やかな尾根沿いの道を下る。指導標に従い、尾根をそれて南へ下る。畑が広がる斜面に入り、きれいなトイレがある

草原が広がる陣馬山山頂北面と奥多摩の展望

陣馬山のシンボル白馬像

陣馬山山頂から富士山と南アルプス

体に樹林の尾根道で変化に乏しいが、終始、山道を歩ける。もっと歩きたい人は奥高尾縦走路に入り、堂所山から北高尾山稜を経て夕やけの里に下るのもよい。夕やけの里では入浴もできる。P29の地図参照。

栃谷園地休憩所を経て、農道をジグザグに下る。**陣馬山登山口④**に下り着いた後は、栃谷川沿いの車道をたんたんと歩いて**陣馬登山口⑤**バス停へ。

下山路は、一ノ尾尾根を陣馬登山口へ下ってもよい。全

アクセス

8 和田〜陣馬登山口

行き＝JR中央本線藤野駅（神奈川中央交通西バス15分、260円）
和田　帰り＝陣馬登山口（神奈川中央交通西バス5分、180円）
藤野駅　神奈川中央交通西バス
☎042-784-0661

駐車場情報　陣馬登山口バス停の約600m先に陣馬のふもと観光駐車場あり。約10台、無料。
アドバイス　四季を通じて歩けるが、新緑の4月半ば〜5月半ば、紅葉の11月半ば〜下旬ごろが快適。夏は登りが蒸し暑く、冬は展望がよい日が多いものの、雪や凍結があることも。陣馬登山口から藤野駅まで、歩いても30分ほど。
問合せ先　藤野観光協会☎042-687-5581

栃谷園地休憩所付近からの展望

---
plus 1｜茶店の名物

山頂の茶店は、土・日曜、祝日中心の信玄茶屋☎042-687-2235、無休の富士見茶屋☎042-687-2733、木曜定休の清水茶屋☎042-687-2155が9時〜16時ごろ営業。冬は温かいそば、けんちん汁、夏はかき氷、藤野特産のユズシャーベットなどが人気。ただし、臨時休業や早じまいもあるので行動食も用意を。
陣馬山登山口付近には陣谷温泉☎0426-87-2363、陣渓園☎0426-87-2537の2軒の旅館があり、日帰り入浴も1000円で可能だが、問い合わせて利用のこと。

信玄茶屋の山菜そば

2万5000分の1地形図　与瀬

生藤山へ（P30参照）

高岩山

八王子市

和田峠

峠の茶屋

陣馬高原下、高尾山へ（P28参照）

里山体験・工作教室の施設休憩所あり

和田の里体験センター・村の家

歩行時間は手前のコースと同じ

陣馬山③
855 WC

信玄茶屋
清水茶屋

茶屋

富士見

景信山、高尾山へ（P28参照）

ほぼ360度のパノラマを楽しめる

やさか茶屋

①和田
②鎌沢入口

0.50
0.40

一ノ尾尾根

0.30

栃谷尾根

②尾根上

尾根から南側の斜面へ下る

0.50

1.20

神奈川県
相模原市

奈良子尾根

栃谷園地休憩所
WC

栃谷

陣渓園

0.30

沢井簡易郵便局

④栃谷温泉
陣馬山登山口

0.25

栃谷川

陣馬のふもと駐車場
和田へ
P
WC

⑤陣馬登山口

505.9▲
イタドリ沢ノ頭

藤野駅へ

N

1:35,000

0　　　500　　　1km
1cm=350m
等高線は20mごと

東京都／高尾

中級

花
展望
温泉
社寺
食事
新緑
紅葉

1月
2月
3月
4月
5月
6月
7月
8月
9月
10月
11月
12月

奥高尾縦走
（おくたかおじゅうそう）

標高
855m
（陣馬山）

9 陣馬高原下～高尾山口駅

歩行時間：**6時間20分** ｜ 歩行距離：**17.4km** ｜ 標高差：登り**1050m**・下り**1182m**

低山ながら展望もよく第一級の縦走路

高尾山（たかおさん）から陣馬山（じんばさん）へ続く尾根は次々にピークを越え、要所で展望もあり、遠くに見えていた山が近づくなど縦走の楽しさがあふれる。整備された長距離自然歩道は道幅が広くて歩きやすく、ビギナーの挑戦にも、ベテランの足慣らしにも親しまれている。

9 陣馬高原下～高尾山口駅

陣馬高原下❶バス停から和田峠（わ）方面へ、陣馬街道の車道を進む。30分ほどで新コース登山口から登山道に入るが、車道を進んで和田峠から登る

旧コースでも行程的に大差はない。

新コースは植林の沢沿いに少し歩いた後、枝尾根に取り付く。枝尾根上に出ると雑木が混じるようになり、尾根を詰める。縦走路北側の巻き道に出て右に進めば**陣馬山❷**山頂で、白馬像や茶店、富士山（ふじさん）や南アルプスの展望に迎えられる。

展望を楽しんで休憩したら東へ下り、奥高尾縦走路に入る。全体に樹林で展望には恵まれないが、幅広く緩やかで、歩きやすい道が続く。茶店の前から富士山を眺められる**明王峠（めいおうとうげ）❸**を過ぎて伐採地に出ると、行く手に堂所山（どうどころやま）が近づく。堂所山は巻き道を通る人のほ

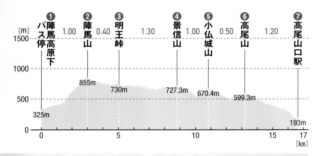

| | [m] | ❶陣馬高原下バス停 | 1.00 | ❷陣馬山 | 0.40 | ❸明王峠 | 1.30 | ❹景信山 | 1.00 | ❺小仏城山 | 0.50 | ❻高尾山 | 1.20 | ❼高尾山口駅 |

陣馬山 855m、明王峠 730m、景信山 727.3m、小仏城山 670.4m、高尾山 599.3m、陣馬高原下バス停 325m、高尾山口駅 193m

開けた山頂に草地が広がり、陣馬高原とも呼ばれる陣馬山山頂

首都圏方面が開ける景信山山頂

奥高尾縦走路（小仏城山〜一丁平）

うが多く、その分、山頂は静かなので、縦走をより充実させるためにも登っていきたい。

縦走路をさらに登り下りして、茶店がある景信山❹に着けば、これまで見えにくかった都心側が開けて、高尾山へ続く尾根も眺められる。南へ下って、登り返した小仏城山❺にも茶店があり、展望もよい。小仏城山から高尾山への尾根は巻き道もあるが、尾根通しでも大きな登り下りはなく快適だ。

高尾山❻から高尾山口駅❼

への下山路は複数あるが、縦走気分を最後まで楽しめる稲荷山尾根がイチ押し。中間地点の稲荷山では都心から横浜方面の展望も楽しめる。

アクセス

⑨ 陣馬高原下〜高尾山口駅
行き＝JR中央本線・京王高尾線高尾駅（西東京バス37分、570円）
陣馬高原下 帰り＝京王高尾線高尾山口駅 西東京バス☎042-650-6660

駐車場情報 陣馬高原下に約10台の有料駐車場あり、600円。高尾山口駅に5カ所、計約400台の有料駐車場あり。500円〜。

アドバイス 高尾山から歩き、最後に陣馬山山頂に立つと充実感が高いが、逆コースはエスケープルートが豊富で、直接、駅に下れる、疲れたらケーブルカーに乗れるなど、安心感がある。コース中の陣馬山、景信山と小仏城山、高尾山の情報はP26、P24、P20のガイドを参照。四季

折々に楽しめるが、桜が咲く4月上旬〜中旬、新緑の4月半ば〜5月半ば、紅葉の11月半ば〜下旬ごろが人気。

問合せ先 八王子観光コンベンション協会☎042-649-2827

plus 1 | ゴールの日帰り温泉

高尾山口駅の北側に位置する京王高尾山温泉・極楽湯は2015年のオープン。男女それぞれマイクロバブルの檜風呂と変わり風呂の内湯、ぬるめと熱めの露天風呂やサウナがある。高尾山名物のそばや定食、デザートなどがそろう食事処、マッサージ処も併設。8時〜23時（22時受付終了）、無休（臨時休館あり）。1000円〜。☎042-663-4126。

高尾山口駅の北側に隣接

2万5000分の1地形図　与瀬

1:72,000
1cm＝720m
等高線は20mごと

東京都・神奈川県／高尾

生藤山
しょうとうさん

標高
1019m
（茅丸）

10 和田から周回

歩行時間：**6時間10分** ｜ 歩行距離：**13.0km** ｜ 標高差：登り**1175m** ● 下り**1175m**

展望の頂から雑木の尾根道を縦走

奥高尾縦走路西端の陣馬山から、さらに北西へ東京・神奈川都県境の尾根道が山梨県境の三国山（みくにやま）へと続く。生藤山のコース名で親しまれているが、生藤山より高い茅丸（かやまる）、連行峰（れんぎょうほう）などいくつものピークを越えて、雰囲気のよい雑木の尾根を縦走できる。

10 和田から周回

起点は**和田❶**バス停だが、手前の鎌沢入口バス停からスタートしても大差ない。南に向かって明るく開けた小集落から沢井川を渡り、少し山裾を巻いてから谷沿いに登る。茶畑が広がる斜面を見下ろし、**車道終点❷**の登里（とうり）で民家の傍らから登山道に入る。この辺りは陽春、桜が美しい。

登山道は山腹を巻いていくが、三国山から延びる枝尾根に出た後は、この尾根に沿って登る。途中、沢井川の対岸に見える陣馬山は堂々として印象だ。**佐野川峠❸**（さのがわ）で石楯尾神社（いわたておのじんじゃ）からの道を合わせ、雑木の尾根を登っていくと甘草（かんぞう）水分岐に着く。野外卓が置かれた広場があり、日本武尊ゆかりの甘草水（すい）は北東側の山腹に少し入る。ここから15分ほども登れば**三国山❹**で、大菩薩（だい）や道志、富士山などの展望地だ。北側には野外卓と広

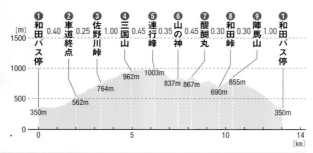

[m]	❶和田バス停		❷車道終点		❸佐野川峠		❹三国山		❺連行峰		❻山の神		❼醍醐丸		❽和田峠		❾陣馬山		❶和田バス停
		0.40		0.25		1.00		0.45		0.35		0.45		0.30		0.30		1.00	
1500									1003m											
1000							962m			837m	867m				855m				
500	350m		562m		764m								690m						350m
0																				

0　　　　　5　　　　　10　　　14 [km]

三国山から大菩薩方面

登里付近は桜が美しい

縦走路の雑木林

場がある。

　三国山から、やせて岩が出た尾根をひと登りで生藤山山頂だが、狭く、展望にも恵まれない。尾根を東へ進むと、林床が開けて明るい雑木林が好ましい道が続く。このコースの最高地点である茅丸、北側の柏木野への下山道が分かれる**連行峰5**を過ぎると、やがて和田への下山路が分岐する**山の神6**、続いて八王子市の最高峰である**醍醐丸7**に立つ。ここで左に市道山への登山道を分け、植林を下って車道に出ると**和田峠8**に着く。

　和田峠から車道を下って和田へ戻れるが、**陣馬山9**にも登れば、山岳パノラマでフィナーレを飾れる。下山コース、茶店はP26陣馬山参照。

アクセス

10 和田から周回

行き・帰り＝JR中央本線藤野駅（神奈川中央交通西バス15分、260円）和田　神奈川中央交通西バス☎042-784-0661

駐車場情報　鎌沢に無料駐車場10台、和田峠に有料駐車場約50台あり。

アドバイス　逆コースでも支障ないが、エスケープルートがある紹介コースが安心。山ノ神、和田峠から、ともに約1時間で和田へ下山できる。和田峠、陣馬山ともに陣馬高原下バス停へ下山もできる。P28参照。尾根は全体になだらかだが、生藤山や茅丸の登り下りは尾根がやせ、岩が出ているので注意を。巻き道があるが、山頂を踏んで縦走の充実感を得たい。新緑、桜の春、紅葉の秋、富士山が雪化粧する初冬が特におすすめ。新緑や桜は4月中旬〜5月中旬、紅葉は11月下旬ごろ。

問合せ先　藤野観光協会☎042-684-9503

plus 1｜駅の隣の観光案内所

藤野駅を出てすぐ右に並ぶ建物が藤野観光案内所ふじのね。藤野の観光やイベントはもちろん、登山情報やハイキング地図も手に入る。ユズ製品などの地産品、パン、藤野在住の作家の作品も販売され、帰りに土産を買うにもよい。8時30分〜17時、年末年始休。☎042-687-5581

行動食も仕入れられる

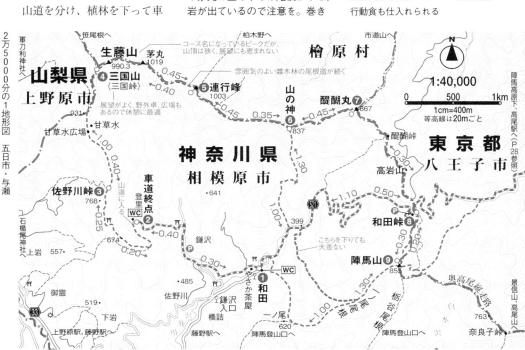

2万5000分の1地形図　五日市・与瀬

軍刀利神社へ

笹尾根へ

柏木野へ

市道山へ

檜原村

山梨県
上野原市

生藤山
990.3

茅丸
1019

コース名になっているピークだが、山頂は狭く、展望にも恵まれない

N

4 三国山
（三国峠）

展望がよく、野外卓、広場もあるので休憩に最適

5 連行峰
1003

雰囲気のよい雑木林の尾根道が続く

山の神
6

醍醐丸 7

1:40,000

0　　500　　1km

1cm=400m
等高線は20mごと

陣馬高原下、高尾駅へ（P28参照）

931

甘草水広場

甘草水

837

867

醍醐峠

東京都
八王子市

高岩山

佐野川峠 3
768

山道に入る

神奈川県
相模原市

・641

399

521

1.30

和田峠 8
P

0.30

0.50

1.10

車道終点
登山口 2
WC

0.40

鎌沢
P

399

こちらを下りても
大差ない

1.20

0.30

674

石楯尾神社・上岩

557・

0.25

0.20

0.30

0.40

・485

さか茶屋

WC
1
和田

鎌沢
入口

陣馬山 9
855

0.30

1.30

奥高尾縦走路

栃谷尾根

御霊

519・

33

下岩

佐野川

鎌沢
橋詰

一ノ尾
620

藤野駅へ

上野原駅、藤野駅へ

下岩

陣馬登山口へ

陣馬登山口へ

景信山・高尾山へ

763

奈良子峠へ

白馬尾根

初級

花
展望
温泉
社寺
食事
紅葉

1月
2月
3月
4月
5月
6月
7月
8月
9月
10月
11月
12月

東京都／奥多摩

高水三山

たかみずさんざん

高水山・岩茸石山・惣岳山

たかみずさん・いわたけいしやま・そうがくさん

標高
793.0m
（岩茸石山）

---

11 軍畑駅〜御嶽駅

歩行時間：**4時間** ｜ 歩行距離：**9.0km** ｜ 標高差：登り**835m**・下り**837m**

手近で手ごろなミニ縦走を楽しめる

尾根続きの高水山、岩茸石山、惣岳山の総称が高水三山。奥多摩では都心から近く、駅から直接、登り下りできて、手ごろな行程で縦走の充実感もあることから人気が高い。全体に植林が多いが、途中、展望を得られるし、下山後の楽しみも多い。

11 軍畑駅〜御嶽駅

軍畑駅❶でJR青梅線の電車を降りたら左へ、線路に沿って細い道を進み、出合った都道を左折。平溝川沿いに登り、平溝橋手前で左へ入ると、上流に向かって右の岸を進む。やがて左の岸へ渡り、すぐまた右へ渡り返す手前が**高水山登山口❷**だ。

右の細い道に入り、高源寺の門前を通り、沢沿いに登っていくと山道となる。堰堤を越えて、少し進むと左手の急斜面に取り付き、20分ほどで枝尾根上に出ると、すぐ**六合目❸**の標識とベンチがある。

六合目から枝尾根南側の植林の斜面を登っていくと常福院に着く。本堂の裏からひと登りで**高水山❹**山頂の広場だが、木立に囲まれ展望には恵まれない。

西へ少し急下降した後は、樹林の尾根道を小さく登り下りしていく。岩茸石山の最後

---

[m]
1500

1000

500

❶軍畑駅 0.30 ❷高水山登山口 0.40 ❸六合目 0.30 ❹高水山 0.30 ❺岩茸石山 0.40 ❻惣岳山 0.50 ❼送電線鉄塔 0.20 ❽御嶽駅

244m　　296m　　585m　759m　793.0m　756m　　385m　242m

0　　　　　　　　　　　　5　　　　　　　　　10
[km]

展望が開け、休憩にも最適な岩茸石山山頂

高水山〜惣岳山の尾根道

惣岳山手前から高水山

の登りは岩混じりで急だが、左に巻き道もある。

　岩茸石山❺山頂広場はコース中、最も展望が優れ、ランチ休憩に最適だ。南西へひと下りすると巻き道と合流し、樹林の尾根をたどる。惣岳山の登りも岩混じりの急登だが、足場はしっかりしている。

　青渭神社が鎮座する**惣岳山❻**山頂も植林で展望はない。南東へひと下りして、水神の祠が祀られた井戸窪から山腹を巻いた後は、また尾根道となる。見晴らしのよい2番目

の**送電線鉄塔❼**を過ぎれば**御嶽駅❽**は近い。

アクセス
11｜軍畑駅〜御嶽駅
行き＝JR青梅線軍畑駅　帰り＝JR青梅線御嶽駅
アドバイス　逆コースも難易度などは同様だが、順コースのほうが下山後の楽しみに恵まれる。四季を通じて登れるが夏は蒸し暑く、やや不適。冬の雪は少ないが凍結することも。3月下旬の芽吹きから5月下旬ごろまでの新緑、11月上中旬ごろの紅葉の時期が楽しい。
問合せ先　青梅市観光協会☎0428-24-2481

ゴールの御嶽駅

plus 1｜味処、美術館いろいろ

玉堂美術館

食事処は御嶽駅上にある古民家の手打ち蕎麦・玉川屋が人気。11時〜17時、月曜休（祝日の場合は火曜）。☎0428-78-8345。沢井駅前の小澤酒造には手軽な食事処や利き酒・直売所があり酒蔵見学もできる。10時30分〜16時30分、月曜休（祝日の場合は火曜）。☎0428-78-8215。美術館は御嶽駅近くに日本画の巨匠・川合玉堂の玉堂美術館☎0428-78-8335、奥多摩ゆかりの美術・工芸品などを展示するせせらぎの里美術館☎0428-85-1109、沢井駅近くに往事の日本女性の装身具や衣装を展示する櫛かんざし美術館☎0428-77-7051がある。

2万5000分の1地形図　武蔵御岳

1:50,000
0　500　1km
1cm=500m
等高線は20mごと

御岳山

みたけさん

東京都／奥多摩

標高
929m

12 御岳山駅から周回

歩行時間：3時間35分 | 歩行距離：5.8km | 標高差：登り495m・下り495m

都内ながら山深い渓谷と信仰の霊山へ

ケーブルカーで手軽に登れて、高尾山同様、広く親しまれている御岳山。アクセスは高尾山より時間がかかるが、標高は300m以上高く、深山味があふれる。ロックガーデンの渓谷美、約2200年前の創建という古社、山上集落の食事処など魅力満載だ。

12 御岳山駅から周回

最も利用者が多い定番コースで四季を通じて楽しめる。沢沿いで夏も涼しく歩けるの

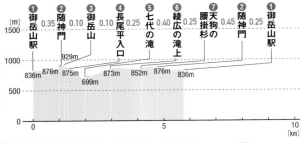

① 御岳山駅 — 0.35 — ② 随神門 — 0.10 — ③ 御岳山 — 0.10 — ④ 長尾平入口 — 0.25 — ⑤ 七代の滝 — 0.40 — ⑥ 綾広の滝上 — 0.25 — ⑦ 天狗の腰掛杉 — 0.45 — ② 随神門 — 0.25 — ① 御岳山駅

[m]
1500
1000
500
0
0　　　　　　　5　　　　　　　10
[km]

836m　876m　875m　929m　699m　873m　852m　876m　836m

は首都圏の低山では貴重だ。

御岳山駅①を出てすぐの御岳平の広場は都心などの展望がよい。西側の丘は富士峰園地で「森の妖精」レンゲショウマの貴重な群生地がある。

御岳平から南へ進むと杉並木の表参道をたどり、御岳ビジターセンターの下を通って山上集落に入る。信仰登山の先達を務める御師の家を中心に形成されたもので、旅館や食事処が並ぶ。神代ケヤキで西へ折れ、**随身門②**から石段を上れば、武蔵御嶽神社が鎮座する**御岳山③**山頂だ。

ロックガーデンへは石段途中から山腹の山道を下り、林道に合流するとすぐ**長尾平入口④**。長尾平は細長い台地状

レンゲショウマ

綾広の滝

ロックガーデンの苔むした清流

御岳山山頂の武蔵御嶽神社

開けていて休憩によい長尾平

で、展望台まで10分ほどで往復でき、途中に広場もある。長尾平入口から植林の木段道を下れば渓谷の入口となる七代の滝❺に着く。

滝の右手から急な鉄の階段となり、登りきった天狗岩の先から渓谷の中を歩く。休憩舎を過ぎると両岸が狭まり、

渓谷の最後を飾る綾広の滝に着く。左手を巻いて綾広の滝上❻に登り、長尾平と大岳山を結ぶ平坦路を東へ。伝説を秘めた天狗ノ腰掛杉❼から神苑の森遊歩道に入り、静かな樹林の山腹道をたどって随身門❷の下で往路に合流する。

アクセス

12 御岳山駅から周回

行き・帰り＝JR青梅線御嶽駅（西東京バス10分、290円）ケーブル下／滝本駅（御岳登山鉄道6分、片道600円、往復1130円）

御岳山駅　西東京バス📞0428-83-2126、御岳登山鉄道📞0428-78-8121

駐車場情報　滝本駅に有料駐車場あり。

アドバイス　行楽客も利用するコースだが、意外に登り下りがある。冬季の渓谷は凍って滑りやすくなるのでパスして、長尾平や富士峰を散策しよう。新緑は4月半ば〜5月ごろ。富士峰園地のレンゲショウマは8月〜9月初め。紅葉は10月末〜11月半ばごろ。

問合せ先　青梅市観光協会📞0428-24-2481

plus 1 | 自然と登山の情報を

御岳ビジターセンターは御岳山の利用を案内する東京都の施設。自然を解説する展示があり、最新情報も得られるので立ち寄りたい。9時〜16時30分、月曜休。無料。📞0428-78-9363

plus 1 | 宿坊のランチと茶店茶店

山上集落にはランチ営業をしている宿坊が多い。精進料理を基本にした山の幸を味わえるのも御岳山ならではの楽しみだ。写真は山香荘📞0428-78-8476の釜めし膳1650円。

宿坊でランチを

長尾平入口の長尾茶屋の主人は〝天空のソムリエ〟川﨑直之さん。御岳山の湧き水で淹れるコーヒーや吟味したワイン、日本酒が人気。11時〜23時（月曜は15時まで）、金〜月曜営業。📞0428-74-9467

開けていて休憩によい長尾平

1:18,000

1cm＝180m
等高線は20mごと

東京都
奥多摩町

青梅市

御岳山駅❶
御岳平
富士峰園地 883
みたけさん
御岳ビジターセンター
裏参道分岐　　山上集落に入る
随身門❷
御岳山❸
神苑の森
神代ケヤキ
食事処が並ぶ
武蔵御嶽神社 929
天狗ノ腰掛杉❼
長尾茶屋
長尾平入口❹
長尾平
長尾平展望台
七代の滝❺
天狗岩
綾広の滝上❻
休憩舎 WC
綾広の滝
ロックガーデン

あきる野市

初級

花

展望

温泉

社寺

食事

新緑
紅葉

1月
2月
3月
4月
5月
6月
7月
8月
9月
10月
11月
12月

日の出山

東京都／奥多摩

（ひ）（で）（やま）

標高
902.0m

13 御岳山駅～武蔵五日市駅

歩行時間：4時間25分　歩行距離：13.1km　標高差：登り847m・下り1495m

展望を満喫し、静かな尾根道を下る

山頂が開けて展望がよく、手ごろな日の出山は奥多摩でも人気が高い。ケーブルカー利用で御岳山側から登り、武蔵五日市駅へ続く金比羅尾根を下るプランで案内しよう。季節や好みに応じて吉野梅郷、つるつる温泉、南沢あじさい山へ下るのもよい。

13 御岳山駅～武蔵五日市駅

ケーブルカー**御岳山駅❶**から表参道を進んで御岳ビジターセンター、山上集落へ。**神代ケヤキ❷**で御岳山への道と別れて東へ向かい、日の出山への尾根道に入る。御岳山、武蔵御嶽神社、御岳ビジターセンターはP34御岳山参照。

尾根道は旅館山楽荘の先で山道となり、なだらかな植林を進む。やがて大岩を左に見て、斜面をジグザグに登りきると**日の出山❸**山頂だ。東側の都心方面を中心に御岳山や大岳山（おおだけさん）、富士山（ふじさん）も眺められる。

下山は南側の階段を下り、尾根道に入る。つるつる温泉分岐付近までは分岐が多いので、指導標を確認して行動を。**白岩滝分岐❹**から20～30分で往復できる麻生山（あそうさん）も展望がよいので、立ち寄ってもよい。

尾根道はよく踏まれ、ピークは巻いて、なだらかで歩きやすい道が続く。全体に植林

[m]
1500
1000
500
0

❶御岳山駅 836m
0.30
❷神代ケヤキ 856m
0.45
❸日の出山 902.0m
0.50
❹白岩滝分岐 731m
0.30
❺幸神分岐 648m
1.05
❻琴平神社 440m
0.45
❼武蔵五日市駅 188m

0　　　　5　　　　10　　　14
[km]

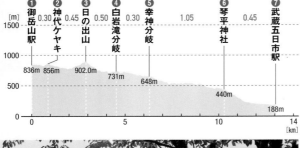

御岳平から見る日の出山の山容

開けて休憩によい日の出山山頂

静かな金比羅尾根道を下る

を主とした樹林に覆われるが、時折、展望が得られる。

幸神分岐⑤を過ぎ、十里木（じゅうりぎ）分岐からひと下りすると林道と立体交差する。ここは南沢あじさい山への分岐だ。

大岩を見て金比羅山（こんぴらさん）を過ぎ、**琴平神社⑥**で南下する尾根と別れて東へ。南へ下る尾根に引きこまれがちなので指導標の確認を。ツツジなどが植えられ、展望台もある園地を下っていくと、樹林が開けて民家の上に出る。ここからは里道で**武蔵五日市駅⑦**へ。

アクセス
13 御岳山駅～武蔵五日市駅
行き＝JR青梅線御嶽駅（西東京バス10分、290円）ケーブル下／滝本駅（御岳登山鉄道6分、片道600円）御岳山駅　帰り＝JR五日市線武蔵五日市駅　西東京バス☎0428-83-2126、御岳登山鉄道☎0428-78-8121
駐車場情報　滝本駅に有料駐車場（1時間350円、最大1400円）、武蔵五日市駅付近にコインパーキングあり。
アドバイス　特に危険や難所はないが分岐に注意。芽吹き・新緑は3月下旬～5月中旬、紅葉は11月下旬～12月初めごろ。
問合せ先　青梅市観光協会☎0428-24-2481、あきるの観光協会☎042-596-0514

plus 1 | 1万5000株のアジサイ

金比羅山北面の南沢あじさい山は谷間を埋める色とりどりのアジサイがみごと。6月中旬～7月上旬の花期はぜひ立ち寄りたい。花期は入山料500円。☎080-5055-1926

山腹をアジサイが埋める

plus 1 | 日の出山からの初日の出

名前のとおり日の出がよく見える日の出山は、大晦日から終夜運行の青梅線やケーブルカーを利用して初日を拝める。初日の出は6時50分ごろ。

日の出山山頂の初日の出

2万5000分の1地形図　武蔵御岳・五日市

東京都／奥多摩

大岳山
（おおだけさん）

標高
1266.4m

14 御岳山駅〜白倉
歩行時間：4時間50分 ｜ 歩行距離：9.0km ｜ 標高差：登り975m・下り1500m

独特の山容、展望や充実の行程で人気

段がついたような独特の山容で、東京都内では唯一、日本二百名山に選定。御前山（ごぜんやま）、三頭山（みとうさん）とともに奥多摩三山に数えられ、人気も高い。コースは多いが、ケーブルカー利用で御岳山（みたけさん）から登り、馬頭刈尾根（まずかりおね）を経て北秋川（きたあきかわ）の白倉（しらくら）へ下るコースを紹介する。

14 御岳山駅〜白倉

御岳山駅❶から**御岳山❷**に登り、武蔵御嶽神社の石段途中から長尾平（ながおだいら）入口へ。長尾平から大岳山へは、鍋割山（なべわりやま）の巻き道経由が早いが、ロックガーデンや奥ノ院〜鍋割山を経由すると、変化を楽しめる。御岳山駅〜御岳山とロックガーデンはP34参照。奥ノ院は武蔵御嶽神社奥ノ院を擁する鋭峰で急な登り下りがある。

平坦な山腹の道を進み、ロックガーデンから来た道と合流。谷に沿って緩やかに登り、**芥場峠（あくば）❸**で右へとる。ひと登りして尾根に出ると、鍋割山からの道に出合う。雑木の尾根道を進み、大岳山の急斜面直下から左へ巻いて登る。途中の鎖が取り付けられた岩場では冬季にスリップ事故が起きている。無雪期は特に危険はないが、慎重に通過しよう。

大岳山荘（閉鎖中）から右へ登り、すぐの大岳神社から

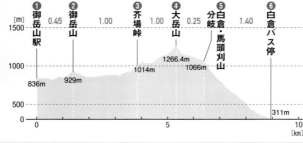

❶御岳山駅 0.45 ❷御岳山 1.00 ❸芥場峠 1.00 ❹大岳山 0.25 ❺分岐・白倉 馬頭刈山 1.40 ❻白倉バス停

[m]
1500
1000
500
0

836m
929m
1014m
1266.4m
1066m
311m

0　　　　　　5　　　　　　10
[km]

特徴的な大岳山の山容（浅間嶺から）

富士山などの眺めがよい大岳山山頂

馬頭刈尾根の白倉・馬頭刈山分岐

岩混じりの急登を20分ほどがんばると**大岳山④**山頂に着く。南面を中心に奥多摩や丹沢、富士山の展望が開けた広場で、休憩にも最適だ。

下山は南へ延びる馬頭刈尾根に入る。まっすぐ下る道と大岳山荘経由の巻き道が合流し、10分ほど緩やかに下った**白倉・馬頭刈山分岐⑤**で南へ。丁目石や石仏が建てられ、信仰登山の歴史がしのばれる樹林の斜面を下る。植林の急斜面をジグザグに下りきって大嶽神社に着けば、**白倉⑥**バス停はすぐだ。

アクセス

14 御岳山駅〜白倉
行き＝JR中青梅線御嶽駅（西東京バス10分、290円）ケーブル下／滝本駅（御岳登山鉄道6分、片道600円、往復1130円）御岳山駅　帰り＝白倉（西東京バス30分）武蔵五日市駅　西東京バス☎0428-32-0621（青梅）・☎0428-83-2126（五日市）、御岳登山鉄道☎0428-78-8121

駐車場情報　御岳駅付近、滝本駅に有料駐車場、武蔵五日市駅付近にコインパーキングあり。

アドバイス　新緑は4月中旬〜5月下旬、紅葉は10月半ば〜11月中旬ごろ。厳冬〜早春は岩場が凍結して危険。大岳山から鋸山へ縦走し、青梅線奥多摩駅へ下る約3時間のコースも人気だが途中に岩場あり。白倉分岐からさらに馬頭刈尾根を縦走すれば、瀬音の湯まで約4時間45分。

問合せ先　青梅市観光協会☎0428-24-2481、あきる野市☎042-596-0514

| plus 1 | 神の使い・狼を祀る |

危難に遭った日本武尊を救ったとして、奥多摩〜秩父地方では狼を信仰し、狛犬の位置に狼像が祀られることが多い。武蔵御嶽神社、大岳神社でも見られる。

| plus 1 | バスを途中下車して温泉へ |

秋川の渓谷に臨む日帰り温泉館・瀬音の湯が白倉から約20分の十里木下車、徒歩10分。広々した内湯をはじめ露天風呂やサウナ、食事処などが充実。帰りは温泉から武蔵五日市駅行きのバスもある。10時〜21時、3・6・9・12月の第2水曜休（不定休あり）、900円〜。☎042-595-2614

秋川渓谷に面する瀬音の湯

2万5000分の1地形図　武蔵御岳・五日市

東京都　奥多摩町

1:50,000
0　500　1km
1cm＝500m
等高線は20mごと

檜原村

あきる野市

三頭山

（み・と・う・さん）

東京都・山梨県／奥多摩

標高
1531m

15	鶴峠〜小河内神社
歩行時間：5時間55分 歩行距離：11.9km 標高差：登り1248m・下り1577m

16	都民の森から周回
歩行時間：2時間45分 歩行距離：5.0km 標高差：登り550m・下り550m

ブナ原生林を登り奥多摩三山最高峰へ

大岳山、御前山とともに奥多摩三山の一山。東京都水源林として保全されるブナ原生林に覆われ、新緑、紅葉の時期はとりわけみごと。檜原都民の森から入門コースを周回する登山者が多いが、原生林が素晴らしい鶴峠からの中級コースをイチ押し。

15 鶴峠〜小河内神社

鶴峠①バス停から登山道に入り、尾根沿いの斜面を登っていく。植林から落葉樹林に入り、ブナが見られるようになって、**小笹山②**を過ぎると北面の巻き道と尾根道に分かれる。やや遠回りだが、巻き道のほうがブナの大木が多い。展望には恵まれないが、ブナ林のみごとさは、それを補って余りある。

ヌカザス尾根の**三頭山・奥多摩湖分岐③**に出たら右へ登り、御堂峠から右へひと登りで**三頭山④**西峰だ。3つのピークの最高峰で富士山や雲取山を眺められる。

【標高断面図】
①鶴峠バス停 868m — 1.25 — ②小笹山 1322m — 1.00 — ③奥多摩湖・三頭山分岐 1362m — 0.35 — ④三頭山 1531m — 0.25 — ③三頭山・奥多摩湖分岐 1362m — 0.50 — ⑤ヌカザス山 1175m — 0.50 — ⑥イヨ山 979.1m — 0.50 — ⑦小河内神社バス停 539m

三頭山北西面のみごとなブナ原生林

三頭山山頂からの富士山

三頭山山頂

下山はヌカザス尾根へ戻り、尾根道を急下降する。所々、露岩も見られ、各ピークを含めて展望はないが、**ヌカザス山⑤**付近までブナ林を楽しめる。**イヨ山⑥**を経て、下りきって出合った車道を右へとり、浮き橋で奥多摩湖を渡り、**小河内神社⑦**バス停へ。

16　都民の森から周回

都民の森⑧バス停からひと登りして森林館から大滝の路へ。**三頭大滝⑨**を眺めたら登山道に入り、大木が茂る三頭沢沿いに登る。**ムシカリ峠⑩**から尾根道を北へ登れば**三頭山④**西峰山頂に着く。

下山は東へ下る。展望台がある1528m三角点の東峰を過ぎると、ブナ林を急下降していく。**鞘口峠⑪**で尾根道と別れ、南へひと下りで森林館に帰り着く。

アクセス

15　鶴峠〜小河内神社
行き＝JR中央本線上野原駅（富士急山梨バス1時間5分、1060円）鶴峠　富士急山梨バス

三頭沢の清流に沿って登る

☎0554-63-1260　帰り＝小河内神社（西東京バス30分、530円）奥多摩駅　西東京バス☎0428-83-2126

駐車場情報　適した駐車場がなく、登・下山口が離れていてマイカー登山には不向き。

16　都民の森から周回
行き・帰り＝新宿駅（中央本線特別快速26分）立川駅（青梅線・五日市線30分）武蔵五日市駅（西東京バス1時間10分）都民の森。西東京バス☎042-596-1611

駐車場情報　都民の森バス停に無料駐車場あり。約100台。

アドバイス　上野原駅〜鶴峠のバスは季節運行に加えて便が少ない。武蔵五日市駅〜都民の森のバスもダイヤ等に変動があるので確認して計画を。鶴峠〜奥多摩湖コースも都民の森へ下山すると楽。新緑は4月中旬〜5月下旬、紅葉は10月半ば〜11月上旬ごろ。冬〜早春は積雪、凍結に注意を。檜原温泉センター数馬の湯はP50浅間嶺参照。

問合せ先　上野原市観光協会☎0554-62-3150、奥多摩観光協会☎0428-83-2152

plus 1　森林について学べる

東京都檜原都民の森では森林館に自然紹介コーナー、休憩室、食事処などあり。また木材工芸センターで写真や映像による都民の森の自然紹介コーナー、森林工芸センターで無料のアクセサリー工作体験などができる。9時30分〜16時30分（季節・施設により変動）、月曜休（祝日の場合は翌日）。☎042-598-6006

2万5000分の1地形図　七保・猪丸・奥多摩湖

③ 三頭山・奥多摩湖分岐
三頭山
西峰
御堂峠 中央峰 1531
東峰 1527.6
⑩ ムシカリ峠
三頭山避難小屋
上野原市
⑪ 鞘口峠
見晴小屋
森林館
WC P
大滝休憩小屋
・1351
展望台
大滝の路
⑨ 三頭大滝
⑧ 都民の森
檜原村
坂本トンネル
峰谷橋
⑰ 小河内神社
丹波山の小菅
奥多摩湖
浮橋
深山橋
・772
東京都　奥多摩町
・798
・1006
⑥ イヨ山
979.1
ヌカザス尾根
・1020
・1017
⑤ ヌカザス山
1175
山梨県　小菅村
1146
奥多摩湖分岐
・1049
・1302
③ 三頭山・奥多摩湖分岐
・1080
② 小笹山（笹畑ノ峰）
1322
N
1087・
1:50,000
0　500　1km
1cm=500m
等高線は20mごと
① 鶴峠
WC
878・
上野原駅へ
三頭山 1531
西峰　東峰
1527.6
ムシカリ峠 ⑩
三頭山避難小屋
上野原市
・1084
槇寄山、笛吹峠へ

41

東京都／奥多摩

川苔山
（かわのりやま）

標高
1363.2m

変化のある行程で登りごたえも充分

奥多摩でもトップクラスの人気を誇る山で、登りは名瀑がある川乗橋（かわのりばし）コース、下りは鳩ノ巣（はとのす）駅へ直行するコースに利用者が多い。トータルでは変化に富み、登り下りとも標高差が1000m前後あって、登高の充実感が高い。山頂の展望や憩いも魅力的だ。

17 川苔橋～鳩ノ巣駅

奥多摩駅からのバスを**川乗橋❶**バス停で降り、川苔谷沿いの舗装された林道を進む。細倉橋（ほそくら）から登山道に入ると、谷の中を歩く。落差約40m

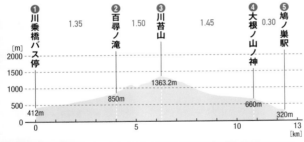

❶川乗橋バス停　1.35　❷百尋ノ滝　1.50　❸川苔山　1.45　❹大根ノ山ノ神　0.30　❺鳩ノ巣駅

[m]
2000
1500
1363.2m
1000
850m
660m
500
412m
320m
0
　0　　　　　5　　　　　10　　　13
[km]

の名瀑、**百尋ノ滝❷**（ひゃくひろ）を眺めたら、手前から右の山腹に取り付き、雑木の斜面を巻いて登る。火打石谷（ひうちいしだに）に出て、沢沿いに登った後、枝尾根を20分ほど急登すると東ノ肩に着く。川苔山直下の尾根上の地点で、山頂までひと登りだ。

川苔山❸山頂はランチ休憩に最適な広場で、西側を中心に奥多摩などの山並みを眺められる。行程的にもほぼ中間地点だ。

下山は東ノ肩に戻り、尾根をそれて南側へ下る。10分ほどで曲ヶ谷（まがりがや）からの尾根道に合流した鞍部が舟井戸（ふないど）。ここでコブタカ山方面の尾根道と別れて左へ入ると、植林の斜面を巻きながら下るようにな

落差約40m、壮大で涼味溢れる百尋ノ滝

川苔山の山容（蕎麦粒山から）

休憩にも最適な川苔山山頂

る。地図で見るより長く感じられ、展望にも恵まれないが、全体になだらかで歩きやすい。
　杉ノ殿尾根に出合うと、林道が横切っていて、コブタカ山からの道が合流する。すぐ下の**大根ノ山ノ神④**から南斜面を下り、棚澤の集落に出たら、指導標に従って**鳩ノ巣駅⑤**へ向かう。
　そのほかのコースに鋸尾根、赤杭尾根などがある。鳩ノ巣駅へ直行するより時間がかかるが、川乗橋コースが通行止めのときの代替にもなる。

鋸尾根コースは鋸尾根のアップダウン、コブタカ山の展望と杉ノ殿尾根の開けた防火帯など変化がある。鳩ノ巣駅（3時間45分→ ←2時間55分）川苔山。赤杭尾根はやや整備が劣るが静かだ。古里駅（3時間50分→ ←2時間45分）川苔山。

アクセス
17 川苔橋～鳩ノ巣駅
行き＝JR青梅線奥多摩駅（西東京バス13分、270円）川乗橋
帰り＝JR青梅線鳩ノ巣駅
駐車場情報　奥多摩駅に複数の有料駐車場、鳩ノ巣駅下に約30台の無料駐車場がある。
アドバイス　滑落や道迷いなど奥多摩で最も事故が多い山だが、足元への注意を怠らず、現在地や分岐を確認しながら歩けば特に危険はない。新緑の4月中旬～5月下旬、紅葉の10月半ば～11月上旬ごろがベストシーズン。

氷結した滝を目的として厳冬期に入山する人もいるが、凍結や積雪がありベテラン向き。百尋ノ滝まででも雪山用具が必要。
問合せ先　奥多摩観光協会📞0428-83-2152

舟井戸～大根ノ山ノ神の登山道

plus 1 | ボリューミーな釜めし

鳩ノ巣駅すぐ下の鳩の巣釜めしは店名どおり釜めしが看板メニュー。それぞれ山菜天ぷら、吸い物、刺身コンニャクなどがセットの山菜釜めしセット1750円、きのこ釜めしセット1650円。ヤマメの燻製や刺身、アユの塩焼き、麺類なども。10時30分～18時30分（ラストオーダー18時／12月～3月は～18時）、水曜定休。📞0428-85-1970

2万5000分の1地形図　武蔵日原・奥多摩湖

1:57,000
0　500　1km
1cm=570m
等高線は20mごと

倉沢鍾乳洞
▲1254.8　笙ノ岩山
百尋ノ滝②
細倉橋 WC
ウスバ尾根
竜王橋
川乗林道
日原へ
川乗橋①
奥多摩工業曳鉄線
大増鍾乳洞
安寺沢
乳房観音
久ノ干本谷に出合う
横ヶ谷平
分岐
足毛岩
▲1363.2
川苔山③
鋸尾根
舟井戸
1240
1165
大ダワ
1011
コブタカ山
本仁田山
▲1224.5
コブタカ山分岐
杉ノ殿尾根
大休場尾根
花折戸尾根
ゴンザス尾根
熊野神社
WC P
鳩ノ巣駅⑤
一見、安全な山道の巻き道だが、谷側は絶壁でスリップや転落事故が多発している
東肩
曲ヶ谷北峰
真名井ノ頭
1147
エビ小屋山
765
大根ノ山ノ神④
0.30
0.45
東京都水産試験場
棚澤
正法院
はとのす
山腹を巻く樹林の道が大根ノ山ノ神まで続く
赤杭尾根
923.5
赤杭山
809
478
青梅線
青梅へ
ズマド山▲
小丹波駅
青梅線
413
青梅へ
東京都
奥多摩町
N

東京都／奥多摩

蕎麦粒山
（そ ば つぶ やま）

花

展望

温泉

社寺

食事

新緑紅葉

1月
2月
3月
4月
5月
6月
7月
8月
9月
10月
11月
12月

標高
1472.8m

18 川乗橋から往復

歩行時間：6時間20分 | 歩行距離：12.5km | 標高差：登り1060m・下り1060m

急登、道が不明な分、達成感が抜群

渋い山である。人気の川苔山の西に位置して、標高は100mほど高く、登山口も同じ川乗橋。しかし、正規の登山道は整備されておらず、樹林の直登が続くので、登山者は圧倒的に少ない。その分、静かに登れて、山頂で開ける展望の感動もひとしおだ。

18 川乗橋から往復

川乗橋❶バス停から川乗谷林道を2〜3分進み、左へカーブする所が鳥屋戸尾根の登り口だ。登山道に入ると、すぐ杉林の斜面を急登し、15

〜20分で鳥屋戸尾根上に出る。緩急を繰り返しながら登っていくとブナが見られるようになる。川乗橋から2時間ほどひたすら登ると笙ノ岩山❷山頂の小広場に着くが、ここも樹林で展望はない。

笙ノ岩山から蕎麦粒山までも尾根道だが、緩急を繰り返すうえに曲がりくねっているので、登山道を見失わないよう注意して登ろう。笙ノ岩山から10分弱で右手が開け、大岳山や丹沢方面を眺められる。鳥屋戸尾根中、唯一の展望地だ。再び樹林の尾根道を

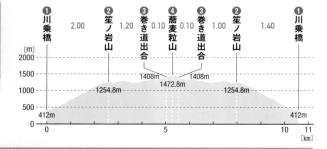

| | ❶川乗橋 | 2.00 | ❷笙ノ岩山 | 1.20 | ❸巻き道出合 | 0.10 | ❹蕎麦粒山 | 0.10 | ❸巻き道出合 | 1.00 | ❷笙ノ岩山 | 1.40 | ❶川乗橋 |

[m]
2000
1500
1000
500
0

1408m 1472.8m 1408m
1254.8m 1254.8m
412m 412m

0 ... 5 ... 10 11 [km]

南東側が開けた蕎麦粒山山頂の展望

川乗橋バス停

鳥屋戸尾根の尾根道

笹ノ岩山の先で大岳山と丹沢を望む

登りつめると巻き道に出合う③。この巻き道は東京都の水源林巡視道で、しっかりした指導標も立つ。

巻き道から10分ほどの登りで鋭い大岩を見ると、すぐ上が待望の蕎麦粒山④山頂だ。

南東側が開けて、関東平野の広がりや奥多摩の山々を見渡せる。下山は登ってきた道を戻るが、道迷いの事故も起きているので、気をゆるめず慎重に下山しよう。

山頂直下の巻き道を東へ進めば川苔山経由で川乗橋まで4時間20分、西へとればヨコスズ経由で東日原へ3時間のコースもあるが、よりベテラン向き。マイカー利用になるが、埼玉県の有間峠からは約3時間40分で往復できる。

ブナの大木も見られる

アクセス
18 川乗橋から往復
行き・帰り＝JR青梅線奥多摩駅（西東京バス13分、270円）川乗橋。西東京バス ☎0428-83-2126
駐車場情報　奥多摩駅付近に複数ある有料駐車場を利用。
アドバイス　非正規の登山道を登るバリエーション・ハイキングのコースとしては登りやすいが、あくまでもベテラン向き。エスケープルートはないので、途中で不安があれば引き返そう。鳥屋戸尾根は広く、斜面状の所もあるうえ、登山道は尾根を忠実にトレースするわけではない。しかも、終始、樹林で現在地がわかりづらいので、道を見失わないよう注意を。新緑は4月中旬〜5月下旬、山頂で5月半ば〜6月上旬ごろ。紅葉は10月半ば〜11月上旬ごろ。
問合せ先　奥多摩観光協会 ☎0428-83-2152

plus 1｜乗り換えの間に入浴

奥多摩駅から徒歩10分あまり、多摩川の渓谷に臨む奥多摩温泉もえぎの湯。特産のヒノキを使った露天風呂、内湯、食事処などの施設がそろう。シーズンの夕方などは入館待ちもあるので、確認して向かおう。10時〜20時（12〜3月は19時まで。ともに1時間前に受付終了）。月曜休（祝日の場合は翌日）。☎0428-82-7770

仙元峠 1444
1449
三ツドッケ・雲取山へ
④蕎麦粒山 ▲1472.8
埼玉県 秩父市
巻き道出合③
有間峠へ
1380
東京都 奥多摩町
1339
日向沢ノ峰 1356
棒折山へ
・985
1268
1154
1221
倉沢鍾乳洞
笹ノ岩山② 1254.8
962
所苔山へ
・925
1102
細倉橋
・917
608
509
川乗橋①
奥多摩駅へ

2万5000分の1地形図　武蔵日原

N
1:42,000
0　　500　　1km
1cm＝420m
等高線は20mごと

東京都／奥多摩

鷹ノ巣山
たかのすやま

標高
1736.6m

19 東日原～奥多摩湖
歩行時間:6時間30分 | 歩行距離:12.5km | 標高差:登り1130m・下り1215m

奥多摩有数の急登をこなし展望の頂へ

雲取山から奥多摩駅へ延びる石尾根縦走路の中ほどにそびえる。各登山口からの標高差は1200m前後もあり、しかも急だが、山頂では大展望が開けるなど、この山だけを登っても充実感がある。水根沢の渓流と樹林の美しさも特筆ものだ。

19 東日原～奥多摩湖

東日原❶バス停で降りたら、車道を上流へ。そそり立つ稲村岩を正面に眺め、バス停から5分ほどで左の階段を下る。日原川を渡り、巳ノ戸沢に沿

って登った後、左手の斜面を登る。30分ほどで尾根上に出た所が稲村岩のコル❷だ。東日原からの標高差は約250m。鷹ノ巣山山頂までの2割強をこなしている。コルから山頂までは急な尾根で、残る標高差約850mをひたすら急登する。展望はないが、ブナやミズナラの林が美しい。

ジグザグの急登が一段落すると、稲村岩尾根唯一の平坦地であるヒルメシ食いのタワに着く。残る標高差は180mほど。急登が緩やかになると、前方が開けて鷹ノ巣山❸山頂に飛び出す。山頂はなだらかな広場で南アルプス、富士山、大菩薩、丹沢や奥多摩のパノラマが広がる。

❶東日原バス停 0.55 ❷稲村岩のコル 2.10 ❸鷹ノ巣山 0.30 ❹水根山 1.35 ❺木橋 1.20 ❻奥多摩湖バス停

[m]
2000
1500
1736.6m 1620m
1000
945m
615m
890m
500
530m
0
0 ······ 5 ······ 10 13
[km]

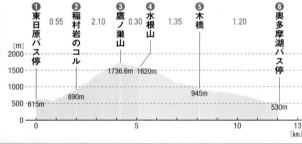

東日原から稲村岩(右)と稲村岩尾根を見上げる

広場になっている鷹ノ巣山山頂

鷹ノ巣山から大岳山(左)と御前山

下山のルートは谷と新緑、紅葉が美しい水根沢が人気だ。石尾根の縦走路を下り、**水根山④**南面の巻き道から榧ノ木尾根に入り、ひと下りして尾根を左へそれ、水根沢へ。沢へ下るまでに5カ所の分岐が

あるので、指導標を確認して行動しよう。最後の分岐を東へとり、1時間ほど急下降すると水根沢に出合い、流れに沿って下るようになる。

木橋⑤で対岸に渡ると、斜面を巻くようになる。屈曲する道は意外に長く感じるが、見下ろす水根沢の淵や瀬、樹林が美しい。民家が現れ、国道に出ると水根バス停だが、**奥多摩湖⑥**バス停まで5分ほど頑張ろう。トイレなどの施設が整い、始発バスもある。

水根山から榧ノ木尾根をそのまま下れば、奥多摩湖畔の倉戸口バス停に出られる。こちらもブナ原生林が茂るが、尾根道なので水根沢より明るく、稲村岩尾根の代替コースにもよい。水根山(2時間40分→←4時間)倉戸口。石尾根はP48雲取山参照。

アクセス

19 東日原～奥多摩湖
行き＝JR青梅線奥多摩駅(西東京バス28分、480円)東日原 西東京バス ☎0428-83-2126
帰り＝奥多摩湖(西東京バス15分)奥多摩駅 西東京バス ☎同上

駐車場情報 奥多摩駅付近に複数の有料駐車場、東日原に有料駐車場あり、約20台。奥多摩湖畔に複数の無料駐車場あり。

アドバイス 標高差が大きいうえ、エスケープルートが乏しい。天候や体調に注意して余裕ある計画、行動を。新緑は麓で4月下旬、山頂で5月半ばごろから6月上旬ごろまで。紅葉は10月中旬～11月中旬ごろ。

問合せ先 奥多摩観光協会☎0428-83-2152

水根沢の渓流

plus 1｜湖とダムについて知る

奥多摩・水と緑のふれあい館はダム建設で湖底に沈んだ小河内村など郷土の歴史や自然、ダムの解説、食事処、売店がある。9時30分～17時、水曜休(祝日の場合は翌日)。無料。☎0428-86-2731。奥多摩温泉もえぎの湯はP43参照。

稲村岩の西側で稲村岩尾根上に登り着く。稲村岩往復は岩登りがありベテラン向き

2万5000分の1地形図 武蔵日原・奥多摩湖

1:65,000
0　500　1km
1cm=650m
等高線は20mごと

稲村岩尾根
稲村岩のコル
❶東日原
稲村岩・739
中日原
・991
0.55
0.45
巳ノ戸橋
・1338
鷹ノ巣山❸ ▲1736.6
ヒルメシ食いのタワ 人避け
巳ノ戸の大クビレ
鷹ノ巣山避難小屋 1474
・1651
縦走路分岐❹水根山
六ツ石分岐 ・1620
榧ノ木尾根分岐
登山口 ▲1208
浅間尾根
丹波浅間神社 ・681
城山
・1523
将門馬場
・1455
石尾根
1478.8▲ 六ツ石分岐
六ツ石山
榛ノ木尾根
東京都 奥多摩町
❺木橋
榧ノ木山 ▲1485
水根沢林道
・723
奥多摩駅へ トオノクボ
山腹の巻き道は水根沢側が崖になっているのでスリップなどしないよう足元に注意する
倉戸山 ▲1169.3
・950
大麦代トンネル
奥多摩湖へ
❻奥多摩湖
小河内ダム
峰谷下り
留浦
雲風呂
坂本トンネル
坂本園地
坂本前
▲1074.6
尾平山
伯小河内小・中
・981
雨乞山
川野
深山橋
丹波山村方面
女の湯
鶴の湯源泉
室沢トンネル
青梅街道
熱海
奥多摩湖
小河内神社前
峰谷橋
浮橋
小河内神社
小菅村へ

<table>
<tr><td>上級</td></tr>
<tr><td>花</td></tr>
<tr><td>展望</td></tr>
<tr><td>温泉</td></tr>
<tr><td>社寺</td></tr>
<tr><td>食事</td></tr>
<tr><td>新緑
紅葉</td></tr>
<tr><td>1月
2月
3月
4月
5月
6月
7月
8月
9月
10月
11月
12月</td></tr>
</table>

雲取山
(くもとりやま)

東京都・埼玉県・山梨県／奥多摩・奥秩父

標高 2017.1m

---

20 三峯神社〜石尾根〜奥多摩駅	宿泊：雲取山荘
1日目：5時間15分 ｜ 歩行距離：8.6km ｜ 標高差：登り1200m・下り408m	
2日目：7時間40分 ｜ 歩行距離：20.5km ｜ 標高差：登り670m・下り2163m	

21 丹波〜三条の湯〜鴨沢	宿泊：三条の湯
1日目：4時間 ｜ 歩行距離：12.5km ｜ 標高差：登り1287m・下り819m	
2日目：7時間 ｜ 歩行距離：12.5km ｜ 標高差：登り1531m・下り2096m	

山頂で泊まり、埼玉から東京へ縦走する

東京都最高峰で、唯一の2000m峰だが、1都2県境にまたがり、奥多摩と奥秩父の接点の山でもある。秩父の古社から登り、石尾根を奥多摩駅へ縦走するダイナミックなコースと東京都水源の深々とした原生林と秘湯の山小屋に泊まるコースを案内しよう。

20 三峯神社〜石尾根〜奥多摩駅

荘厳な三峯神社随身門

三峯神社❶バス停から縦走路を南下する。北側へ5分ほどの三峯神社は秩父三社の古社で、最近ではパワースポットやお守りも人気だ。縦走路は三峰ビジターセンターの先で車道から登山道に入り、杉並木を進む。妙法ヶ岳分岐❷から本格的な登りとなる。妙

法ヶ岳は三峯神社奥宮を祀る岩峰で、雲取山方面もよく見えるので立ち寄るのもよい。

斜面の登りは炭焼平❸から尾根道となり、ブナ林を急登する。登りきった地蔵峠から、すぐ霧藻ヶ峰❹。山好きだった秩父宮夫妻のレリーフがあり、毎年6月第1日曜の奥秩父山開き会場となる。すぐ先の霧藻ヶ峰休憩所は展望がよい。

お清平からこのコース一番の長く急な登りとなる。針葉樹林に入り、登りつめた前白岩でようやく急登から解放される。白岩小屋❺からひと登

石尾根を下り、南峰を振り返る

1等三角点や展望盤がある雲取山北峰

七ツ石山からは雲取山がよく見える

りで白岩山だが、展望には恵まれない。山腹を巻き、芋ノ木ドッケの下で長沢背稜への道を分けて下ると大ダワの鞍部に着く。尾根道と巻き道に分かれるが、どちらも大差な

く雲取山荘⑥に着ける。

雲取山へは針葉樹林の急登を30分ほど。登り着いた雲取山⑦北峰に三角点があり、すぐ先の南峰で富士山や奥多摩、丹沢の展望が開ける。下山する石尾根は、途中に七ツ石山、六ツ石山があることが名前の由来だ。防火帯が切り開かれていて、明るく気持ちのよい尾根道をたどる。小雲取山で振り返れば雲取山が大きい。

雲取奥多摩小屋跡⑧を過ぎ、

ブナ坂⑨の鞍部から急登をひとがんばりの七ツ石山⑩山頂では雲取山がよく見える。ひと下りして七ツ石小屋への分岐を過ぎると、縦走路は尾根道と巻き道に分かれるが、歩きやすい巻き道をとる人が多い。

千本ツツジ⑪を経て巳ノ戸の大クビレ⑫から急登で鷹ノ巣山⑬山頂に着けば、富士山などの大展望が開ける。水根山⑭で分岐する榧ノ木尾根はブナ林、水根沢林道は渓谷が美しく、エスケープルートにもなる（P46鷹ノ巣山参照）。六ツ石山は北面を巻くが、最後の顕著なピークであり、六ツ石山分岐から5分ほどで登れるので立ち寄りたい。

六ツ石山⑮でひと休みしたらブナ林を急下降し、三ノ木戸山巻き道の三ノ木戸山分岐⑯の先から高度を下げる。林道に出たら指導標に従って下り、羽黒三田神社に着けば、ゴールの奥多摩駅⑰は近い。

21 丹波～三条の湯～鴨沢

丹波⑱バス停の先で右上に分かれる道に入り、畑が広がる斜面から樹林の山道を登る。サオラ峠⑲で天平尾根に登り着く。三条の湯までは水源林の巡視路として整備されていて、歩きやすい山腹の巻き道が続く。後山川の枝沢を渡り、カンバ沢の先が三条の湯⑳だ。

雲取山への道は、すぐ三条

2万5000分の1地形図　七保・猪丸・奥多摩湖

三峰神社❶
三峰ビジターセンター
三峯神社奥宮
妙法ヶ岳
二股桜
分妙法ヶ岳❷
炭焼平❸
地蔵峠
霧藻ヶ峰❹
霧藻ヶ峰休憩所
奥地蔵
お清平
前白岩ノ肩
前白岩山
白岩小屋❺（廃業）
白岩山
仙小屋ノ頭
桂谷ノ頭
芋ノ木ドッケ

埼玉県
秩父市

N

1:75,000
0　500　1km
1cm=750m
等高線は50mごと

東京都
奥多摩町

大ダワ
雲取ヒュッテ跡
雲取山荘❻
雲取山避難難小屋
雲取山❼
飛龍山へ
三ツ山
狼平
三条ダルミ㉑

P50-51の地図に続く

後山川支流、権現谷の清流を渡る

沢を渡り、対岸の斜面を登ると水無尾根上に出る。樹林の尾根を登っていくが、途中、樹間に雲取山の山頂方面を望める。尾根を東にそれて山腹を巻いて登るようになり、カラマツが混じれば**三条ダルミ㉑**に登り着く。奥秩父主脈の縦走路である尾根道を東へ、針葉樹林の急登をひとがんばりで待望の**雲取山❼**南峰に登り着き、展望も開ける。

七ツ石山まではコース**20**と同じ石尾根を下る。**ブナ坂❾**から登り尾根コースに入れるが、**七ツ石山❿**で最後の展望を楽しみたい。**七ツ石小屋㉒**へ下ったら、さらにひと下りで登り尾根に合流する。

堂所㉓からは尾根の東斜面に道が続くので、大きな登りはなく歩きやすい。山畑の上に出て小袖集落を見下ろし、舗装道路に合流して少し下ると**小袖乗越㉔**に着く。駐車場の隅から山道に入り、車道をショートカットして下れば奥多摩湖が近づき、国道411号に出れば**鴨沢㉕**バス停だ。

50

アクセス
20 三峯神社〜石尾根〜奥多摩駅
行き＝西武秩父駅（西武観光バス1時間15分、950円）三峯神社　西武観光バス☎0494-22-1635　帰り＝JR青梅線奥多摩駅
駐車場情報　登山口と下山口が離れていてマイカー向きではないが、三峯神社に約300台、520円の駐車場、奥多摩駅付近に複数の有料駐車場あり。
21 丹波〜三条の湯〜鴨沢
行き＝奥多摩駅（西東京バス55分、1030円）丹波　帰り＝鴨沢（西東京バス35分、640円）奥多摩駅　西東京バス☎0428-83-2126

駐車場情報　小袖乗越に約50台の無料駐車場あり。ここに停め、バスで丹波へ移動するとよい。
アドバイス　四季折々に楽しめるが、特にすすめたいのは5月下旬〜6月半ばで、ブナ林の新緑がみずみずしく美しい。ゴールデンウィークは、山の上は芽吹き前だが山小屋は混みあう。10月上旬〜下旬ごろの紅葉もよいが、やはり山小屋が混む。2日目、朝食を弁当にしてもらうと早発ちできるので、山小屋の予約時に確認しよう。
問合せ先　秩父観光協会☎0494-21-2277、奥多摩観光協会☎0428-83-2152

2万5000分の1地形図　猪三峰・雲取山・丹波・奥多摩湖

plus 1 | 雲取山の山小屋

雲取山荘は1泊2食つき8500円、テント1人500円。☎0494-23-3338。七ツ石小屋は素泊まりのみ4000円、テント1人500円。☎090-8815-1597。三条の湯は1泊2食つき8300円、テント1人1000円。☎0428-88-0616。三峯

神社興雲閣で前泊すると行程が楽になる。1泊2食つき1万2250円。☎0494-55-0241。白岩小屋は老朽化により閉鎖。雲取奥多摩小屋とテント場は2019年に閉鎖、撤去。雲取山避難小屋、鷹ノ巣山避難小屋は緊急時以外は使用不可。

温泉でくつろげる山小屋、三条の湯

❶三峰神社バス停	❷妙法ヶ岳分岐	❸炭焼平	❹霧藻ヶ峰	❺白岩小屋跡	❻雲取山荘	❼雲取山	❽雲取奥多摩小屋跡	❾ブナ坂	❿七ツ石山	⓫千本ツツジ	⓬巳ノ戸の大クビレ	⓭鷹ノ巣山	⓮水根山	⓯六ツ石山	⓰三ノ木戸山分岐	⓱奥多摩駅

0.40 / 0.40 / 0.50 / 1.35 / 0.30 / 0.40 / 0.45 / 0.15 / 0.20 / 1.00 / 0.35 / 0.25 / 1.00 / 0.40

1044m / 1087m / 1307m / 1523.1m / 1760m / 2017.1m / 1836m / 1659m / 1756m / 1757.3m / 1704m / 1736.6m / 1555m / 1620m / 1478.8m / 1154m / 343m

東京都 奥多摩町

1:75,000
0 500 1km
1cm=750m
等高線は50mごと

51

浅間嶺

せんげんれい

標高
903m
（小岩浅間）

22 払沢の滝入口～浅間尾根登山口

歩行時間：5時間35分　歩行距離：11.5km　標高差：登り950m・下り612m

名瀑から石仏がたたずむ古道をたどる

中ほどに浅間嶺が頭をもたげる浅間尾根には、かつて武蔵国と甲斐国を結んだ交易道が通る。なだらかで歩きやすく、石仏が点々と祀られて往事がしのばれる。下山口近くには日帰り温泉もあり、春、秋はもちろん、初冬の日だまりハイキングにもよい。

22 払沢の滝入口～浅間尾根登山口

払沢の滝入口❶バス停前の分岐を西に入る。角には、豆腐ミルクソフトクリームや卯

標高グラフ

❶ 払沢の滝入口		❷ 払沢の滝		❸ 時坂峠		❹ 浅間嶺		❺ 数馬分岐		❻ 浅間尾根登山口バス停
	0.15		0.55		1.40			1.50		0.40

277m　330m　485m　889m　895m　615m

[m]　1500　1000　500　0
0　5　10　12 [km]

の花（おから）ドーナッツが人気の檜原とうふ ちとせ屋がある。すぐまた左に入り、橋を渡って沢沿いに進むと払沢の滝❷に着く。見える部分だけで落差26m、東京都で唯一、日本の滝百選に選定されている。

来た道を戻り、橋の手前を左に入ると、駐車場に出て、車道を進む。数分歩いたヘアピンカーブで登山道に入り、時坂の集落に入って、蛇行する車道を突っ切るように登っていく。最奥の民家からひと登りして、尾根に出た所が時坂峠❸。祠や石仏が祀られている。平坦な車道を

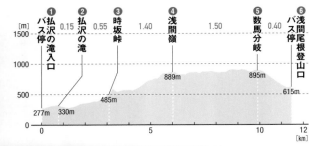

日本の滝百選の名瀑、払沢の滝

のどかな時坂の山上集落

時坂峠の石仏

浅間嶺から大岳山

東西に細長い浅間嶺山頂

道なりに進み、峠の茶屋瀬戸沢の先から山道に入る。

少し沢沿いに登った後、山腹を巻くようになるが、そのまま進むと浅間嶺も巻いてしまうので、途中で左手の斜面を登り、尾根に出て**浅間嶺❹**山頂へ。山頂は東西に細長い広場で木立もあるが、奥多摩や富士山の眺めがよい。なお、903mの最高地点は西隣の小岩浅間だが樹林で展望はない。

浅間嶺の先も小ピークを巻く、なだらかな尾根道が続き、人里峠、一本松下などに点々

と祀られた石仏に歴史がしのばれる。やはり石仏が祀られている**数馬分岐❺**で浅間尾根と別れ、南へジグザグに下る。集落に入り、道なりに下り、南秋川を渡って右へとれば**浅間尾根登山口❻**はすぐだ。

アクセス

22 払沢の滝入口～浅間尾根登山口行き＝JR五日市線武蔵五日市駅（西東京バス20分、490円）払沢の滝入口　帰り＝浅間尾根登山口（西東京バス55分、920円）武蔵五日市駅。西東京バス☎0428-83-2126

駐車場情報　払沢の滝入口の西側に無料駐車場あり。約50台。

アドバイス　全体に登山道、指導標がよく整備され、特に急な登り下りもない。逆コースでも支障ない。歩行時間は大差ないが、浅間尾根登山口の標高が払沢の滝入口より340mほど高いので、逆コースのほうが楽。帰りの入浴は瀬音の湯も（P38大

岳山参照）。桜は4月中ごろ。新緑は4月なかば～5月中旬、紅葉は11月中旬ごろ。滝が氷結する厳冬期も人気だが、凍結や積雪があり、山慣れた人向き。

問合せ先　檜原村観光協会☎042-598-0069

浅間尾根登山口からバス2分または徒歩約15分の檜原温泉センター数馬の湯は奥多摩の日帰り温泉館の草分け。内湯と露天風呂、食事処、休憩室、売店などがあり、食事処や売店では地産の野菜やコンニャクを扱う。10時～19時（18時受付終了）。月曜（祝日の場合翌日）休館。880円。☎042-598-6789

檜原温泉センター数馬の湯

2万5000分の1地形図　猪丸・五日市

1:64,000

0　500　1km
1cm=640m
等高線は20mごと

入門

花

展望

温泉

社寺

食事

新緑
紅葉

1月
2月
3月
4月
5月
6月
7月
8月
9月
10月
11月
12月

加治丘陵
(かじきゅうりょう)

埼玉県/奥武蔵

標高
190m
(桜山展望台)

23 元加治駅〜仏子駅

歩行時間:1時間40分 | 歩行距離:6km | 標高差:登り175m・下り176m

童話の世界、展望が開ける里山へ

奥武蔵の山は天覧山などの低山から始まるイメージがあるが、加治丘陵はその手前の里山。童話の世界に遊べる公園、メタセコイア並木、亜炭の鉱山、展望台のパノラマなど楽しさいっぱい。入間川沿いの歩道など、変化のある行程も魅力だ。

23 元加治駅〜仏子駅

元加治駅❶を出たら右へ。最初の踏切を渡ってすぐの円照寺は鎌倉時代の創建とされ、武蔵野三十三観音などの霊場でもある古刹だ。南下して入間川を渡り、すぐ西側の細い道に入ると、川沿いの歩道が続く。阿須運動公園に入り、古生物をモチーフにしたオブジェを見て県道を渡り、**トーベ・ヤンソンあけぼのの子どもの森公園❷**に入る。

メタセコイア並木を進むと、谷あいに素敵な建物が点在し、フィンランドの作家トーベ・ヤンソンのムーミン童話を思わせる。特にうろこの家は内部も凝っているので、ぜひ見学したい。

100万〜250万年前、付近の入間川流域にアケボノゾウが生息したとされる。メタセコイアは100万年以上前に絶滅したと考えられていたが、1945年、中国・四川省で現存種が発見された生きた化石

[m]
1500
1000
500
0

❶元加治駅 ❷トーベ・ヤンソンあけぼのの子どもの森公園 ❸桜山展望台 ❹車道出合 ❺仏子駅

0.30   0.30   0.20   0.20

80m   81m   190m   170m   79m

0   5   10
[km]

子どもの森公園入口のメタセコイア並木の紅葉

メルヘン的なうろこの家

桜山展望台から富士山と大岳山

❸上に立てば都心の高層ビル群、周辺の山々や富士山（ふじさん）のパノラマが広がる。下山は東へ山腹をトラバースして、出合った車道**❹**を左へ道なりに下り、仏子駅（ぶしえき）**❺**へ向かう。

休憩に最適な山しごとの広場

で、和名はアケボノスギ。アケボノゾウ、阿須運動公園の古生物をモチーフにしたオブジェとあわせ、地球の歴史に思いが広がる。西側の日豊鉱業（にっぽう）は珍しい亜炭の鉱山で、非公開だが公園の西側からトロッコなどが見える。

　見学を終えたら、日豊鉱業の事務所手前の登山道入口から雑木林の山道を登る。舗装された遊歩道に合流し、右へとると、休憩によい山仕事の広場がある。すぐ手前から山道をひと登りして**桜山展望台**（さくらやま）

アクセス

23 元加治駅〜仏子駅

行き＝西武池袋線元加治駅　帰り＝西武池袋線仏子駅

駐車場情報　飯能市市民体育館、阿須運動公園に無料駐車場あり。計約500台。

アドバイス　特に危険なところ、急登や急下降はないが、登山道入口がわかりづらい。桜山展望台の桜は4月上旬ごろ。新緑は4月上旬〜5月上旬前後、紅葉はメタセコイアが11月中旬〜下旬、雑木が11月下旬〜12月上旬前後。元日は桜山展望台が未明から開放され、初日を拝める。

問合せ先　奥むさし飯能観光協会☎042-980-5051、入間市観光協会☎04-2964-4889

plus 1｜公園の施設と展望台

トーベ・ヤンソンあけぼの子どもの森公園は9時〜17時（季節変動あり。土・日曜、祝日はライトアップされ21時まで）。カフェプイストでは北欧料理のオープンサンドやデザートを味わえる。月曜休（祝日の場合は翌日）。入園無料。☎042-972-7711。桜山展望台は9時〜16時30分（4〜9月は17時30分まで）、無料。無休。

桜山展望台

2万5000分の1地形図　飯能・青梅

東飯能駅、高麗川駅へ　飯能駅へ　狭山日高ICへ

元加治駅❶　もとかじ

円照寺

鎌倉時代の創建とされ、武蔵野三十三観音などの霊場である古刹

仏子小　西武池袋線　**❺仏子駅**　ぶし　所沢駅、池袋駅へ

八高線

岩沢運動公園

阿須運動公園

加治丘陵

かつてのサイクリング道を利用した遊歩道で歩道に、舗装されている。この道で仏子駅〜山仕事の広場を歩くと登り40分、下り35分ほど

飯能市市民体育館

遊歩道入口

幼武蔵園野

配水場

信号

JA入間野

埼玉県

飯能市

駿河台大学

登山道入口

日豊鉱業　非公開だが公園の西側からトロッコや建物が見える

❷トーベ・ヤンソンあけぼの子どもの森公園

武蔵野音楽大学　武蔵野音大付属高

八坂神社

東金子小

拝島駅、八王子方面へ

遊歩道に出合う

▲188.6　三角点を通る踏みあともあるが樹林で展望はない

車道出合❹　桜並木

入間台第1公園

龍円寺卍

入間市

1:26,000

0　250　500m

1cm=260m

等高線は20mごと

山道に入る

山仕事の広場 WC

桜山展望台 ❸ WC

山腹を巻くなだらかな道が続く

卍豊泉寺

国道468号、16号へ

埼玉県／奥武蔵

天覧山・多峯主山

てんらんざん・とうのすやま

標高
270.7m
（多峯主山）

24 飯能駅から多峯主山周回

歩行時間：3時間5分 ｜ 歩行距離：8.5km ｜ 標高差：登り330m・下り330m

飯能駅から回遊できる手軽な里山歩き

飯能市街に接する天覧山は手軽な里山だが、尾根続きの多峯主山や吾妻峡を回ると手ごろで楽しい。飯能市はアニメ『ヤマノススメ』主人公の少女たちが住む街。天覧山や途中のスポットもアニメに登場し、ファンの「聖地巡礼」にも親しまれる。

24 飯能駅から多峯主山周回

飯能駅❶北口を出て飯能駅前か東町交差点で左折する。中央公民館に突き当たったら右折し、飯能河原交差点の先の十字路を左に入る。三差路を左にとって道なりに進み、中央公園の東側で中央公園通りを渡り、登山道に入る。すぐ**能仁寺**❷の入口があるので拝観していこう。幕

ベンチもある多峯主山山頂

末に飯能戦争の舞台にもなった古刹で、数々の堂宇や桃山時代の作とされる日本名園百選の庭園などがある（本堂・庭園は拝観料300円）。能仁寺も『ヤマノススメ』に描かれている。

登山道は舗装されているが、中段の広場で舗装が途切れ、天覧山へ最後の登りとなる。道は二分するが、左にとれば岩場に祀られた十六羅漢を拝観できる。**天覧山**❸山頂には展望台が設けられ、奥多摩や丹沢、飯能市街がよく見える。

多峯主山へのコースは尾根道と谷戸経由があるが、後者のほうが変化がある。西斜面を下って、開けた谷戸に出て、少し進んだ見返り坂から尾根へ登り返す。

尾根に出て、急登をひとがんばりすれば**多峯主山**❹山頂に着き、奥武蔵の山々などの展望が開ける。山頂は野外卓もある広場で休憩に最適だ。

帰りは南へ延びる枝尾根を下る。岩壁の上に立つ眺めがよい御嶽八幡神社を経て下り、

天覧山山頂から富士山、奥多摩と飯能市街

多峯主山山頂から奥武蔵の山々

バス道路に出合ったら西へ。
永田大杉❺ バス停の先で細い
道を左へ入ると、吾妻峡と呼
ばれる入間川を飛び石で渡る。
　対岸の車道に出たところに
は軍太利神社、八耳堂、飯能
市文化財の宝篋印塔などがあ

る。車道を東へ進み、やはり
『ヤマノススメ』に登場する
歩道橋の**割岩橋❻** を渡れば**飯
能駅❶** は近い。

アクセス
24 飯能駅から多峯主山周回
行き・帰り＝西武池袋線飯能駅
駐車場情報 飯能市市民会館、
中央公園に無料駐車場あり。計
約200台、8時〜21時30分（市
民会館閉館日は18時まで）。
アドバイス コースや指標は
よく整備されている。逆コース
でも支障ない。JR八高線利用の
場合、歩行時間は20分ほど増
えるが、東飯能駅から周回する

とよい。新緑は4月中旬〜5月
上旬前後。天覧山では4月上旬
ごろの桜、5月上旬ごろのヤマ
ツツジが美しい。紅葉は11月
下旬〜12月初めごろ。天覧山
山頂の展望台は初日がよく見え
るので元旦はにぎわう。初日の
出は6時50分ごろ。
問合せ先 奥むさし飯能観光協
会☎042-980-5051

plus 1 | 入山口に鉄腕アトム
中央公園の北側に世界唯一とい
う鉄腕アトムの銅像がある。
1983年に建てられたもので、台
座を含めた高さは3mあまり。ア
トムの誕生日4月7日は例年、
さくらまつりが開催され、花見
も楽しめる。

中央公園の鉄腕アトム像

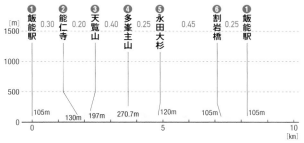

| ❶ 飯能駅 | 0.30 | ❷ 能仁寺 | 0.20 | ❸ 天覧山 | 0.40 | ❹ 多峯主山 | 0.25 | ❺ 永田大杉 | 0.45 | ❻ 割岩橋 | 0.25 | ❶ 飯能駅 |

105m　130m　197m　270.7m　120m　105m　105m

2万5000分の1地形図　飯能

入門

花

展望

温泉

社寺

食事

新緑
紅葉

| 1月 |
| 2月 |
| 3月 |
| 4月 |
| 5月 |
| 6月 |
| 7月 |
| 8月 |
| 9月 |
| 10月 |
| 11月 |
| 12月 |

埼玉県／奥武蔵

日和田山・物見山
（ひわだざん・ものみやま）

標高
375.3m
（物見山）

25 高麗駅～武蔵横手駅
歩行時間：**3時間15分** ｜ 歩行距離：**8.3km** ｜ 標高差：登り**440m**・下り**435m**

手ごろで変化に富み、麓では季節の花も

低山だが展望に優れ、雑木林の新緑や紅葉、季節の彩りが豊かな日和田山から物見山へのミニ縦走コース。登山口の高麗は奈良時代の初め、朝鮮半島からの渡来人が移住した歴史を秘め、巾着田では季節の花を楽しめる。下山は五常ノ滝へ。

25 高麗駅～武蔵横手駅

高麗駅❶を出ると高さ7mほどもある将軍標が立つ。魔除けとして韓国の村の入口などに立てられるもので、高麗の地名とともに、朝鮮半島からの渡来人（高麗人）が移り住んだ歴史がうかがえる。

日和田山へは、西側のガード、東側の踏切経由の2コースがあるが、行程は変

巾着田のヒガンバナ

わらない。合流してすぐの「台の高札場跡」で右へ入り、静かな裏道を歩く。県道に出合い、鹿台橋❷を渡って有機食材の阿里山カフェの角を右へ入ると巾着田、その先の信号で左へ登るのが日和田山への道だ。右カーブ手前で左に入り、ひと登りで日和田山登山口に着く。

登山道口には大きな鳥居があり、岩場がある急な男坂となだらかな女坂に分かれる。金刀比羅神社の下の露岩で合流すれば南側が開け、蛇行する入間川に囲まれた巾着田、その右後方に丹沢や奥多摩の山々、富士山などを眺められる。金刀比羅神社右手から急斜面をひと登りで着く日和田山❸山頂は東側が開けて筑波山などを望める。

下山は西へひと下りして金刀比羅神社からの巻き道に合流し、すぐ富士見の丘コースを分ける。ゆるやかに尾根を登り下りする道は電波塔が立つ高指山を巻いて、いったん車道に出る。休憩舎の先で尾

巾着田の桜並木と日和田山

58

金刀比羅神社下の露岩と展望

根道に入り、ひとがんばりで**物見山❹**山頂。東側の展望が開け、ベンチが置かれている。

ひと下りのヤセオネ峠から尾根沿いに登り下りして、**北向地蔵❺**から南面の山道を下る。舗装道路に出てすぐ、落差約12mの**五常ノ滝❻**（入山料200円）を見て、車道を道なりに下り、**武蔵横手駅❼**へ。

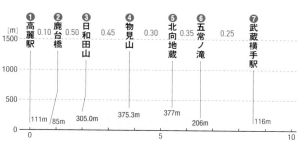

2万5000分の1地形図　飯能

1:39,000

1cm=390m
等高線は20mごと

アクセス

25 高麗駅～武蔵横手駅

行き＝西武池袋線高麗駅　帰り＝西武池袋線武蔵横手駅

駐車場情報　巾着田、日和田山登山口手前に有料駐車場あり。。

アドバイス　男坂、女坂の所要時間は大差ない。男坂は急で露岩があるが、特に危険や困難はなく、岩登り気分を楽しめる。高麗駅へ戻るなら富士見の丘コースを下るのもよい。巾着田は往復1時間ほどの寄り道。日和田山東麓には渡来人ゆかりの高麗神社、聖天院も。芽吹き・新

五常ノ滝

緑は3月下旬～5月中旬、紅葉は11月下旬ごろ。巾着田では4月上旬に桜と菜の花、6月半ば～7月上旬にアジサイ、9月下旬～10月初めにヒガンバナとコスモスなどが咲く。

問合せ先　日高市観光協会 ☎042-989-2111（日高市役所）

plus 1 | 入間川畔の巾着田

高麗人が高麗川の蛇行を利用して拓いた水田。現在は四季折々の花やキャンプで親しまれ、4月中旬の土・日曜は菜の花まつり、9月下旬～10月初めは100万本といわれるヒガンバナ（曼珠沙華）が咲き競い、曼珠沙華まつりが開かれて出店やイベントでにぎわう。期間中は9時～16時30分、開場。入場料300円。

埼玉県／奥武蔵

大高山

おおたかやま

標高
493m

樹林が多いが静かな穴場コース

天覧山から伊豆ヶ岳へ続く「飯能アルプス」の中央部に位置。全体に樹林で登山者は少なく、地味な印象の山である。迷い込みやすい枝尾根はあるが、注意して歩けば特に問題なく、天覚山では展望も楽しめる。静かな山を好む人には特におすすめ。

26 吾野駅〜東吾野駅

吾野駅❶から登山口までが、ややわかりにくい。改札を出たら、まずは左へ線路沿いに進む。法光寺の手前で右の階段を下りると西武線の歩行者用ガードがある。ガードをくぐり、右へ折れて、出合った車道を左へ登った法光寺墓苑の東端が登山口だ。山へ向かって登り、事務所の先で左に

ヤセ尾根で露岩もある大高山の登り

尾根道を下り、振り返って見る大高山は鋭い

分かれる山道へ。ヒノキなどの植林に入り、道なりに登れば前坂❷の鞍部に着く。

前坂から東へ向かうと小さな登り下りを繰り返す尾根道となり、車道を横切るとほぼ登りとなる。やや長い急登をこなして登り着く大高山❸山頂は狭く、植林に囲まれているが、木の間に奥多摩方面を眺められる。

大高山からの下りは急だが、ケヤキなどの大木は見ごたえがある。下りきって、わずかに登り返すと大岩❹で、左を巻く。尾根道は植林が主体だが前半より雑木が混じり、樹間に展望が得られるところもある。振り返れば大高山の山容が思いのほか鋭い。

東吾野駅方面への道を左に分け、露岩の右側をひと登り

静かな大高山山頂

で**天覚山⑤**山頂に飛び出す。小さな台地状で南西方向を中心に開け、奥多摩から丹沢などの山を望める。このコース一番の展望ポイントだ。

分岐に戻って東吾野駅方面へ向かうとすぐ天覚大明神跡の平地で、下山道は沢沿いと尾根道に分かれる。沢沿いのほうが若干、歩行時間が短く、歩きやすいが、天気がよければ展望のよい尾根道のほうが楽しい。どちらのコースも林道に出たら道なりに下る。西

武線に出合ったら左へとれば**東吾野駅⑥**はすぐだ。

アクセス

26 吾野駅～東吾野駅

行き＝西武池袋線吾野駅　**帰り**＝西武池袋線東吾野駅

駐車場情報　東吾野駅前に有料駐車場あり。計8台。

アドバイス　逆コースは道がわかりづらいところがある。夏は樹林で風通しが悪く、蒸し暑いことが多い。植林は多いが、雑木林も見られ、芽吹きから新緑は4～5月、紅葉は11月中旬～下旬ごろ。珍しいものではないが、植林地の林床にはシャガが

天覚山から川苔山～蕎麦粒山

群生し、花の見ごろは4月下旬前後。吾野駅前の奥武蔵美晴休憩所はうどんなどの軽食や売店がある茶店で11時～終業不定、火曜休（不定休あり）。☎042-978-0173。法光寺は南北朝時代の1386（至徳3）年創建という古刹で、武蔵野三十三観音、関東百八地蔵尊霊場でもある。
問合せ先　奥むさし飯能観光協会☎042-980-5051

plus 1│登山口の水場

法光寺から西武線のガードをくぐったすぐ上に湧く吾野清水は「すっきりした味わい」「やわらかい」など評判は上々。大高山登山で最後の水場だが、生水なので利用は自己責任で。

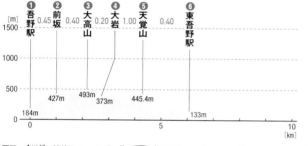

① 吾野駅　0.45　② 前坂　0.40　③ 大高山　0.20　④ 大岩　1.00　⑤ 天覚山　0.40　⑥ 東吾野駅

427m　493m　373m　445.4m

184m　133m

2万5000分の1地形図　原市場・飯能

1:33,000
0　500　1000m
1cm=330m
等高線は20mごと

中級

花 展望 温泉 社寺 食事 新緑紅葉

1月 2月 3月 4月 5月 6月 7月 8月 9月 10月 11月 12月

伊豆ヶ岳（いずがたけ）

埼玉県／奥武蔵

標高
850.9m

27 正丸駅～吾野駅
歩行時間：5時間40分 ｜ 歩行距離：12.3km ｜ 標高差：登り945m・下り1066m

28 正丸駅から周回
歩行時間：4時間 ｜ 歩行距離：7.5km ｜ 標高差：登り590m・下り590m

アクセスがよく変化に富む行程で人気

駅から直接、登り下りできて、コースもいろいろとれる伊豆ヶ岳は西武線沿線でも人気が高い。なかでも山寺の子ノ権現（ねのごんげん）への尾根道はいくつもの小ピークを越える充実の縦走だ。このコースをメインに、正丸（しょうまる）駅からの手軽な周回コースも紹介しよう。

27 正丸駅～吾野駅

正丸駅❶を出て右手の階段を下り、車道を右へ。大蔵山（おおくらやま）の集落を抜け、**馬頭尊（ばとうそん）❷**分岐で左へ入る。谷に沿った植林の山道を登ると長岩峠（ながいわ）への道が分かれる。泣き坂が通れないときは、この道を登る。

沢を離れると泣き坂の急登となり、雑木林を斜上して、登り着いた尾根を西へ登る。露岩の展望地を経て、五輪山（ごりんやま）山頂から南へひと下りで男坂の岩場下に出る。男坂（おとこざか）は岩登りになるので、女坂（おんなざか）経由が安全だ。山腹を巻いて、ひと登りすると**伊豆ヶ岳❸**山頂に着く。木立に囲まれるが、首都圏や西上州（にしじょうしゅう）方面を眺められる。

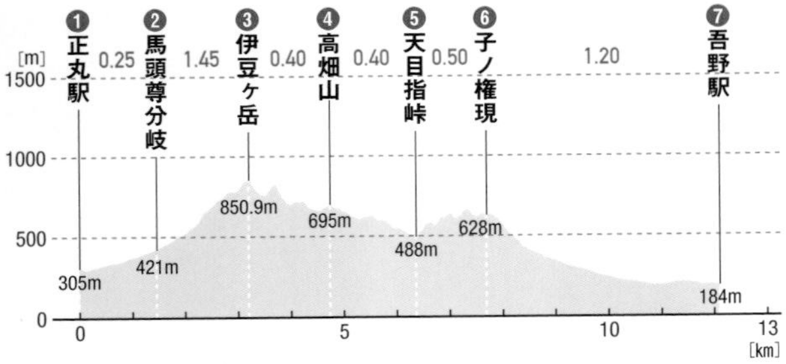

❶正丸駅
❷馬頭尊分岐
❸伊豆ヶ岳
❹高畑山
❺天目指峠
❻子ノ権現
❼吾野駅
0.25
1.45
0.40
0.40
0.50
1.20
[m]
1500
1000
500
0
305m
421m
850.9m
695m
488m
628m
184m
0
5
10
13
[km]

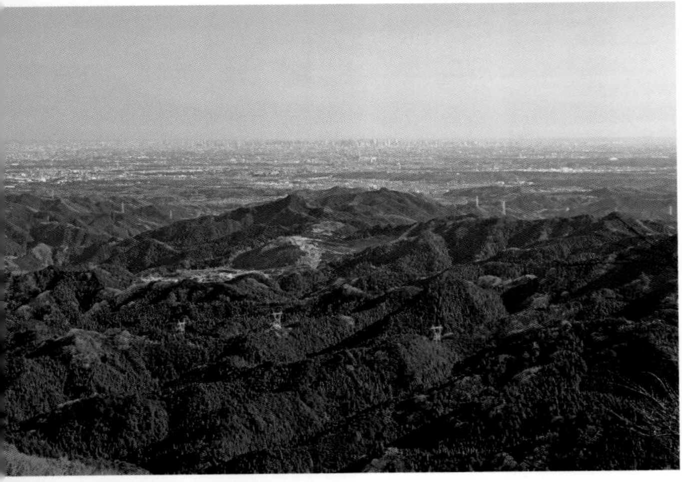
伊豆ヶ岳山頂から首都圏方面を見渡す

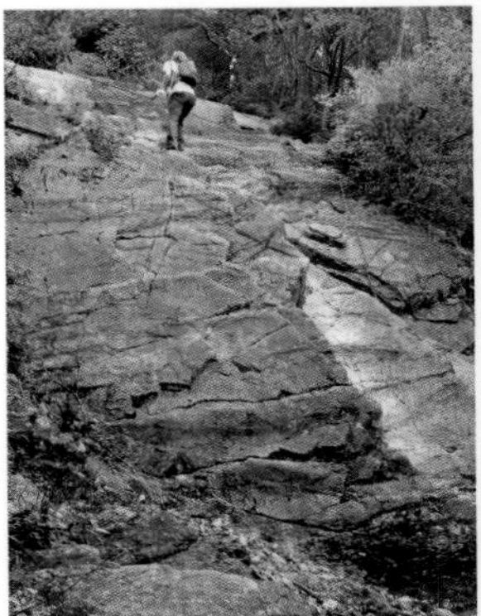
岩登りになる男坂

細長い広場の伊豆ヶ岳山頂

山頂南端から縦走路に入り、岩混じりの急下降をこなした後、小さなピークを登り下りして**高畑山❹**を越え、**天目指峠❺**で車道を横切る。竹寺への道を分け、樹林が開けると、足腰の健康祈願の信仰があつい**子ノ権現❻**に着く。車道を少し下り、駐車場下で山道に入って、再び車道に出ると浅見茶屋が立つ。あとは車道の里歩きで**吾野駅❼**へ。

28 正丸駅から周回

伊豆ヶ岳❸まではコース27に同じ。下山は五輪山へ戻り、尾根道を北へ急下降する。なだらかな尾根を少し進み、右に馬頭尊からの道を合わせると長岩峠に着く。小さな登り下りを繰り返して、車道に出たところが**正丸峠❾**だ。

奥村茶屋の入口左手から植林を急下降し、谷あいを下る。やがて、なだらかになり、民家が現われると**馬頭尊❷**の分岐に着き、ここからは来た道を**正丸駅❶**へ帰る。

アクセス

27 **正丸駅～吾野駅**

行き＝西武秩父線正丸駅 帰り＝西武池袋線吾野駅

駐車場情報 正丸駅前に有料駐車場あり。500円、10台。

28 **正丸駅から周回**

行き・帰り＝西武秩父線正丸駅

駐車場情報 同上。

アドバイス コース27は逆コースも特に支障ない。子ノ権現まで小さな登り下りを繰り返し、

距離もあるので時間、体調に留意して縦走に入ろう。新緑は4月中旬～5月上旬ごろ。前後してトウゴクミツバツツジやヤマツツジも咲く。紅葉は11月中旬～下旬前後。コース28の奥村茶屋は七輪の炭火で焼くジンギスカン1800円が絶品。10時～16時、不定休。☎042-978-0525
問合せ先 奥むさし飯能観光協会☎042-980-5051

plus 1｜古民家で手打ちうどん

浅見茶屋では江戸末期の古民家でなめらかな舌触りの釜揚げうどん650円、天草きなこ黒蜜アイス450円などを味わえる。11時～16時ごろ、水・第4木曜休。☎042-978-0789

浅見茶屋の肉汁うどん（850円）

2万5000分の1地形図 正丸峠・原市場

正丸峠❾ ←→奥村茶屋

西武秩父駅へ 正丸トンネル、秩父へ

0.25 0.35

0.30

1.05

国道53

小高山

長岩橋 泣き坂

0.81

1.45 1.25

❷馬頭尊分岐

0.25

正丸駅❶ 大蔵山

0.20

五輪山

女坂 男坂 850.9

❸伊豆ヶ岳

古御岳 830

0.40

1.00

❹高畑山 695

0.40 1.00

中ノ沢ノ頭 622.7

車道を横切る 名栗へ

天目指峠❺

子ノ権現まではほぼ忠実に尾根をアップダウン。歩きごたえがある。余裕ある計画、行動を

八坂神社

子ノ権現❻

柿ノ木峠 降魔橋 WC

竹寺

0.50

0.40

滝不動

車道から右手の山道を下って近道を

諏訪神社

本陣山 442

森坂峠

伊豆権現 .404

吾笑楽

白山神社

高山不動 常楽院

虚空蔵山 .618.7

N

にしあがの

天神社

休暇村奥武蔵

吾野小

御岳山

御嶽神社

吉田山 .445

小床峠

浅見茶屋

1.40

東郷公園

WC

1.20

法光寺

吾野駅❼

飯能駅、池袋駅へ

西武秩父線

埼玉県 飯能市

1:50,000

0 500 1km

1cm=500m
等高線は20mごと

中級

花

展望

温泉

社寺

食事

新緑
紅葉

1月
2月
3月
4月
5月
6月
7月
8月
9月
10月
11月
12月

丸山

まるやま

埼玉県／奥武蔵

標高
960.4m

29	芦ヶ久保駅〜金勝寺		
歩行時間：5時間45分	歩行距離：11km	標高差：登り850m・下り943m	
30	芦ヶ久保駅から周回		
歩行時間：3時間50分	歩行距離：9.8km	標高差：登り760m・下り760m	

山頂のパノラマを満喫して古刹へ下る

西武線の駅からアクセスしやすい山で最も高く、山頂の展望台では奥武蔵随一とされる山岳展望が待つ。芦ヶ久保駅から果樹園が広がる斜面を登り、温泉も近い古刹へ下るコースをメインに、より手軽な同駅からの周回コースも案内しよう。

金昌寺仁王門

❶ 芦ヶ久保駅 [m] 2000 1500 1000 500 310m
❷ 農村公園入口 0.30 414m
❸ 山の花道入口 0.40 582m 633m
❹ 日向山 0.15
❸ 山の花道入口 582m
❺ 丸山・日向山分岐 0.40 718m
❻ 県民の森森林学習展示館 0.40 893m
❼ 丸山 0.20 960.4m
❻ 県民の森森林学習展示館 0.15 893m
❽ 芦ヶ久保駅分岐 1.00 739m
❾ 真福寺分岐 0.45 352m
❿ 金昌寺バス停 0.30 217m

0 5 10 12 [km]

29 芦ヶ久保駅〜金勝寺

芦ヶ久保駅❶から国道299号を渡り、丸山方面の車道に入る。茂林寺の前を登り、農

村公園入口❷から山道に入って農村公園を抜け、果樹園の傍らを登る。車道に出て**山の花道入口❸**を右へとれば丸山だが、武甲山を望む**日向山❹**を往復しよう。山の花道には4月ごろ、カタクリなどの山野草が咲く。

車道から樹林の山道を登り、**丸山・日向山分岐❺**から広い尾根を直登。車道を横切り、**県民の森森林学習展示館❻**から南東へ延びる巻き道を進み、トンネルの上で尾根道へ。ひと登りの**丸山❼**山頂展望台からは奥多摩や奥武蔵、奥秩父、八ヶ岳、浅間山まで見渡せる。

帰りは**県民の森森林学習展**

丸山山頂の展望台から浅間山（左端）、西上州方面を眺める

休憩によい県民の森の広場

芦ヶ久保駅から日向山方面

示館❻へ戻り、指導標に従って金昌寺方面へ。おおむね尾根道を下る。急下降をこなして愛宕神社を過ぎれば金昌寺で、金昌寺前❿バス停は近い。

30 芦ヶ久保駅から周回

芦ヶ久保駅❶からコース29と同じ道を登り、農村公園入口❷の先も車道を進む。集落の上で山道に入り、樹林を急登して、丸山・日向山分岐❺でコース29に合流する。

丸山❼からの下山は東へ延びるなだらかな尾根道へ。急下降をこなして大野峠⓫で車

道を横切り、山腹から沢沿いに下る。右手の斜面を巻くようになると傾斜がゆるむ。赤谷（あか）集落を抜け、国道出合⓬から国道299号を歩いて芦ヶ久保駅❶へ戻る。

アクセス

29 芦ヶ久保駅〜金昌寺
行き＝西武秩父線芦ヶ久保駅
帰り＝金昌寺前（西武観光バス23分、290円）西武秩父駅　西武観光バス☎0494-22-1635
駐車場情報　芦ヶ久保駅前に有料駐車場16台。西武秩父駅周辺にコインパーキング複数あり。
30 芦ヶ久保駅から周回
行き・帰り＝西武秩父線芦ヶ久保駅
駐車場情報　同上。
アドバイス　コース29の逆コースは体力的にやや不利。金昌寺前発の西武観光バスは1日6便。新緑は4月中旬〜5月中旬ごろ。紅葉は11月上旬〜下旬前後。果樹公園村の果物狩りは1月〜5

月中旬にイチゴ、8月中旬〜10月中旬にブドウなど。冬は八ヶ岳などが雪化粧して美しいが、雪や凍結への備えを。
道の駅果樹公園あしがくぼは通常、直売所が9時から、食堂が11時から営業。☎0494-21-0299。新木鉱泉の日帰り入浴は12時〜21時、木曜休（不定休あり）。900円〜。☎0494-23-2641
問合せ先　横瀬町観光協会☎0494-25-0450、秩父観光協会☎0494-21-2277

plus 1｜慈愛あふれる石仏

金昌寺は秩父三十四ヶ所観音霊場の第4番札所。大ワラジが掛かる仁王門、1300体あまりの石仏で知られ、幼子に乳を含ませる慈母観音像はとりわけ名高い。

金昌寺の慈母観音像

2万5000分の1地形図　正丸峠・皆野・安戸

埼玉県・東京都／奥武蔵

棒ノ折山
（ぼうのおれやま）

標高
969m

31 さわらびの湯から周回

歩行時間：4時間20分｜歩行距離：8.5km｜標高差：登り880m・下り880m

奥武蔵では貴重な渓谷で展望もよい

埼玉県奥武蔵と東京都奥多摩の境に位置。ともに登山コースがあるが、雑木林が多くあって明るい埼玉県側が楽しい。とりわけ白谷沢は関東ふれあいの道に指定され、奥武蔵には珍しい渓谷で沢登り気分を楽しめる。下山後、温泉で汗を流せるのも魅力だ。

31 さわらびの湯から周回

さわらびの湯❶バス停から車道を登り、名栗湖へ。有間ダムを渡って南岸の道を進む。

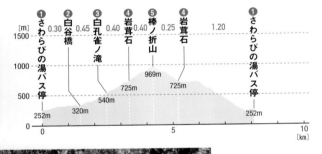

[m]
❶さわらびの湯バス停　0.30　❷白谷橋　0.45　❸白孔雀ノ滝　0.40　❹岩茸石　0.40　❺棒ノ折山　0.25　❹岩茸石　1.20　❶さわらびの湯バス停

1500
1000
500

969m
725m
725m
540m
320m
252m
252m

0　　　　5　　　　10
[km]

白谷橋❷で登山道に入り、歩きはじめは沢から離れた植林の斜面を横切って登る。やがてせせらぎの音が近づき、沢に下りると2段、落差約10mの藤懸ノ滝がかかる。

ここから沢の中を歩き、岩が濡れて滑りやすいところなどもあるので慎重に登ろう。両岸が切り立って狭まり、ゴルジュと呼ばれる地形を見せる白谷沢の核心部に入る。約8mの天狗滝を越えれば、渓谷のフィナーレを飾る白孔雀ノ滝❸に着く。落差は8mほどで切り立っているが、右側の岩場を石段で越えられる。

谷が開けて穏やかになり、林道を横切ると、沢を離れて斜面を登るよ

両岸が切り立って迫り、滝が連続する白谷沢核心部

有間ダムから名栗湖

よい目印の岩茸石

白孔雀ノ滝を越えると谷が開ける

北側の展望がよい棒ノ折山山頂

うになる。特徴的な巨岩の岩茸石④で滝ノ平尾根に出て、尾根を右へ急登すれば小ピークの権次入峠に着く。

　峠から都県境の尾根を西へ進み、急坂を登り切れば広々とした棒ノ折山⑤山頂に着く。北側を中心に展望が開け、近くは丸山や伊豆ヶ岳など奥武蔵、条件がよければ谷川連峰、赤城山、日光白根山、筑波山なども見渡せる。

　展望を楽しんだら岩茸石④へ戻り、滝ノ平尾根を下る。おおむね樹林の尾根道で、林

道を3回横切った後は急下降し、樹林を抜けると集落に出る。有間川を渡り、対岸の斜面を登り返せば、**さわらびの湯❶**に帰り着く。

アクセス
31 さわらびの湯から周回
行き・帰り＝西武池袋線飯能駅
（国際興業バス40分、300円）
さわらびの湯　国際興業バス
☎042-973-1161
駐車場情報　さわらびの湯の第3駐車場が登山に利用可。無料、約50台、白谷橋に7台、無料。
アドバイス　一般登山道だが、沢では岩伝いの道や飛び石を渡るところなどもある。雨のときは増水で危険なことも。冬は沢が凍結してスリップの危険があるので尾根コースの往復が無難。新緑の4月中旬〜5月上旬、紅葉の11月中旬〜下旬ごろが最も楽しい。渓谷沿いで夏も涼しく登れるのは、低山では貴重。沢を抜けた後は暑いが、さわらび

の湯で汗を流せる。奥多摩側の百軒茶屋からのコースは車道歩きが長く、山道は植林の急登となる。山慣れた人にはP30高水三山への縦走も充実感があり、おすすめ。棒ノ折山（←2時間35分 2時間05分→）岩茸石山
問合せ先　奥むさし飯能観光協会☎042-980-5051

plus 1｜ウッディな温泉館

さわらびの湯は内外装に地元産の木をふんだんに使った日帰り温泉。内湯、露天のジェットバス、休憩室などがあり、売店で扱う地産の食品、木工品などは土産物にも好適。10時〜18時、第1水曜休（祝日は営業）。800円〜。☎042-979-1212

さわらびの湯は木材を多用

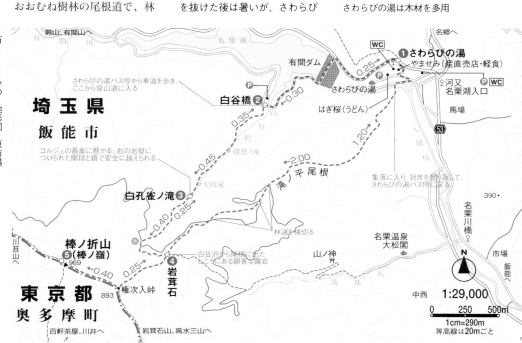

2万5000分の1地形図　原市場

埼玉県
飯能市

東京都
奥多摩町

白谷橋❷
白孔雀ノ滝❸
棒ノ折山⑤（棒ノ嶺）969
権次入峠
④岩茸石

有間ダム
さわらびの湯
はぎ桜（うどん）
❶さわらびの湯
やませみ（産直売店・軽食）
河又
名栗湖入口
馬場
名栗温泉大松閣
名栗川橋
市場 飯能へ

滝ノ平尾根
林道を横切る
山ノ神

WC
WC
P

ゴルジュの最奥に懸かる。右の岩壁につけられた階段と鎖で安全に越えられる

さわらびの湯バス停から車道を歩き、ここから登山道に入る

集落に入り、対岸を登り返して、さわらびの湯バス停に戻る

白谷沢から尾根に出たところにある顕著な露岩

1:29,000
0　250　500m
1cm=290m
等高線は20mごと

中西

蕨山、有間山へ
川苔山へ
百軒茶屋、川井へ
岩茸石山、高水三山へ
名郷へ

埼玉県／秩父

琴平丘陵
ことひらきゅうりょう

標高
398.8m

32 影森駅〜西武秩父駅

歩行時間:**3時間** | 歩行距離:**6.0km** | 標高差:登り300m・下り315m

札所を巡る修験の道から花の公園へ

武甲山の麓に延びる標高400m足らずの丘陵だが、尾根道は意外に起伏に富む。小規模で容易だが岩場もあって、山岳信仰の修験の道でもあった。その歴史を伝える史跡や秩父札所に詣で、花の名所の公園へゴールインする、変化のあるコースだ。

32 影森駅〜西武秩父駅

影森駅❶を出て、正面すぐの県道を左へ。国道299号の裏通りで、昔ながらの民家も見られる落ち着いた道を5分ほど行ったところの十字路を左折する。角に大淵寺を示す標識があるが、目立たないので注意を。

秩父鉄道の踏切を渡った正面が秩父三十四所観音霊場の第27番札所・**大淵寺❷**で、桜やツツジ、アジサイなど花木が植えられている。本堂右上に立つ観音堂の月影堂の裏手斜面から山に入る。この斜面には春先、カタクリが咲く。

ひと登りして尾根に出たら東へ。高さ16.5m、1935（昭和10）年建立の白衣観音に着くと、秩父盆地や両神山の

[標高図]

❶影森駅 255m
❷大淵寺 270m 0.15
❸岩井堂 360m 0.50
❹399mピーク 398.9m 0.40
❺羊山センター 285m 0.50
❻西武秩父駅 240m 0.25

花のカーペットが広がる芝桜の丘。南側に武甲山が大きく見える

秩父盆地を見下ろす白衣観音像

羊山公園北側の若山牧水歌碑

羊山公園から武甲山

展望が開ける。尾根道を進み、鉄の橋を渡ると、26番札所・円融寺奥の院である**岩井堂❸**が岩壁からせり出すように立つ。岩井堂からすぐ、高さ約2mの鋳造大仏を見て修験堂から鉄の階段で岩場を下る。

休憩舎が立つ長者屋敷跡から北へ向かい、なおも尾根道を行く。**399mピーク❹**の先で住宅地に下り、出合った車道を右へとり、左へカーブした先で右の山道を登る。ひと登りすると、台地上の広い尾根上の農道に出る。北へ進むと羊山公園に入り、芝桜の丘を右に、集会場で軽食堂もある**羊山センター❺**を左に見て車道を進む。鞍部で左へ下ると、1920（大正9）年の春、当地を旅した若山牧水の歌碑

が立つ。碑文の書は喜志子夫人。下りきって市街地に入れば**西武秩父駅❻**はすぐだ。

アクセス
32 影森駅〜西武秩父駅

行き＝秩父鉄道影森駅　帰り＝西武秩父線西武秩父駅または秩父鉄道御花畑駅

駐車場情報　羊山公園に無料駐車場あり、300台。シバザクラ開花期は有料臨時駐車場を利用

アドバイス　標高が低く歩行距離も短いが、岩混じりの起伏があり、コースがややわかりづらいので中級とした。花好きなら春がイチ押し。陽春のシバザクラのほか、羊山公園などの桜が4月上旬〜中旬。新緑が4月半ば〜5月中旬で前後して山野草やツツジも咲く。紅葉が11月下旬〜12月初めごろ。

問合せ先　秩父観光協会☎0494-21-2277

岩壁を背に建つ岩井堂

plus 1｜武甲山を仰ぐ花畑

芝桜の丘には色あいが異なる9品種、40万株以上のシバザクラをデザイン化して植栽。例年、4月中旬〜5月下旬の花期は芝桜まつりや秩父路の特産市が開かれる。8時〜17時、花期無休。300円。問合せは秩父観光協会へ。

plus 1｜棟方志功の版画を鑑賞

羊山公園の「やまとーあーとみゅーじあむ」が収蔵する棟方作品は日本有数。熊谷守一や林武、鈴木信太郎の作品も展示。10時〜16時、火曜・冬期休館、不定休。☎0494-22-8822

2万5000分の1地形図　秩父

1:32,000

0　250　500m
1cm=320m
等高線は20mごと

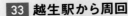

初級

* 花
展望
温泉
社寺
食事
新緑紅葉

1月
2月
3月
4月
5月
6月
7月
8月
9月
10月
11月
12月

埼玉県／外秩父

大高取山

おおたかとりやま

標高
376.2m

33 越生駅から周回

歩行時間：3時間15分　歩行距離：9.9km　標高差：登り460m・下り460m

関東有数の梅郷を散策して山頂へ

関東四大梅林という梅郷が広がる越生の里に頭をもたげる大高取山は標高も低く手軽に登れて、桜やツツジの名所もある。江戸城を築いた太田道灌ゆかりの地でもあり、歴史をしのばせる古刹も多い。山里歩きと組み合わせて楽しむプランを案内する。

33 越生駅から周回

越生駅❶西口を出て、越生町の観光案内と特産品直売のOTIC先のT字路を北へ。道なりに進み、越生町役場から静かな裏道に入る。途中、山側の**五大尊❷**は鎌倉時代作と伝わる5体の不動明王像を祀り、斜面には1万株という様々なツツジが植えられたつつじ公園が広がる。陽春の花

満開の五大尊つつじ公園

期には、ぜひ立ち寄りたい。

越辺川を渡り、前方に見えるピラミッド形の丘が**弘法山❸**で、中腹から越生の里を見渡せる。越辺川北岸に沿って西へ進み、室町時代の医師・田代三喜生地の碑がある三差路を左へ。上殿川を渡って左折すれば越生梅林の入口だ。

梅林を見学した後も、周辺に広がる梅郷を縫う道が続く。県道に出たところに立つ**うめその梅の駅❹**には産直品の売店と軽食堂がある。円通寺から山道を20分ほど登り、尾根道に出たら南へ。やや急な登りをこなすと**大高取山❺**山頂だ。植林に囲まれているが、東側は開けて首都圏などの展望を楽しめる。

枝振りのよい老木も多い越生梅林

かわいいピラミッド形の弘法山

梅が香る早春の最勝寺

越生駅方面へ下るとすぐに桂木観音、幕岩展望台への道を右に分ける。幕岩展望台は大高取山以上に東側が開けているので、立ち寄るのもよい。尾根道を下り、西山高取の山頂に着けば、ここでも大高取

山をしのぐ展望が得られる。

　下り始めてすぐ左へ入ると、第2次世界大戦で亡くなった各地の御霊を祀る**世界無名戦士之墓❻**に着く。階段を下り、出合った車道を道なりに下って**越生駅❶**へ戻る。

アクセス
33 越生駅から周回
行き・帰り＝JR八高線・東武越生線越生駅
駐車場情報　越生梅林に無料駐車場あり（梅まつり中は有料）。500台。
アドバイス　登り下りが少なく、

比較的楽。入浴して帰りたいときは、逆コースでニューサンピア埼玉おごせに寄り、バスで越生駅へ。9時〜22時、無休。600円〜。☎049-292-6111。梅は2月中旬〜3月中旬。越生梅林では梅まつり、売店も。8時30分〜16時、入園料300円。新緑・ツツジは4月中旬〜5月初め。紅葉は11月下旬〜12月初め。
問合せ先　越生町観光協会☎049-292-1451

plus 1│自然素材の大豆製品
越生梅林西側の大豆工房みやは、厳選した国産、自然の素材を使った豆腐や油揚げ、おからケーキなどを製造、直売。9時〜17時、金・土曜休。☎049-277-2038

大豆工房みや

	❶越生駅	❷五大尊	❸弘法山		❹うめその梅の駅	❺大高取山	❻世界無名戦士の墓	❶越生駅
[m]		0.20	0.25	0.25	0.50	0.50	0.25	
標高	66m	95m	164m		108m	376.2m	171m	66m

2万5000分の1地形図　越生

埼玉県
越生町

1:29,700
0　250　500m
1cm=297m
等高線は20mごと

黒山三滝へ

埼玉県／外秩父

鐘撞堂山
（かねつきどうやま）

標高
329.8m

34 寄居駅から周回

歩行時間：2時間35分 ｜ 歩行距離：9.7km ｜ 標高差：登り300m・下り300m

展望や石仏に出会える穏やかな低山

歩きやすい登山道が整備され、展望がよく、駅から歩けて、ビギナーにも、のんびり歩きたいベテランにも向く低山。かつて山頂の支城で鐘を撞き、荒川対岸の鉢形城に合図したことが山名の由来という。南麓には寄居十二支守り本尊の八霊場が点在。

34 寄居駅から周回

寄居駅❶で降りると、北側に鐘撞堂山の穏やかな山容を望める。北口から寄居市役所の前を北へ向かい、指導標に従って右折。信号がある十字路

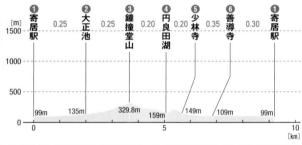

で左折して、天沼陸橋入口交差点で国道140号を渡る。

静かな住宅地に入り、左へ入ったところに十二支守り本尊・丑と寅の天正寺が立つ。桜やトウゴクミツバツツジなどの花も美しい。

緩やかに登り、住宅がまばらになってくると**大正池❷**に着く。大正時代に造られた小さな溜め池で休憩舎とトイレがある。池の先で山に入り、雑木林や竹林、山畑が見られるなだらかな林道を進む。

林道から山道に入るとジグザグの登りとなるが、10分ほどで登りきって尾根道を右へ。すぐに、帰りにとる円良田湖方面の道を左に分け、ひと登りで**鐘撞堂山❸**山頂だ。

鐘撞堂山山頂から外秩父の登谷山方面を眺める

桜が咲く春の鐘撞堂山山頂

少林寺の五百羅漢

山頂は小広く、休憩舎もあってゆっくり休める。南側から西側が開けて荒川や寄居市街、登谷山（とやさん）など外秩父の山々を見渡せる。春は桜が美しい。

来た道を戻り、円良田湖方面へ下ると簡易舗装の歩道となり、谷あいを下る。**円良田湖④**湖畔の車道に出たら左へとり、すぐの三差路から山道をひと登りで羅漢山（らかんさん）に着く。五百羅漢像を見ながら羅漢道に入り、様々な表情の羅漢像を拝観して下ると十二支守り本尊・卯の**少林寺⑤**に着く。

少林寺を出ると里道歩きとなる。秩父鉄道波久礼駅（はぐれ）へ向かい、かんぽの宿寄居の温泉でひと風呂浴びるのもよいが、ここではアクセスがよい寄居駅へ戻る。山裾を歩き、十二支守り本尊・子の**善導寺⑥**（ぜんどうじ）に詣で、**寄居駅①**へ向かう。

アクセス
34 寄居駅から周回
行き・帰り＝JR八高線・東武東上線・秩父鉄道寄居駅
駐車場情報　寄居駅周辺に複数のコインパーキング、円良田湖南岸に無料駐車場3カ所あり。
アドバイス　距離は10km近いが、登り下りは比較的少なく、なだらかだ。芽吹き、桜から新緑、ヤマツツジの4月上旬～5月上旬、紅葉の11月中旬～下旬が楽しい。冬も降雪直後を除けば雪はほとんどなく、日だまりと展望を楽しめる。山頂と円良田湖畔の桜は4月10日前後。水天宮祭花火

大会が8月第1土曜に玉淀河原で催され、船山車や万灯も美しい。かんぽの宿寄居の日帰り入浴は10時45分～15時（受付は14時まで）、無休。600円。☎048-581-1165
問合せ先　寄居町観光協会☎048-581-3012

plus 1 | 干支の仏に詣でる

十二支守り本尊（干支守り本尊）は子年の千手観音など、干支それぞれの守り本尊に詣でて様々な御利益を得ようというもの。自分の干支、その年の干支を中心に詣でるのもよい。御朱印は各寺300円（浄心寺は無住で善導寺にて押印）。問合せは寄居町観光協会へ。

丑・寅の天正寺

2万5000分の1地形図　寄居

長瀞町　美里町　深谷市

藤岡、富岡へ

秩父駅　秩父鉄道

荒川、外秩父などの展望がよい

鐘撞堂山③
329.8

古峰神社

▲198.1

▲500本桜並木

円良田湖方面分岐

尾根上に出る

馬騎ノ内

未舗装の林道になる

大正池

休憩舎 WC

八幡山
▲198.6

円良田湖④

車道に出合ったら左

山道に入る

山道となる

大正池②

熊谷駅へ

波久礼駅（はぐれ）

かんぽの宿寄居

羅漢道

羅漢山

少林寺⑤ WC
十二支の卯

千体荒神板碑の道

寄居橋

十二支の丑・寅
天正寺

埼玉県
寄居町

天沼睡橋入口

池袋へ

高崎駅へ

だまりへ

花園城跡

善導寺⑥
十二支の子

十二支の辰・巳
正龍寺

熊谷駅へ

池袋、秩父へ

末野神社

N

信号

1:33,000

0　250　500m
1cm=330m
等高線は20mごと

波久礼駅へのコース、温泉入浴して帰れる少林寺から波久礼駅まで約50分

秩父鉄道

寄居町役場

よりい

国道経由の帰り道、所要時間は大差ない

皆野へ

藤田

拝島駅、八王子駅へ

放光院

玉淀河原へ

140

寄居駅①

正樹院

西念寺

浄心寺へ

風布（ミカン山）へ

埼玉県／外秩父

蓑山
みのやま

標高
587m

35 親鼻駅～和銅黒谷駅

歩行時間：2時間25分｜歩行距離：6.0km｜標高差：登り445m・下り420m

桜の名所で山頂の展望も楽しみ

低山だが独立峰的などっしりした山容で、山頂の美の山公園に季節の花が咲いて、展望にも優れる。全体に雑木林で新緑や紅葉が鮮やかなうえ、山野草も豊富。山頂直下まで車で上れるが、親鼻駅から静かな山道を登り、遺跡がある和銅黒谷駅へ下ろう。

35 親鼻駅～和銅黒谷駅

山頂の広場

ひなびた風情の**親鼻駅❶**を出たら線路と国道140号を渡る。指導標に従い、シダレザクラが美しい萬福寺の前を通り、住宅地のはずれから山道に入る。雑木林の緩やかな尾根を登り、**車道❷**を横切って、さらに登ると美の山公園に入る。広い遊歩道をそのまま進んでもよいが、みはらし園地で右へ分かれる巻き道に入って、**蓑神社❸**に詣でていこう。山名の由来となった伝説があり、狼像が祀られているのも秩父の山らしい。

蓑神社右手の道を直登すれば、先ほど別れた遊歩道に合流し、右へとって広場や桜を見て進めば、**蓑山❹**山頂に着く。広場の上に立つ展望台に上れば、間近の外秩父、武甲山、奥秩父の雲取山や甲武信ヶ岳、両神山を見渡せる。

美の山公園の桜は計約160種、8000本。開花時期は平

標高断面図:

❶親鼻駅 155m — 0.20 — ❷車道 285m — 0.30 — ❸蓑神社 500m — 0.30 — ❹蓑山 587m — 0.40 — ❺下山 286m — 0.25 — ❻和銅黒谷駅 180m

蓑山山頂の南側からサトザクラの林越しに武甲山を望む

貨幣を形どった和銅遺跡の碑

山頂からサトザクラと外秩父

地より少し遅く、ソメイヨシノが4月半ば〜下旬、八重桜が4月下旬〜5月初め。八重桜の時期は新緑も鮮やかだ。4月下旬〜5月半ばのツツジ、7月のアジサイも美しい。

帰りは展望台の西側から山道に入る。尾根沿いに下り、下山⑤集落で車道に出て、少し先で左手の山道に入ると和銅遺跡に着く。この地で採掘された銅が708（和銅元）年に朝廷へ献上され、日本最古級の貨幣・和同開珎が鋳造されたことを記念するものだ。指導標に従って里道を歩き、国道140号に出て左折すれば和銅黒谷駅⑥はすぐだ。

アクセス

35 親鼻駅〜和銅黒谷駅
行き＝秩父鉄道親鼻駅　帰り＝秩父鉄道和銅黒谷駅

駐車場情報　駅周辺には登山に適した駐車場はない。蓑山公園に無料駐車場あり、計100台。

アドバイス　逆コースはややわかりにくい。新緑は4月半ば〜5月中旬、紅葉は11月下旬〜12月初めごろ。西麓のムクゲ自然公園では10万株というムクゲが7月中旬〜10月下旬、フクジュソウが1月下旬〜2月下旬など。9時〜16時30分、月曜休（祝日の場合は翌日）。入園料500円。☎0494-62-1688。中腹のいこいの村ヘリテイジ美の山では日帰り入浴ができる。11時〜21時、880円。☎0494-62-4355

問合せ先　皆野町観光協会☎0494-62-1462、秩父観光協会☎0494-21-2277

ゴールの和銅黒谷駅

plus 1 | 動く鉄道博物館

ローカル線ムードあふれる秩父鉄道は様々な鉄道会社から譲り受けた車両たちが魅力。一番人気は季節運行でC58が引くパレオエクスプレス。時間を調べて撮影を計画に入れるのもよい。ほかにも旧山手線、都営地下鉄や東急の車両が走る。秩父鉄道☎048-523-3317

ＳＬ列車パレオエクスプレス

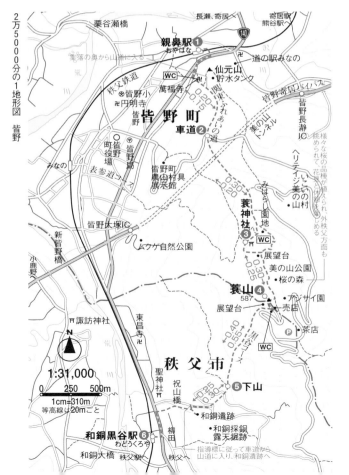

2万5000分の1地形図　皆野

栗谷瀬橋
長瀬、寄居
寄居駅
熊谷駅
親鼻駅①
おやはな
道の駅みなの
秩父鉄道
仙元山
配水タンク
萬福寺
皆野小
円明寺
皆野
皆野長瀬駅
皆野寄居バイパス
関東ふれあいの道
美の山トンネル
皆野町
車道②
町皆野局
皆野役場
皆野町農林村具展示館
表参道コース
みなの
ヘリテイジ美の山
いこいの村
皆野大塚IC
蓑神社③
WC
新皆野橋
ムクゲ自然公園
みはらし園地
展望台
美の山公園
桜の森
小鹿野
諏訪神社
東昌寺
蓑山④ 587
アジサイ園
売店
展望台
P
茶店
WC
秩父市
1:31,000
0　250　500m
1cm=310m
等高線は20mごと
聖神社
祝山橋
⑤下山
N
和銅黒谷駅⑥
わどうくろや
柳田
和銅大橋
秩父駅へ
和銅遺跡
和銅採銅露天掘跡
指導標に従って車道から山道に入り、和銅遺跡へ

初級

花
展望
温泉
社寺
食事
新緑
紅葉

1月
2月
3月
4月
5月
6月
7月
8月
9月
10月
11月
12月

宝登山
ほどさん

埼玉県／外秩父

標高
497.1m

36 野上駅〜長瀞駅

歩行時間：3時間40分　歩行距離：9.5km　標高差：登り400m・下り400m

冬もロウバイや梅が咲く信仰の低山

標高500mに満たないが、秩父三社の古社・宝登山神社が鎮座する霊山で、ロープウェイや花木園が整備された観光地でもある。まだ風が冷たい冬、山頂直下のロウバイや梅の花が迎えてくれる。穏やかな雑木の尾根が続く長瀞アルプスから登る。

36 野上駅〜長瀞駅

下車駅の**野上駅❶**北側に宮沢賢治歌碑がある。無類の地学好きの賢治が1916(大正5)年、20歳の年に地質旅行で来訪したときの短歌だ。登山口へは、駅正面の道を進む。国道140号を渡って右へカーブすると、長瀞アルプスの山並みがよく見える。

萬福寺を目印に左折して**登山口❷**を過ぎると、山道は二分する。直進すれば谷、右は尾根上を通って、ひと登りで合流した後は、雑木林が明るいのどかな尾根道を南下する。**天狗山分岐❸**の先で尾根道は西へ、すぐまた南へ向きを変える。304mピークは直下を巻くが、頂上は平坦な日だまりなので、休憩によい。

天然氷を切り出す氷池へ下る道を左に分け、**野上峠❹**から登り返して、車道に出合ったら右へ。関東ふれあいの道の標識が立つ**登山道入口❺**か

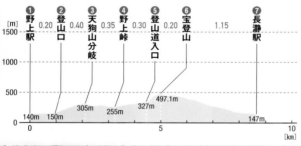

[m]
1500

1000

500

0

❶ 野上駅
140m
0.20
❷ 登山口
150m
0.40
❸ 天狗山分岐
305m
0.35
❹ 野上峠
255m
0.30
❺ 登山道入口
327m
0.20
❻ 宝登山
497.1m
1.15
❼ 長瀞駅
147m

0　　　　　　　　5　　　　　　　　10
[km]

約3000本が冬空に咲き誇るロウバイ園

長瀞駅付近から宝登山を仰ぐ

ロウバイ園を通って宝登山山頂へ

らは急な階段が続くが、右手が開けてくれば山頂は近い。**宝登山⑥**山頂からは眼下にロウバイ園、その奥に秩父盆地や武甲山を眺められる。

　花の香りを楽しんでロウバイ園を下ると、梅百花園、す

ぐ下にロープウェイ山頂駅がある。山頂駅から北へ、ジグザグに下る車道は一般車両通行禁止なので静かだ。山麓駅を過ぎ、宝登山神社の下を通り、食事処が点在する参道を下れば**長瀞駅⑦**に着く。

アクセス
36 野上駅〜長瀞駅
行き＝秩父鉄道野上駅・帰り＝秩父鉄道長瀞駅
駐車場情報　長瀞駅付近に複数の有料駐車場あり、計約150台、500円前後。宝登山ロープウェイ山麓駅にも有料駐車場あり。

アドバイス　ロウバイが見ごろの冬も積雪は少ないが、心配ならロープウェイの利用を。ロウバイは12月末に開花し1月上旬〜2月中旬がピーク。2月下旬〜3月中旬ごろは梅百花園の梅を楽しめる。周辺には4月半ば〜5月上旬にツツジも咲く。新緑は4月中旬〜5月上旬、紅葉は11月下旬ごろ。新緑の初夏にはツツジが見ごろとなる。麓の桜は、長瀞駅前の桜通りや表参道が4月10日前後、不動寺の八重桜が4月下旬ごろ。参道の阿左見冷蔵は水池の天然氷を使ったかき氷店だが、12〜3月は休業。埼玉県立自然の博物館は9時〜16時30分、月曜休（祝日の場合は開館）・不定休あり。200円。☎0494-66-0404
問合せ先　長瀞町観光協会☎0494-66-3311

日本の駅百選の長瀞駅

plus 1│季節の手作りメニュー

宝登山参道の喫茶・山草は地元の山菜や野菜を使った料理がおいしく、ボリュームも充分。ツクシのスープスパゲッティ、杓子菜のすいとんなどに飲みものがつき1000円。10時〜22時30分、月曜休。☎0494-66-0583

山草の鶏のみそダレ定食

2万5000分の1地形図　鬼石

N
1:32,100
0　　500　　1km
1cm=321m
等高線は20mごと

埼玉県
長瀞町

寄居へ　　寄居、熊谷へ

登山口②　卍萬福寺
宮沢賢治歌碑
卍法生寺
本野上
野上駅
のがみ

❸天狗山分岐
342
天狗山　卍御岳神社
304・
荒川対岸に登谷山などが眺められる。分岐から御岳神社まで往復約10分

秩父鉄道

水池分岐

長瀞アルプス

❹野上峠
長瀞駅からのサブコース。水池分岐まで登り1時間、下り50分
小鳥峠
・303
水池

登山道入口
⑤

荒川

秩父鉄道

観光案内所
県立自然の博物館へ

宝登山
⑥
・497
宝登山小動物公園
宝登山神社奥宮
宝登山神社
かき氷阿左見冷蔵
喫茶山草
長瀞駅
ながとろ
⑦

表参道
ロウバイ園・
梅百花園・
宝登山ロープウェイ
長瀞町郷土資料館

WC
ほどさんちょう
不動寺
P WC
ほどさんろく

・304
・265
かみながとろ
阿佐美冷蔵
金崎本店
金崎
国神
皆野町
秩父駅へ
秩父駅へ

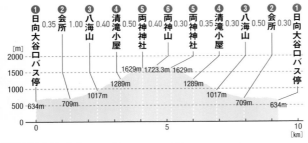

上級

* 花
展望
温泉
社寺
食事
* 新緑
紅葉

1月
2月
3月
4月
5月
6月
7月
8月
9月
10月
11月
12月

埼玉県／北秩父

両神山（りょうかみさん）

標高
1723.3m

37	日向大谷口から往復
	歩行時間：6時間40分・歩行距離：9.8km・標高差：登り1150m・下り1150m
38	白井差登山口から往復
	歩行時間：5時間10分・歩行距離：5.8km・標高差：登り900m・下り900m

鋸の歯のような岩峰を連ねる霊山

山頂部は岩場が続き、両端が切れ落ちた台形の独特な山容。山岳修験道の霊山であることとあわせて、日本百名山に選定される。最も多く登られる日向大谷コース（表参道）、歩行時間が短く難所も少ない白井差新道、それぞれの往復コースを紹介する。

37 日向大谷口から往復

日向大谷口❶バス停から車道をショートカットし、登山道に入る。山腹を巻いて進み、**会所❷**で七滝沢コースを分け、薄川を渡り返して進む。山腹を少し登ると**八海山❸**で、石像が立つ。しばらく巻き道を進み、**清滝小屋❹**からジグザグの急登をこなして七滝沢コースと合流して鈴ヶ坂を登る。

鎖場も現われる急登をこなし、横岩を見て平坦になれば**両神神社❺**に着く。少し先で尾根の北側直下を巻いて登り、尾根に出て鎖がある岩場をひと登りすれば**両神山❻**山頂だ。

【標高図】
❶日向大谷口バス停 634m
❷会所 0.35 709m
❸八海山 1.00 1017m
❹清滝小屋 0.40 1289m
❺両神神社 0.50 1629m
❻両神山 0.40 1723.3m
❺両神神社 0.30 1629m
❹清滝小屋 0.35 1289m
❸八海山 0.30 1017m
❷会所 0.50 709m
❶日向大谷口バス停 0.30 634m

[m] 2000 1500 1000 500
0 5 10 [km]

両神山山頂直下の岩場を登る。中央奥の山は奥秩父の甲武信ヶ岳

人気は山頂付近のアカヤシオ

沢沿いの白井差新道

独特な山容の両神山（宝登山から）

露岩の狭い頂上だが、奥秩父や上毛の山々、条件がよければ八ヶ岳や富士山などの展望が素晴らしい。

下山は往路を戻るが、鎖場や岩場があるので慎重に。七滝沢コースは日向大谷コースより上級向きだが、ベテランなら特に困難はない。

38 白井差登山口から往復

白井差登山口❼の山中氏宅に登山道整備協力金1000円を納めて登山開始。大笹沢に沿って、林道から山道に入り、高さ18mの昇竜ノ滝を見て

さらに沢沿いを登っていく。

沢から斜面に取り付き、水晶坂上❽から傾斜が増した登山道を登りつめると尾根に出る。日向大谷コースと合流し、ひと登りで両神山❻山頂に着く。

アクセス

37 日向大谷口から往復

行き・帰り＝西武秩父線西武秩父駅（小鹿野町営バス45分、500円）薬師の湯（小鹿野町営バス30分、200円）または秩父鉄道三峰口駅（小鹿野町営バス55分、400円）日向大谷口　小鹿野町営バス☎0494-79-1122

駐車場情報　日向大谷口に有料駐車場2カ所、各約10台、500円。日向大谷口手前に無料駐車場2カ所、各15台。

38 白井差登山口から往復

行き・帰り＝西武秩父駅（タクシー約1時間、1万1000円）または三峰口駅（タクシー約40分、7200円）白井差　秩父丸通タクシー☎0494-22-3633　※白井

差の手前約2.5kmの白井差口まで小鹿野町営バスがあるが、便が少なく日帰り登山は困難。

駐車場情報　登山口に利用者用無料駐車場あり。

アドバイス　行程が長く鎖場もあるので、早朝に登山開始を。登山口の両神山荘は1泊2食つき8000円、☎0494-79-0593。清滝小屋は避難小屋で緊急時以外の宿泊不可。白井差新道は山中豊彦氏（☎0494-79-0494）の私有地に整備された要予約のルート。登山道整備協力金1000円を支払い、必ず往復登山で、安全、自然保護の規約を遵守して利用する。アカヤシオの花期は5月上旬前後、新緑は4月下旬〜5月中旬、紅葉は10月中旬〜11月上旬ごろ。

問合せ先　小鹿野両神観光協会☎0494-79-1100

白井差新道の昇竜ノ滝

初級

* 花
* 展望

* 社寺
* 食事
* 新緑紅葉

1月
2月
3月
4月
5月
6月
7月
8月
9月
10月
11月
12月

千葉県／房総

鋸山
のこぎりやま

標高
329.1m

39 浜金谷駅～保田駅

歩行時間：3時間40分 ｜ 歩行距離：7.0km ｜ 標高差：登り700m・下り699m

東京湾に臨む岩壁上は絶好の展望台

標高300mあまりだが、海からそびえ、鋸の歯のような稜線を連ね、石切跡の絶壁が切り立って、房総の名山の誉れ高い。南面の日本寺の石仏も一見の価値がある。気候が温暖で、冬から早春にもスイセンや梅に彩られるハイキングを楽しめる。

39 浜金谷駅～保田駅

浜金谷駅❶を出て十字路を左折。登山・観光情報を得られる鋸山案内所を過ぎ、突き当たりを左折する。内房線のガードをくぐり、裏参道登山口❷の三差路を左へ。富津館山道路をくぐり、車道から切り出した石を運んだ車力道の山道に入ると、石畳やわだちの跡が残る。

ひとしきり急登して、三角点分岐❸を左へ。急な階段の登りが続くが、尾根に出てすぐ西側にある「東京湾を望む展望台」で、東京湾や富士山の展望が開ける。登りの苦労を補ってあまりある絶景だ。尾根を東へ進んだ鋸山❹三角点は北側が開けて鹿野山方面を眺められる。

三角点分岐❸に戻り、山腹を巻いて西へ進む。左へ分かれる道に入ってすぐの石切場跡はさびついた機材が置き去りにされて、宮崎駿のアニメ『天空の城ラピュタ』のワンシーンのようだ。裏参道と合流し、

[グラフ]
| ❶浜金谷駅 | ❷裏参道登山口 | ❸三角点分岐 | ❹鋸山 | ❸三角点分岐 | ❺地獄のぞき | ❻大仏 | ❼保田駅 |
[m] 1500 / 1000 / 500 / 0
0.10 / 0.45 / 0.30 / 0.25 / 0.20 / 0.35 / 0.55
7m / 46m / 184m / 329.1m / 184m / 260m / 147m / 8m
0 / 5 / 10 [km]

東京湾を望む展望台から海を隔てて富士山や南アルプスを眺められる

東京湾フェリーの船上から見る鋸山

80

白鳥神社ご神木の杉の大樹

は少なく、特に支障はない。岩は砂岩で浸食されやすく、側壁は急峻だが流れはゆるやかで、砂が一面に堆積し、不思議な眺めだ。

　日高邸跡分岐❸から沢沿いを進み、カエデが多い斜面に取り付いた後、尾根を登る。車道に出た所が日高誠実顕彰碑で、ここを左に行き、すぐに右に分かれる小道に入る。階段をひと登りすれば大福山❹山頂だ。杉の巨木の下に白

展望台から房総の山々を展望

鳥神社が鎮座している。

　車道に戻って東に進み、左に分かれる小路を登れば展望台だ。台上からは房総の山と谷が見渡せ、富士山も望める。

　再び車道を東へ。上古屋敷❺の三差路を右折して下っていく。行きと対照的に尾根沿いの道で、所々で展望を得られ、道沿いにカエデが植えられて紅葉や新緑も美しい。女ヶ倉橋❷からは来た道を戻り、宝衛橋経由で養老渓谷駅❶へ。

アクセス

41 養老渓谷駅から周回

行き・帰り＝小湊鐵道養老渓谷駅

駐車場情報　黒川沿いの梅ヶ瀬渓谷入口付近に約20台の大福山駐車場、約100台の梅ヶ瀬渓谷入口駐車場あり。ともに500円。山上の大福山東側にある梅ヶ瀬渓谷駐車場は約30台、無料。

アドバイス　紅葉の見ごろは11月下旬〜12月上旬ごろ。新緑は4月上旬〜5月上旬ごろ。黒川の養老渓谷分岐から、養老渓谷の遊歩道を約2時間で一周できる。両岸は切り立つが、梅ヶ瀬渓谷より川幅が広い分、谷が開けて、趣の異なるハイキングを楽しめるので立ち寄るのもよい。

問合せ先　市原市観光協会 0436-22-8355

plus 1 | 偉人の旧居跡

漢学者の日高誠実〈のぶざね〉は1886（明治19）年、50歳で理想郷建設を志し、地域の漁業や林業、畜産の発展に尽力。人材育成の学問所を開いた。日高邸跡はカエデの大木が多いので新緑、紅葉を愛でながら業績に思いをはせたい。

2万5000分の1地形図　大多喜

1:30,000
0　250　500m
1cm=300m
等高線は20mごと

入門

花

展望

温泉

社寺

食事

新緑
紅葉

1月
2月
3月
4月
5月
6月
7月
8月
9月
10月
11月
12月

千葉県／房総

高塚山
（たかつかやま）

標高
216m

42 大川から周回
歩行時間：3時間15分｜歩行距離：8.0km｜標高差：登り329m・下り329m

花畑が満開になる早春に歩きたい

太平洋に臨む南房総の千倉は房総有数の花の栽培地。花畑の背後に海岸段丘が連なり、高塚山はその最高地点。標高200mあまりだが、海抜0m近くから登るので、そこそこ登りごたえがあり、花畑の散策や海の幸の食事などとあわせて一日楽しめる。

42 大川から周回

案内するコースの高塚山分岐から北側は照葉樹の森コース、南側の海沿いは汐の香コース、内陸部は露地花の里コースとして整備されている。

高塚山登山道の常緑樹林

```
[m]                                              ❶
1500   ❶      ❷      ❸      ❹    ❷     ❺      ❻   大
       大      高      高      合    高     白      道   川
       川 0.10 塚 0.35 塚 0.25 有 0.25塚 0.40間 0.40 の 0.20バ
       バ      山      山      戸    山     津      駅   ス
       ス      分      　      溜    分     お      ち   停
1000   停      岐      　      池    岐     花      く
                                           畑      ら
                                                   潮
 500                                               風
                                                   王
                                                   国
  10m        31m          87m        31m    16m        4m      10m
       216m
  0                         5                              10
                                                        [km]
```

大川❶バス停からすぐ東側、高塚不動尊の標識がある細い道を北へ進む。高塚山分岐❷北側の高塚不動尊（大聖院）の本堂欄間は江戸末期の彫刻師・波の伊八の作という。本堂の手前、右手から山道に入ると、照葉樹の森コースの名称どおりマテバシイなどの常緑樹が茂る。

階段の急坂がなだらかにな

花畑から高塚山へ続く丘陵を見上げる

白間津のお花畑は千倉最大

86

荒磯を見ながら海岸を歩く

り、斜面を巻いて尾根に出た所で下山道を右に分け、古い石段や富士講の石碑を見て、ひと登りした高塚不動尊奥ノ院の裏手が**高塚山❸**山頂だ。奥ノ院の南側から太平洋や千倉の海岸線を眺められる。

帰りは**合有戸溜池❹**を経て下り、山裾を歩いて**高塚山分岐❷**へ戻り、露地花の里コースに入って、花畑が点在する里道を歩く。内陸部の里道は全体に入り組んでいるが、エリアは狭く、見晴らしもよい。

白間津お花畑❺バス停がある国道410号を横切ると、花狩りに人気の白間津花畑が広がる。海岸に出て、荒磯の海岸を眺めて汐の香コースを北上する。**道の駅ちくら潮風王国❻**には海産物の直売店や食

事処があり、付近にも食事処や花畑が多い。ゴールの**大川❶**バス停までは20分ほどだ。

アクセス

42 大川から周回

行き・帰り＝JR内房線千倉駅（日東バス13分、330円）大川または千倉駅（16分）白間津お花畑 ※高速バス房総なのはな号・南総里見号の場合は、潮風王国バス停下車　日東バス☎0470-22-0111

駐車場情報　道の駅ちくら潮風王国、白間津花畑などに無料駐車場あり。

アドバイス　四季を通じて歩けるが、花畑が満開の2月上旬〜3月下旬ごろがおすすめ。花を買って帰りたいときはゴールを花畑にして、帰り際に買うとよい。芽吹き・新緑は3月下旬〜5月上旬、紅葉は11月下旬〜12月上旬ごろ。

問合せ先　南房総市観光協会☎0470-28-5307

plus 1 | 磯料理いろいろ

道の駅ちくら潮風王国は9時〜17時（15時終業の店あり）、水曜休（1〜4月と8月は無休）、☎0470-43-1811。北側にある花の○〈はなのえん〉は地魚お刺身盛り合わせ定食1727円、地魚八寸海鮮丼2178円など新鮮でボリューム満点の人気店。11時30分〜14時、17時30分〜22時、月曜休。☎0470-43-1570

千葉県
南房総市

2万5000分の1地形図　千倉

合有戸溜池❹
合有戸溜池経由の道は台風の被害で荒れ気味。
山慣れない人は往路を大聖院方面へ戻るほうがよい
❸高塚山
216
▲205.8
照葉樹の森コース
大聖院卍
高塚山分岐❷
長性寺卍
高皇産霊神社
花畑
千田
花畑
22.9
千倉駅へ
花畑が点在する里道でのんびり歩ける
東漸寺卍
長尾神社卍
花畑
露地花の里コース
旧七浦小
花の○
千田の花畑
❶大川
大川花畑
南房千倉大橋公園
日枝神社卍
円正寺卍
海雲寺卍
花畑
白間津お花畑❺
白間津花畑
千倉でも最大の花畑で切り花などの店も多い
野島崎へ
太平洋と荒磯の海岸を眺めて道の駅ちくら潮風王国へ向かう
汐の香コース
❻道の駅ちくら潮風王国
4.7
潮風王国
白間津磯
N

1:21,300
0　250　500m
1cm=213m
等高線は20mごと

花の○の海鮮料理

初級

* 花

展望

温泉

社寺

食事

新緑
紅葉

1月
2月
3月
4月
5月
6月
7月
8月
9月
10月
11月
12月

神奈川県／三浦半島

鷹取山

（たかとりやま）

標高
139m

43 神武寺駅〜京急田浦駅

歩行時間：**2時間** ｜ 歩行距離：**5.1km** ｜ 標高差：登り**185m**・下り**187m**

手軽な丘陵歩きで岩場や磨崖仏も

標高約140mと低く、市街地に接し、各方面から登れるが、西の逗子市側と南へ延びる尾根は緑が豊かだ。山頂付近には石切場跡の断崖がそそり立ち、短いが変化のある行程を楽しめる。山名は太田道灌が鷹狩りを行なったことに由来するという。

43 神武寺駅〜京急田浦駅

神武寺駅❶を出て、県道を東へ進む。逗子中学校の角で右折するとすぐに住宅地は終わり、老人ホームせせらぎから山に入る。初めは谷あいの山道で、カシやシイなどの常緑樹が多く、苔むした岩やシダが住宅地の裏山と思えない山深さを感じさせる。

尾根に登り着くと、JR横須賀線東逗子駅からの道と合流し、すぐ**神武寺❷**に着く。東逗子駅から神武寺まで登り30分、下り25分ほどだ。尾根上の薬師堂に詣でて石段を登り、尾根道をたどる。尾根の南側を巻いたら、鷹取山南面の岩場を横切って広場に出る。広場の北側から回り込むようにひと登りで**鷹取山❸**山頂だ。展望台から東京湾や房総半島、丹沢や富士山を眺められる。

広場に戻り、前浅間を往復しよう。クライミングのゲレンデとなっている石切場跡の

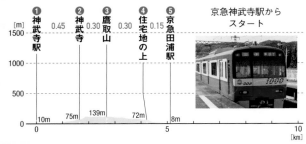

[m]
1500

1000

500

0

❶ 神武寺駅　0.45　❷ 神武寺　0.30　❸ 鷹取山　0.30　❹ 住宅地の上　0.15　❺ 京急田浦駅

10m　75m　139m　72m　8m

0　　　　　　　5　　　　　　　10
[km]

京急神武寺駅から
スタート

高取山山頂の展望台から横須賀港、房総半島を眺める

直下の広場から見る山頂と岩壁

88

断崖や磨崖仏が見られる。なお、岩場の登攀は鷹取山安全登山協議会への届け出が必要。

前浅間を往復したら、南へ延びる尾根を下る。東は横須賀市、南は逗子市の市境の尾根で、おおむね歩きやすい樹林の道が続く。送電線鉄塔を過ぎると❹住宅地の上に出る。道なりに下り、京浜急行の線路をくぐり、国道16号を右へとれば❺京急田浦駅に着く。国道を南へ25分ほど歩けばJR横須賀線田浦駅がある。

梅の花期は京急田浦駅から徒歩25分ほどの田浦梅の里

露岩がある山腹道を登って山頂へ

へ足を延ばしたい。小高い丘の斜面に約2700本の梅が植えられ、東京湾も眺められる。

アクセス

43 神武寺駅～京急田浦駅

行き＝京浜急行逗子線神武寺駅
帰り＝京浜急行本線京急田浦駅
駐車場情報 京急田浦駅付近などにコインパーキングが複数あり。
アドバイス 登山コース中の岩場は慎重に行動すれば特に危険はない。芽吹きは3月下旬～4月上旬、湘南鷹取台団地の公園などに咲く桜は4月上旬。新緑は4月上旬～5月上旬、紅葉は11月下旬～12月上旬ごろ。田浦梅の里の花期はplus1参照。
問合せ先 横須賀市観光協会
☎046-822-8256

昭和中期製作の弥勒菩薩の磨崖仏

plus 1｜山中の古刹

神武寺は724（神亀元）年、行基の開創と伝えられる古刹。薬師堂は1594（文禄3）年の建築で薬師堂は県指定重文、薬師三尊は市指定重文。通常は非公開で12月13日の煤払い時などに開帳される。

plus 1｜丘の上の梅林

2月上旬～3月初めごろの梅のほか、12～2月ごろにスイセン、5月ごろにツツジの花も楽しめる。例年、梅の花期に田浦梅林まつりが催され、週末には俳句会や演芸大会なども。地図はP91三浦アルプス参照。

梅とスイセンを一緒に見られる

1:25,000
0　250　500m
1cm=250m
等高線は20mごと

初・中級

花
展望
温泉
社寺
食事
新緑
紅葉

1月
2月
3月
4月
5月
6月
7月
8月
9月
10月
11月
12月

神奈川県／三浦半島

二子山

三浦アルプス

標高
207.6m
(二子山)

44	逗子駅〜長柄〜東逗子駅
	歩行時間：2時間35分 ｜ 歩行距離：9.0km ｜ 標高差：登り535m・下り531m
45	逗子駅〜桜山〜京急田浦駅
	歩行時間：5時間 ｜ 歩行距離：13.5km ｜ 標高差：登り550m・下り550m

秘境の趣がある丘陵を横断

三浦アルプスは、開発の波をまぬがれている三浦半島北西部の丘陵。森戸川を境に北尾根と南尾根に分かれ、二子山は北尾根上の三浦アルプス最高峰。登りやすい長柄から南郷上ノ山公園経由、未開の山深さがある森戸川経由の2コースを案内する。

44 逗子駅〜長柄〜東逗子駅

逗子駅❶から県道311号を南下し、長柄交差点で左折。逗葉新道❷を渡り、三浦半島中央道の手前で右折する。

南郷上ノ山公園駐車場の先で左に分かれる細い道を道なりに登ると林道状になり、尾根上に出た所が二子山分岐❸。ひと登りで着く二子山❹山頂では展望台から横浜市街や大楠山を眺められる。

二子山分岐❸に戻り、尾根道を進んで、東逗子駅・田浦分岐❺で左折。小ピークを巻く尾根沿いのなだらかな道から急下降して住宅地に出れば東逗子駅❻は近い。

45 逗子駅〜桜山〜京急田浦駅

逗子駅❶から逗子海岸を南下。山に分け入って、蘆花記念公園の郷土資料館から山道に入る。登り着いた所に長柄桜山古墳群の第1号墳、少し先に第2号墳がある。東へ進み、葉山桜台団地、住宅地を下り、逗葉新道❷を渡る。

森戸川沿いの林道を進み、林道終点の手前の山道入口❼から沢へ下る。沢筋を少し進

逗子海岸から披露山

山深さがあふれる森戸川

2つのピークからなる二子山

田浦緑地展望台から横須賀港

んだ後、斜面を登り、尾根上に出て**二子山分岐❸**から**二子山❹**へ。**二子山分岐❸**に戻り、尾根道を東進して**東逗子駅・田浦分岐❺**で右折。馬頭観音から10分ほどの分岐を右折して南下し、乳頭山（にゅうとうさん）手前の**田浦梅林分岐❽**で左へ下る。

横浜横須賀道路を陸橋で渡り、登り返した丘の上に立つ**田浦緑地展望台❾**に上れば横須賀港などを見渡せる。田浦梅の里（P89参照）の梅林を道なりに下り、住宅地から国道16号に出たら、左へとって**京急田浦駅❿**へ向かう。

アクセス

[44] 逗子駅〜長柄〜東逗子駅
行き＝JR横須賀線逗子駅または京浜急行逗子線逗子・葉山駅　帰り＝横須賀線東逗子駅
駐車場情報　逗子駅付近にコインパーキング複数あり。

[45] 逗子駅〜桜山〜京急田浦駅
行き＝JR横須賀線逗子駅か京浜急行逗子線逗子・葉山駅　帰り＝京浜急行本線京急田浦駅
駐車場情報　逗子駅、京急田浦駅付近に有料駐車場複数あり。
アドバイス　コース[45]も逗子海岸に寄ると楽しい。山道は樹林で展望がないので、現在地を確認して行動を。芽吹き・新緑は3月下旬〜5月上旬、紅葉は11月下旬〜12月上旬ごろ。
問合せ先　逗子市観光協会☎046-873-1111、葉山町観光協会☎046-876-1111、横須賀市観光協会☎046-822-8256

plus 1｜逗子市の旧跡と史跡

蘆花記念公園は明治の文豪・徳冨蘆花ゆかりの地にあり、郷土資料館に文学や歴史資料が展示されている。
長柄桜山古墳群は墳長91mの第1号墳、88mの第2号墳を擁し、ともに4世紀代の前方後円墳で神奈川県最大級。1999年に発見され、土器や埴輪も出土した。

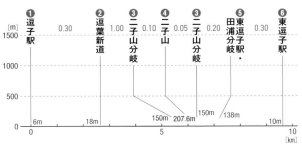

[m]
1500
1000
500
0

❶逗子駅　0.30　❷逗葉新道　1.00　❸二子山分岐　0.10　❹二子山　0.05　❸二子山分岐　0.20　❺田浦東逗子駅・分岐　0.30　❻東逗子駅

6m　18m　150m 207.6m　150m 138m　10m

0　　　　　5　　　　　10
[km]

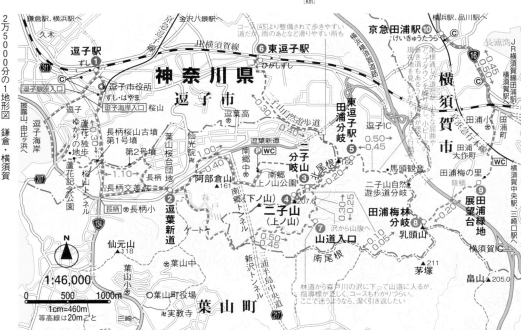

2万5000分の1地形図　鎌倉・横須賀

1:46,000
0　500　1000m
1cm=460m
等高線は20mごと

神奈川県／三浦半島

大楠山
おおぐすやま

標高
241m

46	大楠山登山口～前田橋
歩行時間：1時間40分	歩行距離：5.5㎞	標高差：登り260m・下り302m

47	衣笠駅～大楠芦名口
歩行時間：2時間40分	歩行距離：8.0㎞	標高差：登り410m・下り406m

花や展望が楽しい三浦半島最高峰

最高峰といっても標高240mほどの丘陵。全体に常緑樹林に覆われているが、山頂や大楠平の展望台では東京湾と相模湾、富士山や大島など雄大な展望が広がる。大楠平、しょうぶ園などの花も楽しみとなる。冬の日だまりハイキングにもよい。

46 大楠山登山口～前田橋

大楠登山口バス停❶東側の信号から南へ、住宅地の細い道を進む。横浜横須賀道路の

コース断面図

❶ 大楠登山口　0.20　❷ 横浜横須賀道路ガード　0.40　❸ 大楠山　0.40　❹ 前田橋バス停

[m]
1500
1000
500
0

59m　70m　241.1m　17m

0　　　　　5　　　　　10
[km]

展望塔から相模湾と富士山

ガード❷をくぐり、静かな沢沿いの山道から急斜面を登る。尾根上に出てコース 46 と合流し、樹林の尾根をたどる。葉山国際CCゴルフ場の先で大楠山へ直登する階段の道と左の車道経由の巻き道が分岐。どちらでも大差なく、**大楠山**❸山頂広場に登り着く。

基部に売店がある展望塔に上って相模湾や富士山の展望を楽しんだら、花畑が広がる大楠平を経て枝尾根を下る。前田川の出合から**前田橋バス停**❹の手前まで、沢の中の遊歩道を歩けるのが楽しい。

47 衣笠駅～大楠芦名口

衣笠駅❺から右へ。線路と

前田川の遊歩道

コース 46 下山道の河津桜と菜の花

並行に進み、県道26号を右折。小矢部1丁目の信号で右の細い車道に入る。すぐ山道となり、尾根道から石段を登ると衣笠山公園（きぬがさやま）に入る。

園路を登り、衣笠山 6 山頂から南斜面の山道を下り、三浦縦貫道衣笠入口交差点から階段を登って山道へ。衣笠城址を見て、大善寺下（だいぜんじ）の細い車道を西へ向かう。山道となり、大畑橋（おおはた）を渡って出合う車道を右へ。エコミル 7 の先で山道に入り、尾根道になるとコース 46 に合流する。

大楠山 3 からの下山はコース 46 の前田橋コースでもよいが、春先なら大楠芦名口（おおぐすあしなぐち） 8 バス停もよい。終始、のんびりした林道歩きで、途中、河津桜と菜の花が美しい。

アクセス

46 大楠山登山口〜前田橋
行き＝JR横須賀線逗子駅（京急バス33分、400円）大楠登山口
帰り＝前田橋（京急バス32分、380円）逗子駅　京急バス☎046-873-5511　※京浜急行逗子線逗子・葉山駅も利用可能。
駐車場情報　逗子駅付近にコインパーキング多数あり。

47 衣笠駅〜大楠芦名口
行き＝JR横須賀線衣笠駅　帰り＝大楠芦名口（京急バス32分、380円）逗子駅
駐車場情報　同上
アドバイス　衣笠山〜大畑橋など里道が入り組んでいるので現在地や指導標を確認して歩こう。大楠平の花畑は3月に菜の花、

9月ごろにコスモスが咲き、周囲には2月にスイセン、3月に河津桜、梅雨時にアジサイなども咲く。衣笠山の桜は4月初めごろ。横須賀しょうぶ園のハナショウブは6月が見ごろ
問合せ先　横須賀市観光協会☎046-822-8256

plus 1 | しょうぶ園

横須賀しょうぶ園は全国有数規模の14万株のハナショウブを植栽。桜、フジ、シャクナゲ、アジサイなど季節折々の花を楽しめる。衣笠駅からバスあり。9時〜19時（9〜4月は17時まで）、月曜と祝日の翌日休（祝日の場合は翌日）。320円（7〜3月は無料）。☎046-853-3688

横須賀しょうぶ園

1:43,400
1cm=434m
等高線は20mごと
0　500　1km

武山三山

三浦富士・砲台山・武山

標高
204m
(砲台山)

48 津久井浜駅〜三浦海岸駅
歩行時間：3時間50分｜歩行距離：11.7km｜標高差：登り340m・下り348m

海と花、季節のフルーツ狩りも楽しみ

三浦半島の山は高くても標高200m前後の丘陵であり、行程も短いが、気軽に登れて海を眺められる山道、暖地性の常緑樹林などの魅力がある。小粒ながら、三浦富士、砲台山、武山の3山を縦走でき、観光農園や高台の畑が広がる里道も楽しめる。

48 津久井浜駅〜三浦海岸駅

津久井浜駅❶を出たら左へ。京浜急行のガードをくぐって、津久井川沿いの遊歩道を進む。高田橋で三浦富士への別コースを右に分けて10分足らず

で津久井浜観光農園案内所❷に着く。季節により直売されるとれたてのフルーツを仕入れ、山の上で味わうのもよい。

案内所の裏手、親水公園のせせらぎ広場からミカン園の斜面を縫って登る。尾根に出ると、高田橋からのコースと合流する。横須賀警察犬訓練所から山道に入り、ひと登りすれば三浦富士❸山頂に着く。狭いが南に向かって開け、三浦海岸や大島の眺めがよい。浅間神社の石祠や富士講登山の石碑が並んで、富士山信仰の歴史がしのばれる。

縦走路は北へ下り、小さく登り下りして車道に合流する。しばらくは車道を進むが車は通らず、のんびり歩ける。見

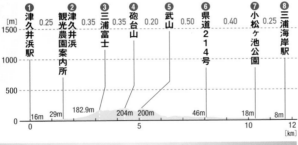

❶津久井浜駅	❷津久井浜観光農園案内所	❸三浦富士	❹砲台山	❺武山	❻県道214号	❼小松ヶ池公園	❽三浦海岸駅

[m]
1500
1000
500
0

0.25　0.35　0.35　0.20　0.50　0.40　0.25

16m　29m　182.9m　204m　200m　46m　18m　8m

0　　　　5　　　　10　　12
[km]

初夏の武山山頂でツツジ越しに横須賀方面を眺める

見晴台から見る津久井浜の海岸

94

畑から武山三山を見る。左端が武山

晴台を過ぎたヘアピンカーブで武山への山道が分かれるが、車道を進み、**砲台山❹**山頂を往復してこよう。展望はないが広場状で、このコースの最高点でもある。分岐に戻って山道に入り、少し下って登り返すと2000株というツツジ園に入り、展望台が立つ**武山❺**山頂に着く。

下山は南へ下る。須軽谷配水池からは車道で、畑が広がる台地上を歩くようになる。海を眺め、開放感にあふれて楽しい道である。

県道214号❻に合流し、道なりに下れば**三浦海岸駅❽**に着くが、途中、池代の交差点で右へ入り、**小松ヶ池公園❼**に立ち寄っていこう。早春なら河津桜の並木も見ごろだ。

アクセス

48 津久井浜駅〜三浦海岸駅
行き＝京浜急行久里浜線津久井浜駅　帰り＝京浜急行久里浜線三浦海岸駅
駐車場情報　津久井浜、三浦海岸の海辺に有料駐車場、各駅の付近にコインパーキングあり。河津桜の花期は小松ヶ池公園の近くに臨時有料駐車場開設。
アドバイス　下山の台地上は農道が交差するが、南西へ向かえば県道に出られる。逆コースはややわかりづらい。2月半ば〜3月半ばの河津桜の花期には三浦海岸桜まつりが開催され、三浦海岸駅前に産直店も。新緑は4月上旬〜5月上旬。武山山頂のツツジは4月下旬〜5月上旬。5月第1土・日曜は武山つつじ祭りのイベントも。紅葉は11月下旬〜12月上旬。三浦海岸のマホロバ・マインズ三浦で温泉の入浴ができる。9時〜11時、12時〜14時、1000円。☎046-889-8911。津久井浜観光農園では1月上旬〜5月初めにイチゴ、10月下旬〜11月下旬にミカン狩りなどができる。☎046-849-5001
問合せ先　横須賀市観光協会
☎046-822-8256

plus 1 | 絵本の店で喫茶

津久井浜駅すぐ南側の「うみべのえほんやツバメ号」は店主がチョイスした1000冊以上の児童書が並び、原画展などを開くギャラリーも併設。カフェでは地元の果物を使ったスイーツも。飲みもの400円〜。10時〜19時、水・木曜休。☎046-884-8661

神奈川県
横須賀市

三浦市

県道214号❻

武山❺

砲台山❹

三浦富士❸

津久井浜観光農園案内所❷

津久井浜駅❶

三浦海岸駅❽

小松ヶ池公園❼

2万5000分の1地形図　浦賀

1:38,000

0　　　500　　　1km
1cm＝380m
等高線は20mごと

ミカン果汁の季節限定かき氷

鎌倉アルプス

源氏山・大平山

初級

* 花
* 展望
* 温泉
* 社寺
* 食事
* 新緑紅葉

1月
2月
3月
4月
5月
6月
7月
8月
9月
10月
11月
12月

標高
159m
（大平山）

鎌倉のシンボル、高徳院の大仏

49 極楽寺駅〜鎌倉駅

歩行時間：4時間30分 ｜ 歩行距離：13.0km ｜ 標高差：登り380m・下り389m

古都を囲む丘陵を歩き、歴史をしのぶ

鎌倉幕府が置かれた古都は三方を丘陵、残る南側を海に囲まれた天然の要害。丘陵で最も高い北側の通称「鎌倉アルプス」と西側の源氏山を歩こう。豊富な社寺や史跡、花の名所とあわせて古都の風情を楽しみながら、のんびりと一部を歩くのもよい。

49 極楽寺駅〜鎌倉駅

スタートは長谷駅が近いが、**極楽寺駅❶**から極楽寺、成就院、御霊神社を経て行くほうが楽しい。特に初夏は成就院、御霊神社と鳥居前の踏切などでアジサイを堪能できる。

長谷寺は数多くの堂宇、弁天窟、アジサイと相模湾を眺められる眺望散策路などがあり、拝観には時間をとりたい。また、アジサイの時期の週末は眺望散策路が混むので、9時ごろまでに着くように。こぢんまりしているが在来品種のアジサイが多い光則寺、大仏の高徳院にも参詣したい。

大仏坂トンネル❷東口の右手から大仏コースの山道に入れば、ひと登りで尾根に出る。常緑樹が茂る尾根道を進み、源氏山公園に入って**源氏山❸**を往復。葛原岡神社の右手から鎌倉五山第四位の浄智寺へ下り**建長寺❹**へ。拝観料を納めて境内に入り、半僧坊から急登をひと登りで勝上嶽展望台。すぐ上で、アジサイの名所、明月院方面の道と合流する。

露岩が点在する尾根道を登り下りしていくと、**大平山❺**の標識がある山頂で展望が開ける。すぐ下は休憩に絶好の広場だ。次のピークは地形図

勝上嶽展望台から建長寺の堂宇、由比ヶ浜、稲村ヶ崎を眺める

長谷寺はアジサイの名所のひとつ

獅子舞は鎌倉屈指の紅葉の名所

の大平山で茶店跡の広場があ
る。天園休憩所の先で右へ下
り、獅子舞の谷に入る。鎌倉
随一の新緑、紅葉の名所で、
秘境の趣も漂う。切り通し状

の小さな谷から住宅地に出た
ら、永福寺跡や鎌倉宮❻、萩
の寺・宝戒寺などを拝観して
鎌倉駅❼へ向かう。

アクセス
49 極楽寺駅～鎌倉駅
行き＝江ノ島電鉄長谷駅　帰り
＝JR横須賀線・江ノ島電鉄鎌
倉駅。
駐車場情報　長谷寺、鶴岡八幡
宮や鎌倉宮、市内各所に有料駐
車場あり。
アドバイス　四季を通じて歩け
る。夏は暑いが、海風が吹いて
快適なことも。雨の後などは滑
りやすいので、しっかりした靴

で出かけたい。山道は常緑樹が
多いが、4月上旬～5月上旬の
新緑、11月下旬～12月上旬の
紅葉、冬の落葉など変化がある。
寺社などの桜は4月上旬、八重
桜は4月中旬～下旬、ツツジは
4月下旬～5月上旬、アジサイ
は6月中旬～下旬ごろ。
問合せ先　八王子市観光協会
☎042-643-3115

plus 1 | 山上の貴重な茶店
大平山直下の天園休憩所は鎌倉
のハイキングコース唯一の茶店。
定番の田楽やおでん、巨大な風
呂吹き大根など、どれもおいし
い。11時～17時ごろ（季節や
天気で変動あり）、不定休。
☎0467-47-3295

天園休憩所の風呂吹き大根

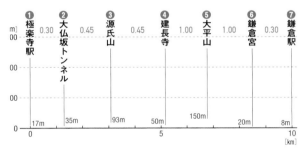

入門

花

展望

温泉

社寺

食事

新緑紅葉

1月
2月
3月
4月
5月
6月
7月
8月
9月
10月
11月
12月

神奈川県／鎌倉

衣張山
（きぬばりやま）

標高
120m

静かで落ち着いた
たたずまいの浄妙寺

50	逗子駅〜鎌倉駅
歩行時間：2時間10分	歩行距離：7.0km	標高差：登り210m・下り207m

中世の古道へ登り、相模湾を見渡す

丘陵に囲まれた鎌倉は、かつて各方面から尾根を越える急な山道越えを強いられ、切り通しが開削されるなど整備された。鎌倉七口（くらななくち）などと呼ばれる古道で最も面影を留める名越切通（なごえきりどおし）から鎌倉の東側に続く丘陵をミニ縦走して、展望のよい衣張山へ登ろう。

50 逗子駅〜鎌倉駅

逗子駅❶北口から西へ向かい、まずは**岩殿寺❷**へ。坂東三十三観音第2番札所で階段を上った奥ノ院の丘の上から富士山（ふじさん）も眺められる。次の法（ほっ）性寺（しょう）は日蓮上人ゆかりの寺で、丘の上の山王神社からは逗子の海岸などを見渡せる。山道に入り、ひと登りして尾根に出たところが衣張山・名越の分岐だ。尾根の下、衣張山側に高さ30〜10m、長さ800m以上も連なる岩壁は大切岸（おおきりぎし）と呼ばれる石切場跡だ。

分岐を左折し、出合った切り通し道を左にとれば山側斜面にまんだら堂跡、すぐ先に**名越切通❸**最大の断崖が迫る切り通しがある。まんだら堂跡には中世の横穴墳墓のやぐらが150以上も確認され、期間限定で公開されている。

分岐へ戻って衣張山へ向かい、尾根道をたどると逗子ハイランドに出る。住宅地の西

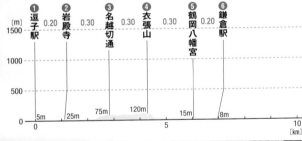

	❶逗子駅	0.20	❷岩殿寺	0.30	❸名越切通	0.30	❹衣張山	0.30	❺鶴岡八幡宮	0.20	❻鎌倉駅

[m]
1500
1000
500
0

5m　　25m　　75m　　120m　　15m　　8m

0　　　　　5　　　　　10
[km]

両側から断崖や露岩が迫る名越切通

衣張山北峰から相模湾、稲村ヶ崎

竹林が美しい報国寺

側を進み、再び山道に入る。**衣張山❹**は双耳峰で、最初に登り着くのは三角点がある南峰。次の北峰の山頂のほうが広く、見晴らしもよい。

　北峰から北東へ下り、杉林の斜面から小さな谷、さらに住宅地を通って十字路に出る。左折して滑川に沿って歩き、**鶴岡八幡宮❺、鎌倉駅❻**へ向かうが、右折して徒歩5〜10分の古刹に詣でて古都の余韻を味わおう。報国寺は竹の寺として知られ、浄妙寺は鎌倉五山の第五位で足利尊氏の父・貞氏の墓とされる宝篋印塔があり、ともに茶席もある。

アクセス
50 逗子駅〜鎌倉駅
行き＝JR横須賀線逗子駅　※逗子駅から徒歩5分の京浜急行逗子線新逗子駅も利用できる　帰り＝JR横須賀線鎌倉駅

駐車場情報　長谷寺、鶴岡八幡宮や鎌倉宮、市内各所に有料駐車場あり。

アドバイス　P96鎌倉アルプス同様、四季を通じて歩けるが、夏は少々暑い。新緑は4月上旬〜5月上旬、紅葉は11月下旬〜12月半ば。浄妙寺には数は多くはないが早春には梅、春にはボタンが美しい。若宮大路の桜は4月上旬、ツツジは4月下旬〜5月上旬ごろ。岩殿寺などのアジサイは6月中旬〜下旬ごろ。まんだら堂跡の公開日は例年、初夏と秋の土・日・月曜、祝日。詳しくは逗子市観光協会へ

問合せ先　逗子市観光協会☎046-873-1111（逗子市経済観光課内）、鎌倉市観光協会☎0467-23-3050

---

plus 1｜心静かに寺院で抹茶を

緑に囲まれた静かな寺院でいただく抹茶は気持ちをゆったり落ち着かせてくれる。当日、その場で頼むことができて、服装も登山のもので問題ない。報国寺は竹林に囲まれた茶席・休耕庵で。9時〜16時（受付15時30分まで）、不定休。拝観料300円、抹茶と干菓子600円。☎0467-22-0762。浄妙寺では枯山水庭園に面した茶室・喜泉庵で。10時〜16時（季節変動あり）、不定休。拝観料100円、抹茶と干菓子600円、抹茶と生菓子1000円。☎0467-22-8638

浄妙寺の抹茶と生菓子

神奈川県／湘南

吾妻山
（あづまやま）

標高
135.9m

51 二宮駅から周回

歩行時間：1時間30分 ｜ 歩行距離：4.5km ｜ 標高差：登り145m・下り145m

花と富士山が競演する海辺の里山

JR東海道本線二宮駅に接する丘だが、相模湾に面して展望が素晴らしい。山頂に二宮町の吾妻山公園が整備され、季節の花とともに富士山を眺められる。最も奥の釜野口まで周回しても1時間30分。周辺の見どころとあわせて、のんびり楽しみたい。

51 二宮駅から周回

二宮駅❶北側がすぐ役場口登山口だが、最も山道らしい釜野口から登る。二宮駅から、のどかな住宅地を北へ進むが、東へ15分ほどの寄り道で徳

富蘇峰記念館を見学もできる。北上して葛川を渡った東側、起伏のある雑木林の斜面にはラディアン花の丘公園があり、30分ほどで一周できる。

中里口を左に見送り、東海道新幹線につきあたったら西へ。軒吉橋西側交差点を左折してすぐの**釜野口**❷で右手の山道に入る。雑木林をひと登りで尾根上に出た後は、なだらかな尾根を南へ登る。やがて雑木林が開けるとシバザクラ園。浅間大神の石碑があり、中里口コースが合流する。

尾根道をさらに南下してほ

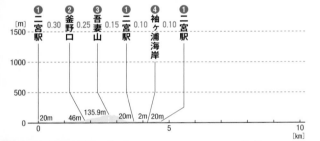

```
         ❶        ❷        ❸        ❶        ❹         ❶
         二        釜        吾        二        袖         二
         宮        野        妻        宮        ヶ         宮
         駅        口        山        駅        浦         駅
[m]          0.30     0.25     0.15     0.10  海   0.10
1500                                          岸
1000
 500
   0    20m      46m  135.9m     20m  2m  20m
        0                   5                    10
                                              [km]
```

吾妻山山頂から富士山と菜の花畑の構図はカメラマンにも人気

吾妻山山頂から相模湾

吾妻山公園ツツジ園

袖ヶ浦海岸から箱根

どなく、芝生が広がる**吾妻山**❸山頂に着く。北から西、南側を中心に展望が開けて、富士山、箱根や丹沢の山々のパノラマが広がる。海岸まで直線で700m足らずなので相模湾や東伊豆もよく見える。菜の花の早春が一番人気だが、桜、新緑の季節も美しい。

　下山コースは梅沢口のほうがやや長いが、花木が多い役場口へ下ろう。ローラー滑り台やフィールドアスレチックを見て吾妻山公園を東へ下るとツツジ園に入る。スイセン

やアジサイも見られる園路、階段を下ると役場口、**二宮駅**❶だが、ここで**袖ヶ浦海岸**❹を往復、散策しよう。箱根の山々などを波打ち際から眺められるし、荒波が磨いた丸い石や貝殻を拾うのも楽しい。

アクセス
51 二宮駅から周回

行き・帰り＝JR東海道本線二宮駅

駐車場情報　ラディアン花の丘公園に町営駐車場あり。200台、500円。二宮駅周辺にコインパーキング多数。

アドバイス　吾妻山公園の花は1～2月の菜の花、3月下旬～4月上旬の桜、4月中旬前後のシバザクラ、4月下旬～5月中旬のツツジ、6月下旬～7月上旬のアジサイ、7月中旬～8月のコスモス、12～1月のスイセンなど。徳富蘇峰記念館の梅は2月。入館料500円、梅林入園料100円。10時～16時、月曜休（年末年始・夏期休館あり）。☎0463-71-0266。ラディアン花の丘公園は無料、8時30分～17時。

問合せ先　二宮町観光協会☎0463-73-1208

食事処の山小屋はアットホームでスイーツも充実。ランチ1100円～、10時30分～21時、水曜休。☎0463-72-4941。家庭的な山田食堂はランチ800円～、11時30分～14時・17時30分～20時、火曜休（不定休あり）。☎080-3094-7377。お洒落なフレンチの指帆亭はランチ1280円～、11時30分～17時（LO14時）、月・火曜休（祝日は営業）。☎050-5590-9326

山小屋のストロベリーパフェ

2万5000分の1地形図　小田原北部・平塚

神奈川県
二宮町

釜野口❷
釜野トンネル

二宮駅から吾妻山山頂まで登り50分、下り40分

中里口

東海道新幹線

ラディアン花の丘公園

▲75.5
▲86
▲104.8

明治・大正にかけて活躍した思想家・ジャーナリスト。蘇峰の資料を展示。2月に梅園が見ごろとなる

徳富蘇峰記念館

シバザクラ園

吾妻山公園
浅間神社

原田

1:17,100
吾妻山❸ 136.9

0　　250　　500m
1cm=171m
等高線は20mごと

吾妻神社

二宮町役場

役場口

東海道本線

山田食堂

二宮駅

小屋

梅沢口コース

二宮駅から吾妻山まで登り35分、下り35分

梅沢口

国府津駅へ　小田原へ　梅沢

西湘バイパス

石橋IC

西湘二宮IC

❹袖ヶ浦海岸

指帆亭

大磯駅

藤沢・横浜方面

19.4

16.8

21.7

茅ヶ崎中央ICへ

白山

はくさん

神奈川県／東丹沢

標高
284m

古刹の裏山から森林公園へ

厚木市街からほど近く、長谷寺（飯山観音）を山懐に抱く里山をミニ縦走する。コースの大半は長谷寺の巡礼道で、一部、急登、急下降があるが歩きやすい。長谷寺は桜、七沢森林公園は桜や様々な花が咲き、登山口、下山口ともに温泉がある。

長谷寺観音堂

52 飯山観音前〜七沢温泉入口

飯山観音前①バス停から朱塗りの欄干の庫裡橋を渡る。春は桜並木が美しい飯山観音参道に入り、石段を登りつめた高台に**長谷寺観音堂②**（飯

山観音）が立つ。長谷寺は約1300年前の開創と伝えられ、坂東三十三観音霊場第6番の古刹で縁結びの信仰もあつい。

観音堂左手から山道に入ると、直登する男坂、遠回りだが緩やかな女坂に分岐する。どちらを登っても所要時間は大差ない。

白山③山頂に立つ展望台に上ると、大山方面の山並み、厚木市などの平野部を見渡せる。白山から南下する尾根道には雑木林が多く、小さく登り下りしていく。**物見峠④**から階段を急下降し、さらに尾根道を南下して七沢森林公園に入ると、大きなお地蔵さまがある**順礼峠⑤**に着く。

七沢森林公園には網の目のように園路が整備されているが、ながめの丘で展望を楽し

❶飯山観音前バス停 0.15 ❷長谷寺観音堂 0.30 ❸白山 0.30 ❹物見峠 0.40 ❺順礼峠 0.40 ❻七沢温泉入口バス停

[m]
1500
1000
500
0

56m 130m 283.9m 239m 168m 71m

0 5 10 [km]

ながめの丘では厚木市街や関東平野を見渡せる。休憩にもよい

展望台がある白山山頂

鍋割山直下のブナ林

鍋割山❺山頂だ。鍋割山荘が立つ草原の広場で、富士山や丹沢、相模湾を見渡せる。

下山は**後沢乗越❹**へ戻り、四十八瀬川へ。斜面を巻き気味に下り、沢を渡ると林道となる。**二俣❻**から西山林道を道なりに下る。丹沢大山国定公園の大きな標識の先の西山林道出合で左へ入り、山裾を巻いて集落に入れば**大倉❼**バス停はすぐだ。

鍋割山から鍋割山稜に入り、小丸尾根か塔ノ岳から大倉尾根を下ると、歩行時間は30分～2時間長くなるが、ブナ林がみごとで行程もより充実する。寄沢から雨山峠を経由するコースは変化に富むが、道が荒れたところや鎖場もあり、ベテラン向きだ。

アクセス

54 寄～大倉

行き＝小田急線新松田駅（富士急湘南バス25分、520円）寄
帰り＝大倉（神奈川中央交通バス15分、210円）小田急線渋沢駅　富士急湘南バス☎0465-82-1361、神奈川中央交通☎046-241-2626

駐車場情報　寄に約40台の無料駐車場、大倉に約150台の有料駐車場あり、10時間200円～。

アドバイス　新緑は麓で4月上旬～、山の上で4月下旬～5月中旬。紅葉は10月半ば～11月中旬。ロウバイは1月中旬～2月上旬ごろ。冬も積雪や凍結は少ないが、軽アイゼンなどの用意を。春から秋はヒルが出るので、随時ヒルがついていないかなどに注意。靴やウェアに塩水をスプレーするのも効果がある。

問合せ先　松田町観光協会☎0465-85-3130、秦野市観光協会☎0463-82-8833

鍋焼きうどんが名物の鍋割山荘

plus 1｜山頂で鍋焼きうどん

鍋割山荘の人気メニュー。天ぷらなど具だくさんで1500円。シーズンのランチタイムは1時間待ちになることもある。

鍋焼きうどん

2万5000分の1地形図　大山・秦野

山北町

熊木沢出合　942　鍋割沢　尊仏山荘・尊仏小屋　丹沢山へ　WC　1491

0.15　0.30　金冷シ　塔ノ岳　表尾根　三ノ塔ヤビツ峠へ

草原の広場で富士山をはじめ丹沢や箱根の山々、相模湾や江ノ島を見渡せる

茅ノ木棚沢ノ頭　1386・大丸　花立　0.15　0.30

雨山橋へ　雨山峠へ　鍋割峠　二俣分岐　1350　花立山荘　0.35　1.00

0.40　1341　小丸　茅場平　1128　神尾根　戸沢へ

檜岳へ　鍋割山❺　1272.4　鍋割山荘　小丸尾根　堀山の家　0.35

コシバ沢　0.50　1.30　ミズヒ沢　小草平　堀山　943　0.35

618　0.50　林道終点　2.30　2.00　後沢乗越❹　0.40　ゲ　草　0.35　0.35　905

滝郷滝へ　二股からの登山道と合流すると、足場が整備された歩きやすい道になる　0.50　茅　神　二俣❻　0.30

神奈川県　栗ノ木洞　駒止茶屋　0.30

松田町　見晴茶屋　0.40　638　0.45

やどりき大橋　0.55　表丹沢　県民の森　雑事場ノ平　0.30

0.45　櫟山❸　810　0.45　一本松　0.45

(710)　0.30　三廻部林道❷　0.20　観音茶屋　0.15

シダンゴ山へ　578　県立秦野戸川公園記念碑広場　西山林道　どんぐり山荘へ

2月花期　花期上旬　1月　寄ロウバイ園　▲546　大倉山の家　P

シダンゴ山へ　0.45　434　雨乞岳　0.30

自然休養村管理センター　休憩舎　**N**　秦野戸川ビジターセンター　秦野駅へ　渋沢駅へ

1:51,200　0 500 1km　**大倉❼**

588　寄❶　P　WC　新松田駅へ　1cm=512m　等高線は20mごと

塔ノ岳
（とうのたけ）

標高
1491m

55 ヤビツ峠〜大倉

歩行時間：**7時間20分** | 歩行距離：**13.9**km | 標高差：登り**1165**m・下り**1634**m

人気の山を充実の縦走コースで登る

蛭ヶ岳、丹沢山より低いが、相模湾側にそびえて目立ち、アクセスもよく、主脈で最も多くの登山者を迎える。コースは多いが、表尾根は数々のピークを越え、展望も素晴らしく、縦走の醍醐味を味わえる。丹沢の概念を把握するにも絶好だ。

55 ヤビツ峠〜大倉

ヤビツ峠❶から車道を北西へ、緩やかに下る。**寺山富士見橋❷**を渡ったところで左に分かれる林道へ、さらに数分で右の登山道へ入る。初めは

急な植林だが、やがて落葉樹林となり、樹林が開け、背後に大山などを眺めて、**二ノ塔**山頂に着く。次の**三ノ塔❸**山頂は広々として、塔ノ岳へ続く表尾根や富士山、相模湾などの展望が開ける。

三ノ塔山頂でヤビツ峠〜塔ノ岳の行程の約3分の1だが、この先は変化があり、展望もよいので楽しく登れる。一方、ザレ場や岩場、ヤセ尾根もあるので、慎重に行動したい。鎖があるハシゴを下り、木段を登り返すと**烏尾山❹**で、ここも展望のよい広場だ。

次の行者ヶ岳から政次郎ノ頭にかけては、4カ所の岩場、両側がザレたヤセ尾根が連続する。鎖や手すりがあり、特に危険はないが、慎重に通過したい。難所から解放され、

標高差プロファイル

❶ ヤビツ峠バス停 0.25 ❷ 寺山富士見橋 1.20 ❸ 三ノ塔 0.30 ❹ 烏尾山 1.50 ❺ 新大日 0.40 ❻ 塔ノ岳 1.05 ❼ 小草平 1.30 ❽ 大倉バス停

[m]
2000
1500 1205m 1136m 1340m 1491m
1000 961m 960m
500 705m 292m
0 0 5 10 14 [km]

761m

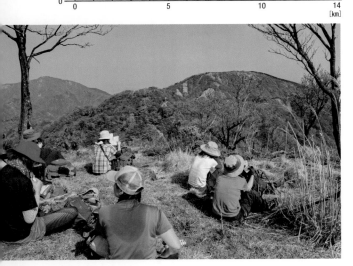
政次郎ノ頭付近から岳ノ台、大山

烏尾山の下りから表尾根

塔ノ岳山頂と尊仏山荘

新大日❺を過ぎるとブナ林や明るい草地の尾根となり、ガレ気味の急登をこなすと塔ノ岳❻山頂に着く。このコース最高峰だけに富士山、丹沢主脈などのパノラマが広がる。

下山は鍋割山経由などのコースもあるが、大倉尾根が最

行者ヶ岳の岩場

短だ。ただし、標高差約1250mの下り一辺倒となる。急な階段を下り、花立を過ぎると樹林で展望も乏しくなる。小草平❼付近で傾斜が緩むが、また急下降となる。見晴茶屋の先で東側斜面を巻いて集落へ下り、大倉❽バス停へ。

アクセス

55 ヤビツ峠〜大倉

行き＝小田急線秦野駅（神奈川中央交通バス50分）ヤビツ峠
帰り＝大倉（神奈川中央交通バス15分）小田急線渋沢駅　神奈川中央交通 ☎046-241-2626
駐車場情報　ヤビツ峠に約25台の無料駐車場、菩提峠に約30台の駐車スペースあり。大倉に約150台の有料駐車場あり。
アドバイス　新緑の4月中旬〜5月下旬、紅葉の10月中旬〜11月中旬ごろが楽しく、夏は蒸し暑い。冬も降雪直後を除いてラッセルはないが、凍結や雪解け

のぬかるみに注意。三ノ塔から三ノ塔尾根を2時間30分ほどで大倉へ下れるが、ヤビツ峠へ戻るほうが楽だ。ヤビツ峠のアクセスはP104大山、鍋割山稜はP106鍋割山、大倉尾根はP110丹沢山・蛭ヶ岳も参照。塔ノ岳の尊仏山荘で泊まれば行程に余裕ができ、日の出や夜景、朝の紅富士なども楽しめる。
☎070-2796-5270（7時〜19時）
問合せ先　秦野市観光協会 ☎0463-82-8833

plus 1｜名水を汲んでいく

秦野の水は環境省の名水百選に選ばれ、寺山富士見橋先の護摩屋敷の水もそのひとつ。車で来る人も多い、人気の湧水だ。

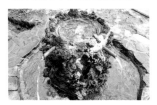
護摩屋敷の水

上級
✳ 花
展望
温泉
社寺
食事
新緑 紅葉

1月
2月
3月
4月
5月
6月
7月
8月
9月
10月
11月
12月

神奈川県／東丹沢・西丹沢

丹沢山・蛭ヶ岳

（たんざわさん）
（ひる が だけ）

標高
1567.0m
（丹沢山）
1673m
（蛭ヶ岳）

56	大倉～焼山登山口	宿泊：みやま山荘

1日目：5時間35分	歩行距離：9.0km	標高差：登り1470m・下り195m
2日目：6時間50分	歩行距離：14.0km	標高差：登り530m・下り1801m

丹沢山地の主立った峰々を踏破する

丹沢は東西40km、南北20kmに及ぶ山地で神奈川県の6分の1を占める。日本百名山の丹沢山は同名のピークではなく山地を指す。多数のピーク、登山コースがあるが、最高峰の蛭ヶ岳を含めて縦走し、そのスケールや展望を満喫できる主稜がイチ押しだ。

56 大倉～焼山登山口

塔ノ岳までは最短の大倉尾根から登る行程としたが、大倉から塔ノ岳まで標高差は1300m近くあり、ほぼ登り一辺倒だ。それだけに登頂の達成感はあるが、時間に余裕があればP108表尾根、P106鍋割山から登ると楽しく、変化にも富む。

大倉❶バス停から車道を10分ほど登ったカーブから広い山道に入る。観音茶屋を過ぎると一般的な道幅となり、**雑事場ノ平**❷からは急な尾根道が続く。急登を2回ほど繰り返して駒止茶屋の先の階段を登りきると堀山ノ家に着く。すぐ上の**小草平**❸は平坦で休憩によい。

再び階段を登り、**花立山荘**❹に着けば急登はほぼ終わり、展望も開けてくる。金冷シで鍋割山稜を分けると、最後の登

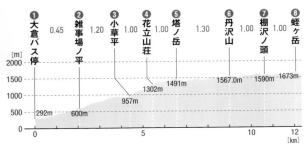

❶大倉バス停 292m
0.45
❷雑事場ノ平 600m
1.20
❸小草平 957m
❹花立山荘 1302m
❺塔ノ岳 1491m
1.00
1.30
❻丹沢山 1567.0m
1.00
❼棚沢ノ頭 1590m
1.00
❽蛭ヶ岳 1673m

[m]
2000
1500
1000
500
0
0   5   10   12
[km]

鬼ヶ岩直下から蛭ヶ岳を間近に望む

平坦な丹沢山山頂

石仏が祀られた塔ノ岳山頂

りで塔ノ岳**❺**山頂に着く。めざす丹沢山から蛭ヶ岳などの丹沢、富士山や南アルプス、相模湾などのパノラマが広がる。
　尊仏山荘の傍らから縦走路に入る。蛭ヶ岳にかけてはブナ林とのびやかな笹原が続い

て眺めもよく、縦走の楽しさを満喫できる核心部だ。笹に覆われた日高、竜ヶ馬場のピークを緩やかに登り下りし、ブナ林を登りつめれば丹沢山**❻**山頂で、みやま山荘が立つ。丹沢三峰コースを右に分けて縦走路を進む。
　階段を下り、早戸川乗越から笹が茂る尾根を登り返し、休憩舎を過ぎれば不動ノ峰に着く。大きく右へカーブして、棚沢ノ頭**❼**を越え、丹沢の稜線には珍しい尖った露岩の鬼

ヶ岩に着けば、蛭ヶ岳が正面に大きい。
　蛭ヶ岳山荘が立つ蛭ヶ岳**❽**で縦走路と分かれ、北へ下る。すぐブナ林に入って尾根道を急下降し、なだらかになると地蔵平**❾**、次いで原小屋平の小平地を過ぎると姫次**❿**に着く。ここからは東海自然歩道のコースでもある。黍殻山避難小屋**⓫**から登り返す黍殻山は東側を巻くが、山頂も通れる。
　アップダウンを繰り返してきた尾根道は、焼山**⓬**からは下るばかりになり、急斜面をジグザグに進む。林道に下り着けば焼山登山口**⓭**バス停は近い。

塔ノ岳付近から蛭ヶ岳〜丹沢山

アクセス
56 大倉〜焼山登山口
行き＝小田急線渋沢駅（神奈川中央交通バス15分、210円）大倉　帰り＝焼山登山口（神奈川中央交通バス22分、340円）三ヶ木（神奈川中央交通バス35分、440円）JR相模線・横浜線・京王相模原線橋本駅　※焼山登山口からのバスは便が少ないので確認を。神奈川中央交通バス☎0463-81-1803（行き）、☎042-784-0661（帰り）

111

（地図内の表記）
2万5000分の1地形図　秦野・大山

1673 蛭ヶ岳山荘　112ページの地図に続く
1421
檜洞丸へ
蛭ヶ岳 **❽**
鬼ヶ岩　休憩舎
1608
棚沢ノ頭 **❼**
臼ヶ岳　不動ノ峰
1460　1614
特徴的な露岩で展望もよく、コースのアクセントになっている
弁当沢ノ頭
1288
太礼ノ頭 1352（西峰）丹沢三峰
瀬戸沢ノ頭 1375
早戸川乗越
1567.0 **❻**丹沢山
みやま山荘
1:75,000
0　500　1km
1cm=750m
等高線は20mごと
神奈川県
山北町
竜ヶ馬場 1504
塔ノ岳〜蛭ヶ岳はブナ林と笹原の尾根道で展望も優れた縦走路が続くので、ゆっくり楽しみたい
日高 1461
清川村
塔ノ岳 **❺**
1491　尊仏山荘
尊仏ノ土平　　木ノ又小屋
ユーシンへ
大丸　金冷シ
1386　花立
小丸　行者ヶ岳 1209
鍋割峠　1341　小草平 **❸**
鍋割山 鍋割山荘　1136
1272.4　茶場平　烏尾山
小丸尾根　堀山ノ家　烏尾山荘
後沢乗越　戸沢山荘　作治山荘
栗ノ木洞 908.1　堀山 943
駒止茶屋
松田町　大倉尾根　秦野市
櫟山　810　見晴茶屋
表丹沢県民の森　雑事場ノ平 **❷**
観音茶屋
大倉 **❶**
寄バス停、新松田駅へ
秦野ビジターセンター
山岳スポーツセンター
渋沢駅へ

ブナ林もみごと（不動ノ峰付近）

夏はやや蒸し暑いので、朝、涼しいうちから登って、早めに稜線上に出るとよい。冬はベテラン向き。行程は1時間ほど長くなるが、主稜線をさらに西へ進み、P112檜洞丸まで縦走するのもよいプラン。蛭ヶ岳から檜洞丸まで3時間20分。小ピークの登り下りはあるが、特に技術的な困難はない。

問合せ先　秦野市観光協会☎0463-82-8833、山北町観光協会☎0465-75-2717、相模原市観光協会☎042-771-3767

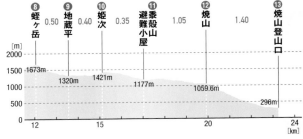

駐車場情報　登山口と下山口が大きく離れているのでマイカー利用には向かないが、大倉に約150台の有料駐車場がある。焼山登山口付近にはない。

アドバイス　稜線上が新緑の5月半ば〜6月上旬ごろ、紅葉の10月中旬〜下旬ごろが最適期。

蛭ヶ岳山頂も展望がよい

plus 1｜稜線の山小屋

稜線状に尊仏山荘☎070-2796-5270、みやま山荘☎0463-81-8662、蛭ヶ岳山荘☎090-2252-3203の3軒がある。ガイドではみやま山荘宿泊としたが、計画に合わせて選べば支障ない。夜景、日の出、富士山の展望などは尊仏山荘、蛭ヶ岳山荘が優れる。

みやま山荘

111 の地図から続く

丘陵帯の花

　植生は高度により変化し、本州中央部の場合、低いほうから丘陵帯、山地帯、亜高山帯、高山帯と大きく4段階に分かれる。丘陵帯は太平洋岸で標高500〜600mまで、日本海側はそれより低い。常緑広葉樹林帯、ヤブツバキクラスとも呼ばれるように、本来はシイ、カシなどの常緑広葉樹が優先するが、人間の生活や活動の影響を大きく受け、コナラやクヌギなど雑木の落葉広葉樹林、杉やヒノキなどの植林となっている場合が多い。

常緑広葉樹林は葉が厚く茂り、
昼も薄暗い（三浦富士）

ハナネコノメ

花猫の目　ユキノシタ科　沢沿いや林下の湿地に生える。花期3〜4月。高さ5cm、花の直径5mm前後。

タチツボスミレ

立壺菫　スミレ科　広く様々な環境に生育、花期も3〜5月と長い。高さ5〜15cm、花の直径2cm前後。

カタクリ

片栗　ユリ科　雑木林の林下などに芽吹き前後の4月上旬ごろ咲く。高さ15cm、花の直径5cm前後。

シュンラン

春蘭　ラン科　雑木林の乾燥した林下などに3〜4月ごろ咲く。高さ10〜25cm、花の直径3.5cm前後。

ヒトリシズカ

一人静　センリョウ科　雑木林の林下や草原に生育。花期4〜5月。高さ5〜15cm、花序の直径2cm前後。

ヤマユリ

山百合　ユリ科　林縁や草原に生え、高さ1〜1.5m、6〜8月に咲く花は芳香があり直径15〜20cm。

ヤクシソウ

薬師草　キク科　山野に広く見られ、花期も8〜10月と長い。高さ30〜120cm、花の直径1.5cm前後。

ヤマジノホトトギス

山路の杜鵑草　ユリ科　林縁や路傍に生え、高さ20〜50cm。花は8〜10月に咲き、直径2.5cm前後。

リンドウ

竜胆　リンドウ科　湿った山野や草原に生え、高さ20〜100cm。9〜11月に咲く花は長さ4〜5cm。

関東周辺──植生の垂直分布から花に親しむ①

113

神奈川県／西丹沢

檜洞丸
（ひのきぼらまる）

標高
1601m

花

展望

温泉

社寺

食事

新緑
紅葉

1月
2月
3月
4月
5月
6月
7月
8月
9月
10月
11月
12月

57	西丹沢ビジターセンターから周回

歩行時間：**7時間40分** ｜ 歩行距離：**12.3km** ｜ 標高差：登り**1195m**・下り**1195m**

58	箒沢公園橋〜西丹沢ビジターセンター

歩行時間：**7時間5分** ｜ 歩行距離：**10.2km** ｜ 標高差：登り**1195m**・下り**1149m**

ブナ林に覆われ、初夏のツツジが人気

どっしりした山容とブナ原生林、アクセスの長さや標高差の大きさがあいまって、山深く感じられる。新緑に咲くシロヤシオやトウゴクミツバツツジが美しい。最短のツツジ新道でも往復6時間。もう少しがんばって犬越路縦走（いぬこえじ）や石棚山稜（いしだな）を。

57 西丹沢ビジターセンターから周回

西丹沢ビジターセンター❶（にしたんざわ）
バス停から上流へ5分ほどでツツジ新道に入る。沢沿いから山腹を巻き、**ゴーラ沢出合❷**で対岸へ。すぐ樹林の急登になるが、**展望園地❸**で梢越しに周辺の山や富士山を眺められ、ブナやツツジも現われる。

石棚山稜分岐❹（ふじさん）を過ぎ、平坦なバイケイソウ群生地に入れば**檜洞丸❺**山頂はすぐだ。犬越路への下りは小さな登り下り、笹原や展望地など変化がある。**矢駄尾根分岐❻**（やた・おおこうげ）から大笄や小笄の岩場や鎖場をこなし、**犬越路❼**で南側斜面へ。急斜面を下り、出合った用木沢沿いに下る。用木沢公園橋（さわ・ようぎ）の先で林道となり、**用木沢出合❽**から車道を下って**西丹沢ビジターセンター❶**へ。

58 箒沢公園橋〜西丹沢ビジターセンター

箒沢公園橋❾（ほうきざわ）バス停から中（なか）

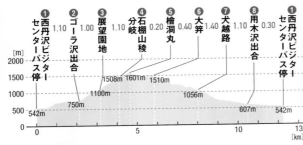

❶西丹沢ビジターセンターバス停　1.10　❷ゴーラ沢出合　1.00　❸展望園地　1.10　❹石棚山稜分岐　0.20　❺檜洞丸　0.40　❻大笄　1.40　❼犬越路　0.30　❽用木沢出合　❶西丹沢ビジターセンターバス停

[m]
2000
1500
1000
500
0

542m　750m　1100m　1508m　1601m　1510m　1056m　607m　542m

0　　　　5　　　　10　　　13
[km]

大木も見られるシロヤシオが群生して初夏の花期はみごと

石棚山稜から御正体山と南アルプス

114

ブナ林に囲まれた檜洞丸山頂

川川に架かる橋を渡り、板小屋沢に沿って登る。山腹に取り付くと、樹林の急登が1時間30分ほど続く。**板小屋沢ノ頭**⑩は直下で東へ巻き、尾根に出てからは、小さな登り下りやヤセ尾根があり、樹林が開けて富士山などを望めるところもある。階段を登り、**県民の森分岐**⑪を過ぎるとみごとなブナ林に入る。石棚山を越え、樹林の尾根を登って、富士山展望地の上の**石棚山稜分岐**④でコース 57 のツツジ新道に合流。**檜洞丸**⑤を往復

して、ツツジ新道を**西丹沢ビジターセンター**①へ。

アクセス

57 **西丹沢ビジターセンターから周回** 行き・帰り＝小田急線新松田駅（富士急湘南バス1時間10分、1210円）西丹沢ビジターセンター 富士急湘南バス ☎0465-82-1361

駐車場情報 西丹沢ビジターセンター前に約10台の無料駐車場。付近のキャンプ場の駐車場も利用可能。

58 **箒沢公園橋～西丹沢ビジターセンター** 行き＝小田急線新松田駅（富士急湘南バス1時間8分、1210円）箒沢公園橋 帰り＝コース 57 に同じ。

駐車場情報 大石キャンプ場の駐車場を利用可能。約50台、500円。コース 57 も参照。

アドバイス ツツジは5月下旬～6月上旬、新緑は4月中旬～5月下旬、紅葉は10月中旬～11月中旬ごろ。西丹沢ビジターセンターには付近の自然を解説す

る展示、登山の情報提供や登山届受付がある。犬越路への縦走、石棚山稜は山慣れた人向き。蛭ヶ岳からの縦走はP108蛭ヶ岳参照。山頂直下の青ヶ岳山荘は1泊2食つき6500円、☎042-787-2151。犬越路の避難小屋は緊急時以外は利用不可。

問合せ先 山北町観光協会 ☎0465-75-2717

大笄の鎖場を下る

plus 1｜信玄の隠し湯で入浴

中川温泉ぶなの湯は中川温泉入口バス停で途中下車、徒歩5分の日帰り温泉。内湯と露天風呂、休憩室を備える。10時～18時（3～11月の土・日曜、祝日は19時まで）、月曜休（祝日の場合は翌日）。750円。☎0465-78-3090

神奈川県／西丹沢

ミツバ岳（だけ）

標高
834.2m
（ミツバ岳）
1018m
（権現山）

59 浅瀬入口から往復
歩行時間：3時間20分 ｜ 歩行距離：7.0km ｜ 標高差：登り910m・下り910m

60 浅瀬入口〜細川橋
歩行時間：4時間30分 ｜ 歩行距離：8.2km ｜ 標高差：登り1250m・下り1231m

ほかにはないミツマタと富士山の競演

丹沢湖の西岸に近いミツバ岳は権現山から延びる尾根上の目立たないピークで、地形図に山名も記されていない。しかし、山頂に和紙の原料のミツマタが群生し、その花と残雪の富士山を眺められることが知られ、一躍人気の山となった。

59 浅瀬入口から往復

短い行程で絶景を眺められ、大半の登山者が利用する。**浅瀬入口❶**バス停から落合トンネルをくぐり、丹沢湖に沿って進む。名前のとおり、滝を眺められる**滝壺橋❷**を渡ると登山道に入る。すぐに杉の植林の急登となるが、早くもミツマタの花が迎えてくれる。

杉林が雑木林に変わってなだらかになるとミツマタ群生地に入り、すぐに**ミツバ岳❸**山頂に着く。広くはないが、休憩に適したスペースもあるので、ゆっくり富士山と花を楽しもう。下山は往路を戻る。

60 浅瀬入口〜細川橋

ミツバ岳はこぢんまりした山の割にアプローチの車道歩きが長く、ベテランには物足りなさが残るかもしれない。権現岳を越えるミニ縦走は充実した行程で、途中の尾根道

[標高グラフ]
❶浅瀬入口バス停　0.30　❷滝壺橋　1.30　❸ミツバ岳　0.50　❷滝壺橋　0.30　❶浅瀬入口バス停
834.2m
338m　346m　346m　338m
[m] 1500 / 1000 / 500 / 0
0　5　10 [km]

ミツバ岳から富士山とミツマタの花を観賞

滝壺橋から丹沢湖を見下ろして登る

116

ミツマタの花

でもミツマタの花が楽しめる。

ミツバ岳❸までは前コース59に同じ。権現山へは北東へ、なだらかで広い尾根を進み、ひと下りして30〜40分も雑木林の尾根を登れば権現山❹山頂に着く。木立に囲まれているが、広く、ベンチも置かれている。

急な尾根を北へ下り、小さく登り返して茅ノ丸（かやのまる）を越えて、ヒノキの植林地を下ると二本杉峠（にほんすぎ）❺に着く。ここから東へ、巻き道から尾根、沢沿いに下るが、足場が悪い所もある。細川橋（ほそかわ）❻バス停に着くまで慎重に行動しよう。

アクセス

59 浅瀬入口から往復
行き・帰り＝小田急線新松田駅（富士急湘南バス52分、910円）
浅瀬入口　富士急湘南バス☎0465-82-1361
駐車場情報　滝壺橋前後に3カ所、計約50台の無料駐車場あり。

60 浅瀬入口〜細川橋
行き＝59 に同じ　帰り＝細川橋（富士急湘南バス1時間、1000円）小田急線新松田駅
駐車場情報　コース59 に同じ。
アドバイス　ミツマタの花期は3月下旬〜4月上旬。前後してミツバツツジやフジザクラ、キブシの花、木々の芽吹きも。新緑は4月中旬〜5月中旬、紅葉は11月中旬〜下旬ごろ。59 は特に危険や困難な所なし。60 は登山道がわかりづらい所、

急で足場が悪い所があるうえ、豪雨災害の崩壊地もあってベテラン向き。逆コースはルートがよりわかりづらい。権現山から浅瀬入口バス停へ下る道も急下降があり、道迷いや滑落に注意。
問合せ先　山北町観光協会☎0465-75-2717

浅瀬バス停から徒歩約5分の丹沢湖記念館は1978年の丹沢湖誕生を記念し、縄文遺跡出土品や特産品を展示。三保の家は湖底に沈んだ集落から移築された江戸末期の古民家だ。8時30分〜17時（季節変動あり）、無休（12〜3月は水曜休）。見学無料。
☎0465-78-3415

世附の民家を移転した三保の家

初級

花

展望

温泉

社寺

食事

新緑
紅葉

1月
2月
3月
4月
5月
6月
7月
8月
9月
10月
11月
12月

神奈川県／西丹沢

大野山
（おおのやま）

標高
722.8m

---

61 山北駅〜谷峨駅

歩行時間：**4時間45分**　歩行距離：**10.5km**　標高差：登り615m・下り556m

牧草地が広がるのどかな山頂で憩う

西丹沢（にしたんざわ）の入口に頭をもたげる低山で、台地上の平坦な山頂一帯に放牧地が広がり、独特の高原ムードや富士山（ふじさん）の展望を楽しめる。入下山口ともJR御殿場線の駅でアクセスもよい。御殿場線は旧東海道本線（とうかいどうほんせん）で、山北駅に当時の蒸気機関車が展示されている。

61 山北駅〜谷峨駅

山北駅❶北口を出たら、山北駅前大通りの商店街を左へ。そのまま進んでもよいが、最初の十字路で左折し、御殿場線沿いの桜並木を歩くと楽し

❶山北駅	❷大野山入口バス停	❸共和のもり(旧共和小)	❹犬クビリ	❺大野山	❻車道	❼嵐	❽谷峨駅
	0.20	1.00	1.35	0.20	0.30	0.30	0.30

[m]
1500
1000
500
0

109m　146m　333m　672m　722.8m　484m　249m　168m

0　　　　　　5　　　　　　10　11
[km]

い。県道76号に合流したら、御殿場線を渡り、国道246号の北側を道なりに進む。

安戸（やすど）トンネルをくぐり、国道に**大野山入口❷**バス停がある分岐を北へ。緩やかに登って、御殿場線、東名高速道路をくぐり、鍛冶屋敷（かじやしき）の集落で右上に分かれる細い道に入る。家並みや杉林を抜けて道なりに登り、T字路を左折、すぐのT字路を右折する。**共和のもり❸**（旧共和小）の先のY字路を左へとれば、5分たらずで登山道入口だ。

山道に入ると、しばらく尾根を登り、左へ山腹を巻いてから樹林を抜け、牧草地の一角に出る。直登する階段を登りつめ、尾根上の車道に出ると、すぐ左が変形十字路の**犬クビリ❹**（いぬ）。ひと登りして、草

大野山山頂は草地が広がり、富士山や丹沢主稜線の眺めがすばらしい

酒匂川を渡って谷峨駅へ

山北の桜並木と御殿場線

アクセス

61 山北駅～谷峨駅

行き＝JR御殿場線山北駅　帰り＝御殿場線谷峨駅

駐車場情報　山北駅付近に複数のコインパーキングあり。犬クビリに無料駐車場あり、約60台。

アドバイス　特に困難な所はなく、ビギナーにも向く。逆コースでも支障ないので、山北駅へ下り、帰りに公園見学や入浴をするのもよい。4月上旬は山北の桜並木、下旬は山頂付近の桜が見ごろ。芽吹き・新緑は4月上旬～5月上旬ごろ、紅葉は11月中旬～12月初めごろ。4月29日は大野山開きで、山頂で産直の農産物販売などがありにぎわう。12月上旬の週末には大野山フェスティバルで、山頂でアウトドア用品や産直物産販売、登山関連の講座などでにぎわう。新松田駅から山北駅経由で大野山入口を通る富士急湘南バスがあるが、1日6～9便と少ない。

問合せ先　山北町観光協会 ☎0465-75-2717

谷峨駅から大野山

plus 1 | 鉄道公園と立ち寄り湯

山北駅南側の山北鉄道公園は、1968（昭和43）年の電化まで御殿場線で活躍した蒸気機関車D52を展示。さくらの湯は山北町健康福祉センターにある人工温泉で内湯と露天風呂がある。10時30分～20時30分、木曜休（祝日の場合は翌日）。☎0465-75-0819

山北鉄道公園のSL

原が広がる**大野山❺**山頂に着けば、北側に丹沢湖や丹沢主稜線、西に富士山などを見渡せる。ベンチや休憩舎もあって、大休止に絶好だ。

　下山は車道を西へ進み、山道に入って、やや急な開けた斜面をジグザグに下っていくと樹林に入る。**車道❻**を横切り、トイレの下で車道に合流。すぐの都夫良野の頼朝桜手前で右へ分かれる山道を下る。**嵐❼**集落に出た後は、車道を道なりに下り、酒匂川を渡れば**谷峨駅❽**はすぐだ。

2万5000分の1地形図　山北

1:45,000
1cm=450m
等高線は20mごと

神奈川県
山北町

神奈川県／西丹沢

不老山
（ふろうさん）

標高
928m
（不老山）
1040.7m
（湯船山）

62 明神峠～駿河小山駅

歩行時間：**5時間15分** ｜ 歩行距離：**12.9km** ｜ 標高差：登り641m・下り1279m

新緑に咲く野生のバラとブナ林がみごと

不老山は富士山須走口五合目から金時山へ至る富士箱根トレイルのほぼ中央に位置する。初夏に咲くサンショウバラの美しさで知られ、明神峠行きバスが運行されて人気急上昇中の山である。大木も見られる尾根道のブナ林や富士山、箱根の展望も魅力だ。

62 明神峠～駿河小山駅

不老山は標高900mあまりだが、玄関口の駿河小山駅は標高約260m。標高1041mの湯船山方面から縦走してブナ林も楽しむと健脚向きだが、

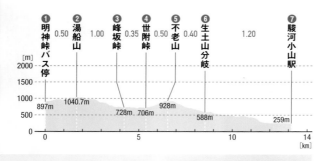

①明神峠バス停		②湯船山		③峰坂峠		④世附峠		⑤不老山		⑥生土山分岐			⑦駿河小山駅
	0.50		1.00		0.35		0.50		0.40		1.20		

[m]
2000
1500
1000
500
0

897m　1040.7m　　728m 706m　　928m　　　588m　　　　259m

0　　　　　　　　5　　　　　　　10　　　　14
[km]

バスを利用すれば標高900m近い明神峠まで上れる。

明神峠①バス停から箱根や愛鷹連峰の眺めを楽しんで縦走路へ入ると、すぐ落葉広葉樹林になる。数は少ないが、サンショウバラが咲く尾根道を進むと、ブナの大木やヤマツツジなどの花も見られるようになる。**湯船山②**はコース最高地点だが、樹林で展望はない。

さらにブナ林の尾根道を進み、**峰坂峠③**からは樹林が開けて、サンショウバラも多く見られるようになる。名前のとおり、最も花が多いサンショウバラの丘は富士山や箱根

サンショウバラの丘から望む不老山。どっしりした山容だ

サンショウバラ

尾根道のブナ

120

明神峠から箱根外輪山

の山々、不老山のどっしりした姿などが眺められる広場で、休憩にもよい。

世附峠❹から登り返すと駿河小山駅への分岐となり、数分で不老山❺山頂だ。樹林に囲まれて展望はないが、見納めのサンショウバラが咲く。

下山は分岐へ戻り、駿河小山駅方面へ向かうと、すぐ富士箱根トレイルと金時公園コースが分岐する。どちらをとっても大差ないが、ここでは富士箱根トレイルを下る。

おおむね植林が多い樹林を

尾根に沿って下る。生土山分岐❻からも富士箱根トレイルを進む。尾根から谷へ下り、里道に出て国道246号をくぐれば、駿河小山駅❼まではもう20分あまりだ。

アクセス
❻② 明神峠〜駿河小山駅
行き＝JR御殿場線駿河小山駅（富士急バス25分、550円）明神峠　富士急バス☎0550-82-13
帰り＝駿河小山駅　※明神峠行きのバスは4月下旬〜7月下旬と10月上旬〜12月初めの土・日曜、祝日の朝、明神峠行きのみ1便、サンショウバラの花期は2便運行。
駐車場情報　駿河小山駅に有料駐車場あり。13台500円。
アドバイス　新緑は4月下旬〜5月中旬、サンショウバラの花期は5月下旬〜6月上旬。サンショウバラ（ハコネバラ）は富士箱根地区の特産種で、大きい木は高さ5mほどになり、花も

直径5〜6cmと大きく、ピンク色で見ごたえがある。紅葉は11月中旬〜下旬ごろ。冬の雪は少ないが、ベテラン向き。
問合せ先　越生町観光協会☎049-292-1451

不老山周辺には、現在地や到達地とともに地名の由来や注意点が書かれたり、花や風景が描かれたりしたユニークな道標が見られる。小山町の故・岩田澗泉（いわたたにいずみ）氏によるもので、2017年の没後、傷んできたものも。『道しるべに会いに行く』（浅井紀子・三宅岳著、風人社）に道標の数々や経緯が詳述されている。

岩田翁の指導標たち

2万5000分の1地形図　駿河小山

1:70,000
0　500　1km
1cm=700m
等高線は20mごと

曽我丘陵（そがきゅうりょう）

神奈川県／箱根

標高
328m
（不動山）

63 下曽我駅〜上大井駅

歩行時間：3時間30分　歩行距離：11.5km　標高差：登り330m・下り318m

梅と富士山が競演する展望の里山

小田原市の東側に延びる丘陵で、麓に梅林が広がる。中心となる別所梅林と原梅林、中川原梅林を曽我梅林と総称し、2月には計3万5000本という梅が咲き薫る。丘陵上のハイキングコースはなだらかで展望もよい。梅が咲く2月がイチ押しだ。

63 下曽我駅〜上大井駅

下曽我駅❶で降りたら、まず梅の里センターへ。梅や梅製品の展示や地図の配布があり、無料で利用できる。曽我の里は曽我十郎祐成・五郎時

城前寺の曽我兄弟像

致兄弟が育った地。日本三大仇討ちのひとつとして浄瑠璃や歌舞伎で人気を博した曽我兄弟の仇討ちの主人公だ。兄弟の墓がある城前寺に詣でて、別所梅林へ向かおう。

別所梅林中心部の八幡社❷付近は、梅の花期には売店が並び、食堂もあって賑わう。梅見を楽しんだら曽我丘陵へ向かい、斜面の舗装農道を登っていくと、梅林の上に箱根の山々や富士山、相模湾など

[標高グラフ]
❶下曽我駅 0.35 ❷八幡社 0.50 ❸六本松跡 0.30 ❹不動山 0.20 ❺浅間山 0.25 ❻四季の里 0.50 ❼上大井駅
23m 22m 190m 328m 317m 199m 35m

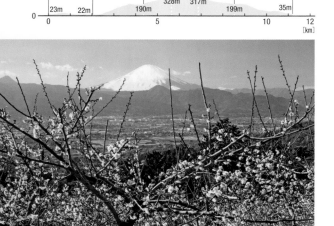
不動山付近から山上梅林と富士山

不動山付近から相模湾と山上梅林

122

おおいゆめの里の河津桜と菜の花

の展望が開けてくる。

尾根に登り着き、すぐ北の六本松跡❸は足柄道や鎌倉道が交差する峠。松尾芭蕉の「ほととぎす　鳴き鳴き飛ぶぞいそがしい」の句碑が立つ。尾根を北上してミカン園や小梅林を縫い、不動山の手前で山道に入る。山道は不動山の東面を巻くが、途中から不動山❹山頂を往復できる。樹林で展望はなく、訪れる人も少ない静かな山頂だ。

舗装道路に出て、電波塔が並ぶ浅間山❺を過ぎると、また小梅林が現われ、大山など丹沢を眺められる。農業体験施設の四季の里❻前の「おおいゆめの里」では、里山の自然が保全された中に花木園や広場が広がる。ここから西へ下るが、おおいゆめの里を散策し、展望広場を経由してもよい。展望広場からの道と合流し、車道を下って菊川を渡れば上大井駅❼は近い。

アクセス

63 下曽我駅～上大井駅

行き＝JR御殿場線下曽我駅
帰り＝御殿場線上大井駅。※小田急線新松田駅、JR東海道本線小田原駅などから下曽我駅、上大井駅入口を通る富士急湘南バス☎0465-82-1361もあり。

駐車場情報　曽我梅林の駐車場が便利。平時は無料駐車場約50台。梅の花期は有料（500円）で臨時駐車場も開設。四季の里直売所にも無料駐車場あり。

アドバイス　麓は道が入り組んで迷いやすいので、現在地や進行方向に注意を。梅の花期は例年2月で中旬がピーク。山上の梅林は麓よりやや遅い。別所梅林では花期に梅まつりの出店が並び、土・日曜、祝日には太鼓や琴の演奏、流鏑馬神事、梅の種飛ばし大会なども。おおいゆめの里は2月下旬～3月上旬ごろの河津桜、3月下旬～4月初めごろの桜、8月のサルスベリなどの花も楽しめる。新緑は4月上旬～5月上旬ごろ、紅葉は11月下旬～12月初めごろ。

問合せ先　小田原市観光協会☎0465-20-4192、大井町地域振興課☎0465-85-5013

plus 1 | 直売所でお土産を

四季の里には直売所が設けられ、ミカン、季節の野菜など付近で採れた農産物が並ぶ。きれいなトイレもあり、休憩にもよい。8時～15時、月曜休（祝日の場合翌日）。☎0465-84-5029

2万5000分の1地形図　小田原北部

神奈川県／箱根

明神ヶ岳

みょうじんがたけ

標高
1169m

64 仙石〜宮城野
歩行時間：4時間35分｜歩行距離：9.9km｜標高差：登り635m・下り829m

65 宮城野から周回
歩行時間：5時間｜歩行距離：9.5km｜標高差：登り886m・下り894m

明るい外輪山縦走路から展望の頂へ

外輪山の北側にそびえ、なだらかで大きな山容は周囲の山から見てもよく目立つ。山頂は開けて、箱根の山々や相模湾、富士山などの眺めがよく、前後の外輪山縦走路は明るく、要所で展望も楽しめる。仙石からの縦走コースをメインに案内しよう。

64 仙石〜宮城野

仙石バス停❶から国道を西へすぐの**金時登山口バス停**で右折。別荘地のはずれから山道に入る。初めは薄暗い植林だが、傾斜が急になると落葉広葉樹林を登り、明るく開けた**矢倉沢峠❷**に着く。金時山への道を分けて東へ進み、外輪山尾根の縦走路へ入るが、登り下りは小さく、要所で展望も開けて楽しく歩ける。**火打石山❸**を過ぎ**仕事道分岐❹**の鞍部からは、やや急な登り返しだが、15分ほどでなだらかになり、**明神ヶ岳❺**山頂の広場へ導かれる。

　下山コースも**明神ヶ岳・明星ヶ岳分岐❻**までは外輪山の尾根道で、相模湾などの眺めがよい。分岐から西側山腹の急斜面を下り、林道を横切って、

[断面図]
❶仙石バス停　0.45　❷矢倉沢峠　1.10　❸火打石山　0.30　❹仕事道分岐　0.40　❺明神ヶ岳　0.40　❻明神ヶ岳・明星ヶ岳分岐　1.00　❼宮城野支所前バス停

[m]
2000
1500
1000
500
651m　873m　988m　958m　1169m　910m　457m

0　　　　5　　　　10
[km]

明神ヶ岳直下の下りから相模湾や三浦半島を見渡す

矢倉沢峠先の縦走路から明神ヶ岳

開けて眺めのよい明神ヶ岳山頂

明神平別荘地東側の薄暗い樹林を下る。車道に出れば**宮城野営業所前⑦**バス停は近い。

65 宮城野から周回

宮城野営業所前⑦バス停から明星ヶ岳まではコース64の逆コース。**明神ヶ岳・明星ヶ岳分岐⑥**から**明神ヶ岳⑤**を往復し、落葉樹林とハコネダケを切り開いた外輪山の縦走路を南下する。**奥和留沢コース分岐⑧**から登り返すと、**明星ヶ岳⑨**山頂に着く。樹林で展望はないが、静かな広場だ。

少し戻り、西へひと下りして、**大文字肩⑩**で神山や早川の谷を見わたした後は、やや急な樹林をひたすら下る。車道に出たら指導標に従って下り、**宮城野橋⑪**バス停へ。

アクセス

64 仙石〜宮城野
行き＝JR東海道本線・小田急線小田原駅（箱根登山バス42分、1020円）仙石。※バスタ新宿から箱根桃源台行きの高速バスも利用できる。帰り＝宮城野営業所前（箱根登山バス23分、800円）小田原駅　箱根登山バス☎0465-35-1271

駐車場情報　箱根登山鉄道箱根湯本駅周辺に複数ある有料駐車場に車を停め、路線バスを利用するとよい。金時公園にも駐車場あり。P126金時山参照。

65 宮城野から周回
行き＝小田原駅（箱根登山バス23分、800円）宮城野営業所前　帰り＝宮城野橋（箱根登山バス22分、800円）小田原駅

駐車場情報　64参照。

アドバイス　芽吹き・新緑にヤマザクラやフジザクラが咲く4月中旬〜5月下旬、紅葉の10月下旬〜11月上旬が楽しい。冬は凍結に注意。コース64に65の明星ヶ岳、P126の金時山を組み合わせると充実する。

問合せ先　箱根町観光協会☎0460-85-5700

山頂から富士山、金時山

plus 1 ｜ 下山後の立ち寄り湯

宮城野営業所前バス停から徒歩約5分の宮城野温泉会館はこぢんまりした内湯と半露天風呂、休憩室のみの施設だが、湯量は豊富。箱根町営で650円と手ごろ。10時〜21時、木曜休（祝日は営業）。☎0460-82-1800

2万5000分の1地形図　関本

1:50,900

0　500　1km
1cm=509m
等高線は20mごと

南足柄市
道了尊へ

金時山
うぐいす茶屋
963
外輪山の尾根に登り着き、ハコネダケの間の縦走路を東へ向かう

矢倉沢峠②
公時神社
金時神社入口
御殿場

仕事道分岐④
958
北面に巻き道もある

0.40
0.30

⑤明神ヶ岳
1169
山頂は砂礫の広場で神山などの眺めがよい。盛夏〜晩夏にフジアザミが咲く

金時登山口
松月堂菓子舗（公時山まんじゅう）

946

988.4

③火打石山

0.30

柴刈り路分岐
1110

①仙石
仙石案内所前
箱根ラリック美術館

かまや
棱石・箱根ガラスの森

星の王子さまミュージアム

明神ヶ岳・明星ヶ岳分岐⑥

0.50

小田原市

箱根湿生花園

箱根ガラスの森美術館

▲859
小塚山

ポーラ美術館

奥和留沢コース分岐⑧

0.45

すすき草原

台ヶ岳
▲1044.4

N

宮城野温泉会館

明神ヶ岳登山口

0.25

⑨明星ヶ岳
923.8

大文字肩⑩

0.15
0.20

神奈川県
箱根町

宮城野営業所前⑦

宮城野橋⑪

宮城

0.45
1.10

下山する場合は、⑪バス停すぐ東側の下る谷には入らず、指導標が北へ導く、車道沿いに登る

807

強羅公園
箱根湯本駅へ

ちょうこくの森
箱根湯本駅へ

初級

花

展望

温泉

社行

食事

新緑
紅葉

1月
2月
3月
4月
5月
6月
7月
8月
9月
10月
11月
12月

神奈川県／箱根

金時山
（きんときやま）

標高
1212.4m

66 仙石から周回

歩行時間：3時間25分 ｜ 歩行距離：11.5km ｜ 標高差：登り630m・下り630m

手ごろな行程で展望抜群の雄峰へ

箱根外輪山の最高峰で、古くから富士山の展望台として知られ、山頂の茶店、行程がほどよいことでも人気だ。一帯は童謡で「足柄山の金太郎」と歌われた武将・坂田公（金）時（金太郎は幼名）が生まれ育った地とされる。手ごろな周回コースを案内する。

66 仙石から周回

仙石❶バス停から国道を御殿場方面へ進む。**金時神社入口❷**バス停から、坂田公時を祀る公時神社を経て登ることもできるが、登山道は樹林が長く、やや単調だ。

乙女口❸バス停から植林の山道に入り、緩やかな登りから急坂になると、林相は落葉広葉樹林に変わる。斜面をジグザグに登りつめ、外輪山の尾根に出たところが**乙女峠❹**で、西寄りから富士山を望める。

外輪山の尾根道を北東へ、ひと登りするとブナが目立つようになり、神山などの展望が開けてくる。なだらかな**長尾山❺**から少し下り、登り返すと露岩が混じる急登となる。

足元に注意して登りきり、樹

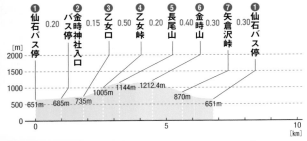

❶仙石バス停　0.20　❷金時神社入口バス停　0.15　❸乙女口　0.50　❹乙女峠　❺長尾山　0.40　❻金時山　0.30　❼矢倉沢峠　0.30　❶仙石バス停

[m]
2000
1500
1000
500 651m　685m　735m　1005m　1144m　1212.4m　870m　651m

0　　　　　5　　　　　10
[km]

公時山から眺める富士山はさえぎるものがなく大きい

山容は鋭く猪鼻山とも呼ばれる

山頂から神山と芦ノ湖

126

外輪山縦走路の公時神社分岐

林が開けると金時山❻山頂に着き、富士山の大展望が開ける。ランチ休憩にも最適で、「天下の秀峰 金時山」と誇らしげに書かれた看板と大マサカリ、2軒の茶店や石祠が並ぶ。

下山は外輪山の尾根道を南東へ下る。こちらも山頂直下は露岩混じりの急下降だが、眺めのよいガレ場や草原が現われ、ハコネダケの間を下ると矢倉沢峠❼に着く。ここから南斜面へ下るが、さらに外輪山の尾根道を進むと明神ヶ岳（P124）へ縦走できる。

下りはじめると、すぐに樹林の急下降になる。別荘地の車道に出て道なりに下り、行きに通った国道に出合えば仙石❶バス停はすぐそばだ。

アクセス

66 仙石から周回

行き・帰り＝JR東海道本線・小田急線小田原駅（箱根登山バス42分、1020円）仙石。※バスタ新宿から箱根桃源台行きの高速バスで、乙女口、金時神社入口、仙石へアクセスもできる。乙女口〜仙石の区間乗車も可。箱根登山バス ☎0465-35-1271

駐車場情報 金時公園に無料駐車場約20台あり。金時ゴルフ練習所の有料駐車場なども利用できる。計約30台、500円。

アドバイス 新緑は4月半ば〜5月下旬、紅葉は10月下旬〜11月上旬ごろ。冬は富士山が雪化粧して美しいが、積雪や凍結あり、ベテラン向き。下山後の温泉は、こぢんまりしているが

釜飯が人気のかま家（☎0460-84-5638、750円）のほか、日帰り利用できる旅館もある。

仙石周辺はミュージアムが多く、悪天候で登山を中止したときなども楽しめる。星の王子さまミュージアム ☎0460-86-3700、箱根ラリック美術館 ☎0460-84-2255、箱根ガラスの森美術館 ☎0460-86-3111 などがあり、箱根湿生花園 ☎0460-84-7293 は春のミズバショウから秋のリンドウまで季節の花を楽しめる。

問合せ先　箱根町観光協会 ☎0460-85-5700

plus 1｜下山後の立ち寄り湯

金時茶屋と金太郎茶屋が並んで立ち、みそ汁やカレーうどんなどでくつろげる。原則として金時茶屋は7時〜16時30分、無休。金太郎茶屋は8時〜16時、無休。

金時茶屋のみそ汁

花
風景
温泉
社寺
食事
新緑紅葉

1月
2月
3月
4月
5月
6月
7月
8月
9月
10月
11月
12月

神奈川県／箱根

湯坂路
(ゆさかじ)

標高
834m
(鷹巣山)

67 小涌谷駅〜箱根関所跡

歩行時間：3時間30分｜歩行距離：9.3km｜標高差：登り550m・下り345m

明るい草原の山道や石仏群を巡る

江戸時代に旧東海道が開かれる以前の古道が湯坂路。浅間山〜湯坂路入口の明るい草原の山道を歩き、石仏・石塔群で信仰の歴史にふれ、さらに旧東海道の石畳や杉並木を歩き、芦ノ湖畔の箱根関所で江戸の歴史や旅人に思いをはせる。

67 小涌谷駅〜箱根関所跡

小涌谷駅❶から、すぐ上の国道1号を横切り、千条ノ滝への細い道に入る。千条ノ滝で蛇骨川を渡ると山道となり、植林や落葉広葉樹林を登るようになる。なだらかになり、宮ノ下への道を左に分けて5分ほどで草原に出た所が浅間山❷山頂。駒ヶ岳などを望む広場で休憩にも好適だ。

防火帯の尾根道を緩やかに下り、急坂を登り返した鷹巣山❸は北條氏の出城があったとされる。ここも小広場で休憩によい。なだらかな防火帯の草尾根を下り、湯坂路入口❹バス停で国道1号に出合ったら左へとり、歩道を歩く。

箱根ドールハウス美術館の先で遊歩道に入ると、五輪塔などの石塔や石仏群が現われ

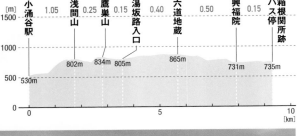

[m] ①小涌谷駅 1.05 ②浅間山 0.25 ③鷹巣山 0.15 ④湯坂路入口 0.40 ⑤六道地蔵 0.50 ⑥興福院 0.15 ⑦箱根関所跡バス停

1500
1000
500
0

530m　802m　834m　805m　865m　731m　735m

0　　5　　10 [km]

芦ノ湖元箱根から富士山と箱根神社鳥居

箱根石仏群の磨崖仏

お玉ヶ池から二子山

128

東西に細長い草原の浅間山山頂

る。磨崖仏（六道地蔵）は国道1号のガードをくぐって拝観し、石仏群と歴史館を見て、**六道地蔵⑤**バス停の先から山道を下る。

お玉ヶ池畔から登り返して旧東海道に出たら西へ。石畳、

杉並木を通り、**興福院⑥**に詣でて国道1号を南下する。成川美術館の先で杉並木に入り、箱根関所を通り抜ければ**箱根関所跡⑦**バス停がある。

元箱根の手前で合流する旧東海道を東進すれば江戸時代から続く**甘酒茶屋⑧**を経て、寄木細工の里・**畑宿⑨**へ下れる。湯坂路入口から飛竜ノ滝経由で**畑宿⑨**へ下る道もある。

アクセス

67 小涌谷駅～箱根関所跡

行き＝箱根登山鉄道小涌谷駅

帰り＝箱根関所跡（箱根登山バス・伊豆箱根バス1時間、1200円）JR・小田急電鉄小田原駅
箱根登山バス☎0465-35-1271、伊豆箱根バス☎0465-34-0333

駐車場情報 箱根町園地、恩賜箱根公園などの無料駐車場に停め、路線バスで小涌谷へ移動するとよい。

アドバイス 逆コースも支障ない。登りが少なく体力的には有利。浅間山から湯坂路を東進すれば箱根登山鉄道箱根湯本駅へ下れる。新緑の4月下旬～5月中旬、小涌谷の蓬莱園や芦ノ湖の小田急・山のホテルにツツジが咲く5月上旬～下旬、箱根登山鉄道沿線や浅間山～鷹巣山にアジサイが咲く6月下旬～7月上旬、紅葉の10月下旬～11月上旬ごろがおすすめ。立ち寄り温泉は、箱根湯本でバスを途中下車すれば計16軒ほどの旅館や共同浴場を利用できる。

問合せ先 箱根町観光協会☎0460-85-5700

---

plus 1｜歴史をしのぶ見学施設

精進池周辺の石仏群は鎌倉時代、旅の安全祈願のため造立されたと考えられ、国の史跡、重文に指定されている。石仏群と歴史館では石仏の由来や地蔵信仰を解説。10時～16時、無休。箱根関所は江戸時代の関所を当時の技術や道具で復元。箱根関所資料館が隣接する。9時～17時（季節変動あり）、無休。☎0460-83-6635

2万5000分の1地形図　箱根

1:54,000

1cm＝540m
等高線は20mごと

箱根関所跡

129

神奈川県／湯河原

幕山
まくやま

標高
626m

68 鍛冶屋から周回

歩行時間：3時間35分 ｜ 歩行距離：9.1km ｜ 標高差：登り712m・下り712m

梅林を縫って相模湾を望む山頂へ

中腹の湯河原梅林は観光目的で様々な品種約4000本が早春に妍を競う。梅の花期が一番人気だが、新緑や紅葉、冬の日だまりの時期もよい。草原の広場になっている山頂は相模湾に面して海の眺めもよく、のどかな山歩きを楽しませてくれる。

幕岩を登るクライマー

68 鍛冶屋から周回

鍛冶屋バス停から幕山登山口へは、新崎川の北岸と南岸、どちらをとっても時間的には大差ないが、北岸のほうが景色がよい。梅の花期、南岸は車も人も多く、幕山公園行きの臨時バスが運行される。

五郎神社、クスの大木がある**鍛冶屋❶**バス停からミカン園も見られ、のどかな北岸の道を進む。右手に湯河原梅林を見ると、ほどなく幕山公園の石碑がある**幕山登山口❷**に着く。すぐ下の幕山公園広場には梅の宴の期間中、軽食や産直品の売店が並ぶ。

梅林の遊歩道に入り、幕岩を見上げる斜面を右斜めに登る。梅林を抜けて雑木林に入り、休憩舎の先でジグザグに登っていくと、背後に相模湾や真鶴半島が開ける。傾斜が緩み、山頂を一周する道を横切れば**幕山❸**山頂に着く。草原の広場で休憩にも最適だ。

標高
626m

❶ 鍛冶屋バス停　❷ 幕山登山口　❸ 幕山　❹ 大石ヶ平分岐　❺ 南郷山　❻ 五郎神社分岐　❼ 鍛冶屋バス停

[m]
1500
1000
500
0

0.35　1.00　0.15　0.40　0.50

79m　200m　626m　550m　611.0m　516m　79m

0　5　10 [km]

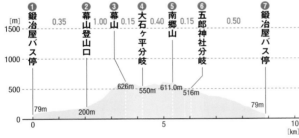
幕山公園から幕山と幕岩、湯河原梅林を見上げる

梅林の中腹から城山方面

南郷山から真鶴半島

　南郷山へは北側へ下る。防火帯の草尾根を歩き、大石ヶ平分岐❹で右へ。白銀林道を横切り、薄暗い樹林に入ってすぐの池が自鑑水。源頼朝が石橋山の戦いで平氏に敗れ、敗走中に立ち寄ったという。植林を進み、急斜面を登ると樹林が開け、登り着いた尾根を東へたどると南郷山❺山頂の小広場に着く。

　下山する斜面も急坂だが、15分ほどで白銀林道に出合う。林道を右へとり、五郎神社分岐❻から山道に入る。ゴルフ場沿いの道から車道に出て、道なりに下れば鍛冶屋❶バス停に帰り着く。

アクセス
68 **鍛冶屋から周回**

行き・帰り＝JR東海道本線湯河原駅（箱根登山バス15分、210円）鍛冶屋　箱根登山バス☎0465-62-2776

駐車場情報　幕山公園に臨時も含めて7カ所あり。梅の宴期間中は幕山登山口下の駐車場は利用不可、500円。期間外、無料。

アドバイス　コースは全体に南向きで温暖なので冬も雪や凍結の心配は少ない。湯河原梅林の見ごろは例年2月中旬～3月上旬で入園料200円（花期以外は無料）。幕山公園では梅と前後してスイセンや菜の花、4月中旬～下旬にシャクナゲなども咲く。新緑は4月上旬～5月上旬、紅葉は11月下旬～12月中旬。梅見が主目的なら、大石ヶ平分岐❹を左へとり、幕山公園に戻るのもよい。大石ヶ平から新崎

広場でのんびりできる幕山山頂

川に沿って林道を下り、梅林の西端に着けば幕山登山口❷はすぐ。幕山登山口から一周2時間15分。日帰り温泉は湯河原駅からバス10分の湯河原温泉、鍛冶屋バス停から徒歩15分の新湯河原温泉ゆとろ嵯峨沢の湯がある。

問合せ先　湯河原町観光課☎0465-63-2111

plus 1｜出店も多い梅まつり

梅の花期に合わせて梅の宴が行なわれる。期間中は軽食や産直品の出店のほか、開花のピーク時にはライトアップ、週末の和太鼓演奏や狂言のステージなどのイベントも。

2万5000分の1地形図　熱海・箱根

神奈川県
湯河原町

幕山だけを登る手軽なコースで鍛冶屋バス停から3時間20分ほどで周回でき、幕山からの下りにとるほうがコースがわかりやすい

大石ヶ平
大石ヶ平分岐❹
幕山❸ 626▲
五郎神社分岐❻
自鑑水
白銀林道
❺南郷山 ▲611.0
白銀林道
美化センター

一ノ瀬
幕岩 湯河原梅林
休憩舎
山道から車道に出たあと、道なりに下る。途中、ミカン園の見られるのどかな道に

湯河原ゴルフ場

シャクナゲ園
❷幕山登山口
WC　P
幕山浄水場
登山口下の広場は梅の宴中、模擬店が並び、週末のイベント会場にもなる

幕山公園（梅の宴期間中）
新崎川
五郎神社
鍛冶屋❶
公園下
公園前

新湯河原温泉 ゆとろ嵯峨沢の湯
鍛冶屋

湯河原駅へ
ゆうゆうの里前湯前河原駅へ

662.6▲

N

1:32,000
0　　　500　　　1km
1cm＝320m
等高線は20mごと

城山 ▲563

初級

* 花
展望
温泉
社寺
食事
新緑
紅葉

1月
2月
3月
4月
5月
6月
7月
8月
9月
10月
11月
12月

静岡県／伊豆

岩戸山
（いわとやま）

標高
771m
（十国峠）
734.4m
（岩戸山）

69 姫の沢公園から周回

歩行時間：2時間50分 ｜ 歩行距離：7.5km ｜ 標高差：登り612m・下り612m

花の名所から海と山を見渡す山頂へ

全国指折りの観光地、温泉地である熱海市街に接する低山だが、海からそびえ立つ山容は立派。隣り合う十国峠とともに相模湾や駿河湾の海の眺め、富士山など山の眺めの両方を楽しめる。四季の花が迎えてくれる姫の沢公園から2山を一周しよう。

69 姫の沢公園から周回

姫の沢公園①バス停から岩戸山へは、自然を基調とした108haの広大な公園にアスレチックコースや広場、花木園が点在する姫の沢公園に入る。

園内のアジサイ園からアスレチックBコースへ入り、アスレチック施設の傍らを登るとアスレチックAコースに出合う。Aコースを登ってもよいが、紅葉谷コースのほうが山道らしい。つげの広場でAコースに合流し、ひと登りすると展望台がある**峠の広場上②**で車道に出る。

車道を横切り、笹原の間を緩やかに登ると、すぐ**十国峠③**山頂の広々とした草原に着く。富士山をはじめ駿河湾や相模湾などを見渡せ、山名が伊豆、相模、駿河など十の国を眺められたことに由来するというのも納得だ。

峠の広場上②へ戻り、車道を左へ進むと東光寺が立つ。地蔵信仰で栄えた寺院で、数多の石仏が祀られている。東

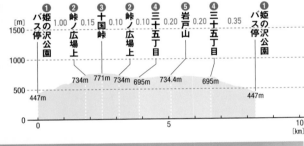

[m]
1500
1000
500
0

① 姫の沢公園バス停 447m
1.00
② 峠ノ広場上 734m
0.15
③ 十国峠 771m
0.10
② 峠ノ広場上 734m
0.10
④ 三十五丁目 695m
0.20
⑤ 岩戸山 734.4m
0.20
④ 三十五丁目 695m
0.35
① 姫の沢公園バス停 447m

0   5   10
[km]

岩戸山山頂から大島を望む。意外に近く見える

姫の沢公園入口付近

132

富士山の眺めがよい十国峠

光寺から山道となり、なだらかな尾根を進んでススキの原が広がる**三十五丁目❹**の分岐を左へとり、なおもなだらかな尾根を進む。直下の分岐は左が直登、右は緩やかな巻き道で、**岩戸山❺**山頂で合流する。

岩戸山の山頂は狭いが、相

東光寺の石仏

模湾や東伊豆の海岸、大島などの眺めがよい。下山は**三十五丁目❹**の分岐へ戻り、南へ下る。明るいススキの原を下り、指導標に従って笹の広場から姫の沢公園に入り、**姫の沢公園❶**バス停へ戻る。

アクセス

69 姫の沢公園から周回

行き・帰り＝JR東海道本線熱海駅（伊豆箱根バス30分、450円）姫の沢公園　伊豆箱根バス☎055-977-3874

駐車場情報　姫の沢公園に3カ所、計約120台の無料駐車場あり。

アドバイス　展望が目的なら、空気が澄み、富士山が冠雪している冬がおすすめ。通常、雪や凍結の心配は少ない。新緑は4月中旬〜5月中旬、紅葉は10月下旬〜11月中旬ごろ。姫の沢公園の花は4月の桜、4月下旬〜5月上旬のツツジ、6月のサツキ、7月のアジサイ、10月の

キンモクセイ、ツワブキ、冬のサザンカ、スイセン、ツバキなど。日帰り温泉は玄岳（P134参照）。十国峠ケーブルカーの利用は、熱海駅（伊豆箱根バス40分、650円）十国峠登り口。

問合せ先　熱海市観光協会☎0557-85-2222

plus 1 | パワースポットへ下山

三十五丁目からの下りで姫の沢公園へ戻らず、そのまま進むと来宮神社に着く。高さ26m以上、幹回り24m、樹齢2000年とされるクスの巨木がご神木で、健康長寿、縁結びなどの御利益があるという。☎0557-82-2241。来宮神社からの帰りはJR東海道本線来宮駅まで徒歩約5分。

来宮神社の大クス

2万5000分の1地形図　熱海

湯河原駅へ

のぼりぐち

鞍部ではなくピークで伊豆、相模など10の国を見渡せることが名前の由来とされ、富士山の眺めが素晴らしい

77　**❸十国峠**

展望台 WC

じゅっこくとうげ

十国峠上り口

P

湯河原駅へ

岩戸山 ▲5

七尾原へ

-0.15

丁目石の石仏がある分岐。ここから岩戸山を往復する

直下の分岐

日金山霊園

卍東光寺

源実朝碑

❷峠ノ広場上

峠の広場

WC

三十五丁目

❹

-0.10

5

734.4

熱海峠IC

函南町

野鳥の森
アスレチックコース

笹の広場

つげの広場

-0.20

三十五丁目から来宮神社まで下り1時間40分

静岡県
熱海市

熱海駅へ

伊豆スカイライン

熱海峠

玄岳ICへ

伊豆スカイライン熱海料金所

アスレチックAコース

姫の沢公園

-0.50

-0.30

青少年広場

N

紅葉谷ハイキングコース

アスレチックBコース

アジサイ園

ピクニック広場

11

あたみ梅ライン

-1.00

-0.40

ツツジ園

WC

❶ビジターセンター

姫の沢公園

サツキ園

シャクナゲ園

P

東京ドームの23倍、108haある広大な自然公園。4月下旬〜5月上旬、入口付近の斜面などに咲く6万株のツツジは圧巻

土沢

来宮神社、来宮駅へ

1:20,000

0　250　500m

1cm=200m
等高線は20mごと

11

20　熱海駅へ

玄岳
くろたけ

標高
798.5m

花
展望
温泉
社寺
食事
新緑
紅葉

1月
2月
3月
4月
5月
6月
7月
8月
9月
10月
11月
12月

---

70 新山〜玄岳ハイクコース入口
歩行時間：3時間35分 ｜ 歩行距離：8.3km ｜ 標高差：登り520m・下り583m

富士山と海を眺める笹原の展望峰

伊豆半島の付け根、東伊豆にドーム形の頭をもたげる低山。山頂は笹原に囲まれた草地で展望は360度。富士山などの山並みと相模湾、駿河湾をぐるっと見渡せる。地震跡の断層が保存された公園から登り、全国有数の温泉地である熱海へ下る。

玄岳山頂と箱根山展望

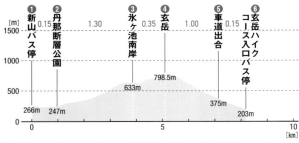

[m]
1500
1000
500
0

❶新山バス停 266m
❷丹那断層公園 247m 0.15
1.30
❸氷ヶ池南岸 633m
0.35
❹玄岳 798.5m
1.00
❺車道出合 375m
0.15
❻玄岳ハイクコース入口バス停 203m

0　　　　　5　　　　　10[km]

70 新山〜玄岳ハイクコース入口

新山❶バス停から登山口へは熱函道路経由が最短だが、静かな裏道を通り、丹那断層公園を見学していきたい。5分ほどの回り道だ。新山バス停の南東すぐの角を左折。最初の十字路を右へとって、道なりに歩き、案内標識に従って右折すると**丹那断層公園❷**に着く。1930（昭和5）年の北伊豆地震でできた断層のずれが保存され、無料の見学施設やトイレも整備されている。

丹那断層公園から南へ緩やかに登り、最初のY字路を左にとって道なりに進む。熱函道路を横断し、道なりに登っていくと富士山の眺めがよい牧草地を過ぎ、車道から山道となる。薄暗い樹林だが、30分ほどがんばると富士山や駿河湾の展望が開けてくる。さらに10分ほどで**氷ヶ池南岸❸**に着くと池越しの富士山を眺められる。少し戻って玄

氷池南岸の上から秀麗な富士山を眺められる

玄岳山頂から相模湾

玄岳ハイクコース入口の分岐

岳への登山道に入り、気持ちよく開けた笹原の尾根を登りつめると**玄岳❹**山頂の広場に着く。富士山をはじめ愛鷹連峰、箱根の山々、相模湾や大島(おおしま)、駿河湾のパノラマが広がり、ランチ休憩に絶好だ。

　下山は北東へ下って中低木林に入り、大きく右カーブする尾根を下ると、やがて尾根を右へそれて谷あいを下るようになる。熱海(あたみ)新道を陸橋で渡って、なおも谷あいを下り、樹林が開けると**車道出合❺**。細い舗装道路を下ると住宅地に

入り、2車線の道路に出るとすぐ右手に**玄岳ハイクコース入口❻**バス停がある。

アクセス

70 **新山〜玄岳ハイクコース入口**
行き＝JR東海道本線函南駅（東海バス30分、410円）新山　東海バス☎055-935-6611　※バスは1日2〜3便。タクシーは函南駅（約15分、約2700円）または熱海駅（約20分、約3300円）函南断層公園。函南タクシー☎055-978-2820、熱海第一交通☎0557-82-3101　帰り＝玄岳ハイクコース入口（東海バス20分、340円）熱海駅　東海バス☎0557-81-3521
駐車場情報　函南町側は函南断層公園に約10台、酪農王国オラッチェに約100台の無料駐車場あり。熱海市側では車道出合手前の駐車場（約10台、500円）か、熱海市街の駐車場を利用。
アドバイス　遠望がきく晩秋〜冬、新緑、紅葉の時期が楽しく歩ける。冬でも雪や凍結は少な

い。新緑は4月上旬〜5月中旬ごろ、紅葉は10月下旬〜11月中旬ごろ。
問合せ先　函南町観光協会☎055-978-9191、熱海市観光協会☎0557-85-2222

| plus 1 | パワースポットへ下山 |

大温泉地の熱海だが日帰り温泉は意外に少なく、旅館の利用は高価。手軽なのは熱海駅前のこぢんまりした共同浴場で内湯のみの駅前温泉浴場。14時〜21時、水曜休。500円、☎0557-81-3417。熱海駅から徒歩12分の日航亭・大湯には露天風呂もあり、リーズナブル。9時〜20時、水曜休（祝日の場合は翌日）。☎0557-83-6021

露天風呂もある日航亭・大湯

2万5000分の1地形図　熱海

初・中級

花
展望
温泉
社寺
食事
新緑
紅葉

1月
2月
3月
4月
5月
6月
7月
8月
9月
10月
11月
12月

静岡県／伊豆

天城山
（あまぎさん）

標高
1405.6m
（万三郎岳）

71	天城縦走登山口から周回
歩行時間：4時間50分	歩行距離：8.0km	標高差：登り555m・下り555m

72	天城峠〜天城縦走登山口
歩行時間：7時間45分	歩行距離：15.0km	標高差：登り1185m・下り760m

ブナとシャクナゲが茂る伊豆最高峰

伊豆半島最高峰の天城山は、最高点の万三郎岳でも標高1400mあまりだが、おおらかな山容やブナ林がみごとで、日本百名山に選定されている。余裕があれば天城峠から縦走して天城の魅力を堪能したい。花期と新緑期が一番人気だが、紅葉も趣深い。

71 天城縦走登山口から周回

天城縦走登山口❶バス停からすぐ登山道に入り、平坦な樹林帯を進む。**四辻❷**から沢

沿いに登り、急斜面をこなせば**万二郎岳❸**山頂だ。木立に囲まれた広場で、南側から三筋山方面や海岸線が望める。

万二郎岳からひと下りの露岩で展望が開け、万三郎岳方面や富士山を見渡せる。馬ノ背を越え、石楠立の鞍部からは岩混じりの急登となるが、アマギシャクナゲやブナの大木が迎えてくれる。

万三郎岳❹の木立に囲まれた山頂から西へ少し進み、みごとなブナ林の下降地点から北へ下る。**涸沢分岐点❺**からは万三郎岳の北側斜面を巻く。意外に長く、登り下りもあるが、**四辻❷**に帰り着けば、天

❶天城縦走登山口バス停 ❷四辻 0.20 ❸万二郎岳 1.00 ❹万三郎岳 1.15 ❺涸沢分岐点 0.45 ❷四辻 1.10 ❶天城縦走登山口バス停 0.20

[m]
2000
1500
1000 1045m 1055m 1299m 1405.6m 1155m 1055m 1045m
500
0
0 5 10
[km]

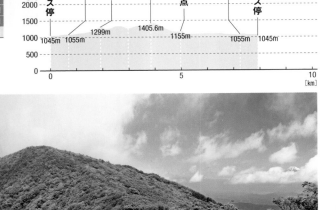

万二郎岳肩の露岩から万三郎岳方面と富士山

色が濃く花が大きいアマギシャクナゲ

コース最高地点の能岳山頂

と下りして登り返した**能岳❺**山頂はかつて展望がなかったが、南側が切り開かれ、富士山や道志の山を眺められる。

帰りは能岳山頂の少し手前で南東へ下る。雑木林の尾根を下降し、山風呂の集落で車道に出たら左へ。**新井❻**バス停で県道33号に合流し、上野原小学校の大ケヤキを見たあと、往路に合流して、**上野原駅❶**に戻る。

のデッキはこのコース一番の展望地で、桂川（かつら）を隔てた丹沢や道志、富士山（ふじさん）、権現山などの雄大なパノラマが広がる。

尾根を北へ登り、西へ曲がると**八重山❹**に着く。ここも権現山（ごんげんやま）などの眺めがよい。ひ

アクセス

76 上野原駅から周回

行き・帰り＝JR中央本線上野原駅 ※バスを利用する場合は上野原駅（富士急バス15分、270円）新井。富士急バス☎0554-63-1260。上野原駅のバス停は南口にある。

駐車場情報 八重山の登山口に無料駐車場10台。上野原駅周辺に複数のコインパーキングがある。

アドバイス 根本山の登り口までのアプローチは市街地を通るのでわかりづらく、現在地を確認して歩きたい。登山口のトイレには外に水道、入口に八重山などのパンフレットがある。五感の森の野草や桜の花、雑木林の新緑、紅葉、冬の展望と季節折々に魅力がある。芽吹き・新緑は4月上旬〜5月上旬、桜、ミツバツツジは4月中旬〜下旬、紅葉は11月中旬〜下旬。冬でも積雪は少ないが、凍結に備えて軽アイゼンなどの用意を

問合せ先 上野原市経済課☎0554-62-3111

---

plus 1｜伝統の甘味と巨木

酒まんじゅうは上野原が甲州街道の宿場としてにぎわったころからの名物。このコースでも「やまろく種苗店」付近に5軒ほどの店があり、行動食や土産にできる。上野原小学校の一角にそびえる大ケヤキは樹齢800年以上とされ、高さ28m、目通り周囲8.6m、根回り10mの巨木で圧倒される。

大ケヤキ

2万5000分の1地形図 上野原

山梨県
上野原市

相模原市

神奈川県

❺ 能岳
542.7

❹ 八重山
展望よし

506 展望台

五感の森

虎丸山 ▲468
展望なし

・448
栩原へ

・462

コース中最高の展望地

WC P 🚻 ❸ 登山口

❻☆ 新井

山風呂

山梨口

鏡渡橋

歩道橋

上野原中

秋葉山
391.4

上野原中入口

明誠高校
日大

保福寺

❷ 根本山
322.2

大ケヤキ

上野原小

上野原市役所

羽佐間

鶴川大橋

新田倉

上野原高

牛倉神社

中央自動車道

上野原IC

上野原インター

1:32,000
0　250　500m
1cm＝320m
等高線は20mごと

N

大月駅へ

❶ 上野原駅

中央本線 うえのはら

中級

花
展望
温泉
社寺
食事
新緑
紅葉

1月
2月
3月
4月
5月
6月
7月
8月
9月
10月
11月
12月

坪山
(つぼやま)

山梨県／中央沿線

標高
1102.7m

77 八ツ田〜学校前

歩行時間：**2時間35分** ｜ 歩行距離：**5.0km** ｜ 標高差：登り**635m**・下り**660m**

短い行程でヒカゲツツジを満喫

長寿村として知られる山梨県上野原市棡原(うえのはら)(ゆずりはら)地区のすぐ北西に位置。高い山に囲まれて目立たないが、ヒカゲツツジの群生が素晴らしく、初夏の花期は大にぎわいとなる。その他の季節は登山者が少なく、静かに歩ける。下山口の手打ちそばも魅力だ。

登山口の八ツ田付近の山里風景

77 八ツ田〜学校前

のどかな**山里の八ツ田①**バス停で降りたら、鶴川(つる)を渡って上流へ。トイレの先で左手へひと登りすると西ルートと東ルートが分かれる。東ルー

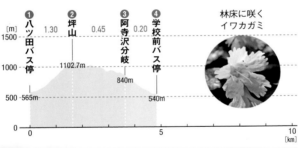

林床に咲く
イワカガミ

① 八ツ田バス停
② 坪山 1102.7m
③ 阿寺沢分岐 840m
④ 学校前バス停 540m
565m
1.30   0.45   0.20

トは急で事故が多発しているので西ルートをとろう。

西ルートはすぐ沢に出て、沢沿いに少し進んだ後、右手の斜面に取り付く。ひと登りで尾根に出た後は、坪山まで尾根道を登りつめる。植林から雑木林に入るとミツバツツジの花が見られるようになり、さらにヒカゲツツジの中を登るようになるとイワウチワなども見られる。ロープが張られた岩混じりの急登をこなせ

西コースのヒカゲツツジ群生地を登る

ヒカゲツツジとともに咲くミツバツツジ

坪山山頂から飛龍山方面を展望

144

羽置の里の水車小屋

ば**坪山❷**山頂に着く。狭いが、北側に三頭山、西側に奈良倉山や奥秩父の展望が開ける。

　帰りは南東へ延びる尾根を下ろう。前半は尾根が細く、右手は急斜面なので、足元に注意を。しばらく急下降した後、尾根は東へ向きを変え、小さなアップダウンや屈曲を繰り返して高度を下げていく。要所に指導標が整備され、特に迷いやすい分岐はない。全体に雑木林が多く、ブナの大木やカエデの仲間も見られ、新緑、紅葉が美しい。

阿寺沢分岐❸で尾根をそれ、北側斜面を急下降すると羽置の里びりゅう館に着く。すぐ前の鶴川を渡り、県道を左へ登ると**学校前❹**バス停がある。

アクセス

77 八ツ田〜学校前
行き＝JR中央本線上野原駅（富士急バス52分、1010円）ハツ田　帰り＝学校前（富士急バス50分、1010円）上野原駅　富士急バス☎0554-63-1260
駐車場情報　びりゅう館に約30台の駐車場があるが、びりゅう館利用者対象。登山の場合は上野原駅周辺に複数あるコインパーキングに停め、路線バスを利用する。
アドバイス　行程は短いが、登山道は急で滑りやすいところがある。登りの西ルートは東ルートより安全だが、尾根が細く、露岩の急な登りもあるので、スリップや滑落を起こさないように。すれ違うときは足場がよい

ところで譲り合い、安全に注意を。ヒカゲツツジの花期は4月下旬〜5月上旬ごろ。新緑は4月半ば〜5月中旬、紅葉は11月上旬ごろ。
問合せ先　上野原市経済課☎0554-62-3111

---

plus 1 | **水車挽きの手打ちそば**

下山口にある羽置の里びりゅう館は地元の野菜や特産品の販売コーナーとそば処がある。そば処では水車で挽いたそば粉をその日に手打ちして作るもりそば850円、小鉢が並ぶ坪山よくばりセット1750円などが人気。10時〜17時（そば処は11時〜15時30分ラストオーダー）、水曜休。☎0554-68-2100

びりゅう館の坪山よくばりセット

2万5000分の1地形図　猪丸

鶴峠、小菅へ

御嶽神社

飯尾

西原峠、槙寄山へ

西原三頭山荘

❶八ツ田
橋の入口にトイレの案内あり

WC

採掘銅跡鉱
黄

東ルート

18

宮神社

郷原

羽置の里びりゅう館

❹学校前
西原小

P
びりゅう館利用車用

山梨県
上野原市

ヒカゲツツジやミツバツツジ、イワウチワなど花が多い。狭く、岩場もあるので、すれ違い時など注意を

916

西ルートより岩場が多く、事故が続発しているので利用を控えたい。ツツジも西ルートより少ない

佐野峠、奈良倉山へ

坪山❷
1102.7

N

鶴川

上野原駅へ

1034

1.00

995

0.45

896

❸阿寺沢分岐

1:23,000

0　　250　　500m
1cm=230m
等高線は20mごと

雑木の尾根が続き、数は多くないがヒカゲツツジやミツバツツジも見られ、登山者が少なく静か。一部、急坂や滑りやすいところあり

阿寺沢

阿寺沢川

花
展望
温泉
社寺
食事
新緑
紅葉

1月
2月
3月
4月
5月
6月
7月
8月
9月
10月
11月
12月

扇山

おうぎやま

山梨県／中央沿線

標高
1138m
(扇山)
1003m
(百蔵山)

78	鳥沢駅～猿橋駅
歩行時間：6時間25分	歩行距離：13.5km	標高差：登り1170m・下り1159m

79	犬目～鳥沢駅
歩行時間：3時間45分	歩行距離：8.0km	標高差：登り670m・下り862m

明るい山頂広場は富士山の展望台

中央本線や中央道から眺めると名前のとおり、扇形のどっしりした山容が美しい。大月市秀麗富嶽十二景の山のひとつで、登山口の犬目、鳥沢、猿橋はいずれも旧甲州街道の宿場。駅から登れて人気の縦走、穴場の犬目からの2コースを案内する。

スタートの鳥沢駅

78 鳥沢駅～猿橋駅

鳥沢駅❶から国道20号を渡り、中央自動車道をくぐって大久保の住宅地を登る。家

並みが途切れ、大月カントリークラブを回りこんでジグザグに登ると**梨ノ木平❷**に着く。

梨ノ木平からは植林の谷沿いの山道を行く。水呑杉を過ぎてジグザクに登り、**鞍部❸**に出たら右へ。明るい疎林の尾根道をひとがんばりで**扇山❹**山頂の広場に着く。南から東側が開けて富士山や道志、陣馬山方面などが見渡せる。

山頂からは**鞍部❸**へ戻り、尾根を直進する。大久保山を過ぎると樹林の急な尾根をひたすら下る。ベンチが置かれた**宮谷分岐❺**からの登り返しは、初めは急だが、緩やかになってコタラ山を越えていく。

❶鳥沢駅 ❷梨ノ木平 ❸鞍部 ❹扇山 ❸鞍部 ❺宮谷分岐 ❻百蔵山 ❼登山口 ❽百蔵山登山口 ❾猿橋駅

1.10　0.55　0.10　0.10　1.20　0.55　1.00　0.15　0.30

[m]
2000
1500
1000
500
0

1094m
1138m
1094m
590m
773m
1003.4m
604m
443m
314m
325m

0　　　5　　　10　　　15
[km]

広々としてランチ休憩に最適な扇山山頂

扇山山頂から富士山

百蔵山山頂も富士山の展望地

百蔵山❻山頂も秀麗富嶽十二景で富士山の眺めがよい。

下山は西へ下り、戸並入口分岐で尾根をそれて南へ下ると急下降が続く。登山口❼の先で急な細い車道を下り、百蔵山登山口❽からは車道の里道を猿橋駅❾へ。

79 犬目〜鳥沢駅

犬目❿バス停から車道を進む。すぐ右上の宝勝寺は北斎らが富士山を描いたとされ、今も富士山が美しく見える。宝勝寺の先で登山道に入り、植林も混じる雑木林を登って

いく。犬目丸分岐からは尾根道で、三境⓫で山谷方面への下山道を分け、雰囲気のよい雑木林を登りつめると扇山❹山頂に着く。下山は前コース 78 の逆コースで鳥沢駅❶へ下るのが最短だが、百蔵山❻へ縦走すると充実する。

アクセス

78 鳥沢駅〜猿橋駅
行き＝JR中央本線鳥沢駅　帰り＝中央本線猿橋駅
駐車場情報　梨ノ木平に数台の無料駐車場、猿橋駅前に1日500円の有料駐車場あり。

79 犬目〜鳥沢駅
行き＝JR中央本線四方津駅（富士急バス25分、310円）犬目
※平日は午前1便、土・日曜、祝日は午前・午後各1便運行。
帰り＝中央本線鳥沢駅
駐車場情報　犬目には駐車場なし。鳥沢駅付近はコース 78 参照。アドバイス　特に危険な

箇所はないが、急な登り下りに注意。新緑は4月中旬〜5月中旬、紅葉は11月上旬〜下旬ごろ。
問合せ先　大月市観光協会☎0554-22-2942、富士急バス☎0554-22-6600

plus 1 | 広重も描いた奇橋

桂川の切り立った渓谷に架けられた猿橋は橋脚を使わず、両岸から4層の桔木（はねぎ）で支える珍しい構造で、岩国の錦帯橋、木曽の桟（かけはし）とともに日本三奇橋のひとつ。猿橋近隣公園の大月市郷土資料館（☎0554-23-1511）に大月市の歴史を解説する出土品や民具、写真や、猿橋の大型模型が展示されている。

独特な構造の猿橋

2万5000分の1地形図　上野原・大月

1:55,000
0　500　1km
1cm=550m
等高線は20mごと

岩殿山

山梨県／中央沿線

いわどのさん

標高
634m

---

80 大月駅から周回

歩行時間：**4時間30分** ｜ 歩行距離：**7.0km** ｜ 標高差：登り**475m**・下り**475m**

戦国時代の山城跡と富士山の展望

大月駅北西にそびえるドーム状の岩山。武田氏の家臣・小山田信茂が岩場を利用して築いた岩殿城跡が残る。富士山の眺めは大月市秀麗富嶽十二景に数えられる優れたもの。岩殿山だけなら手軽に登れる。稚児落しへの縦走は岩場があり中級向き。

80 大月駅から周回

大月駅❶から、線路と並行する旧甲州街道を東へ進む。踏切を渡り、国道139号を左折。高月橋を渡って大きく右へカーブし、すぐ先の**丸山公**

園入口❷から舗装された歩道を登る。車道を進めば畑倉登山口まで25分ほどで着く（アドバイス参照）。

歩道をひと登りすると、早くも富士山が見えてくる。丸山公園に着くと、目の前に岩壁がそそり立つが、歩道は岩登りをすることなく、岩壁の左手を巻いていく。ジグザグに登って**稚児落し分岐❸**、両側から大岩が迫る揚城戸跡を過ぎてひと登りすると展望台に着く。周辺の平地は岩殿城の蔵屋敷や馬場跡とされる。三ノ丸、二ノ丸跡を経て登ると、本丸跡で烽火台の標柱と電波塔が立つ**岩殿山❹**山頂に着く。展望には恵まれないが、634mの標高は東京スカイツ

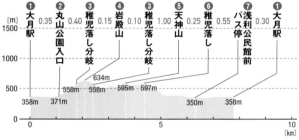

❶ 大月駅
0.35
❷ 丸山公園入口
0.40
❸ 稚児落し分岐
0.15
❹ 岩殿山
0.10
❸ 稚児落し分岐
1.00
❺ 天神山
0.25
❻ 稚児落し
0.55
❼ 浅利公民館前バス停
0.30
❶ 大月駅

[m]
1500
1000
500
0

634m
558m 558m 595m 597m
358m 371m
350m 358m

0   5   10
[km]

岩殿山の展望台から大月市街と富士山の絶景を楽しめる

大月駅から岩殿山

リーと同じだ。

　下山は稚児落し分岐❸から縦走路に入る。山腹を巻き、築坂峠(つくざか)からは尾根伝いに進んで、2カ所ある兜岩(かぶといわ)の鎖場を

稚児落しの西側から大岩壁と岩殿山

越える。天神山(てんじんやま)❺を越え、尾根を下っていくと、このコースのハイライトである稚児落し❻に着く。U字形に湾曲する大岩壁で、落ちのびる信茂の妻たちが敵に気づかれないよう、泣く子を投げ落とした

ことが由来という。岩壁の縁をぐるりと回った後、急下降すると里に出る。浅利川(あさり)を渡って県道を下ると浅利公民館前❼バス停があるが、便が少ないので大月駅❶まで歩こう。

アクセス

80 大月駅から周回
行き・帰り＝JR中央本線大月駅　※帰りの浅利公民館前から大月駅行き富士急バスの午後便は平日5便、土・日曜、祝日は2便。富士急バス☎0554-22-6600
駐車場情報　高月橋の北側に岩殿山公園駐車場あり。無料、12台。大月駅周辺に複数のコインパーキングあり。
アドバイス　畑倉コースは大月駅から岩殿山への別コースで、丸山公園コースが通行止めのときの迂回路として利用できる。登山口から岩殿山山頂まで急だが、特に危険な所はない。丸山公園の桜は4月上旬、新緑は4月半ば〜5月中旬、紅葉は11月

上旬〜下旬ごろ。冬の積雪はほとんどないが、凍結に注意。
問合せ先　大月市観光協会☎0554-22-2942

plus 1｜山岳写真と名物うどん

丸山公園岩殿山ふれあいの館には大月市出身の山岳写真家・白旗史朗氏の秀麗富嶽十二景からの富士山などの作品を展示。9時〜16時、月曜休（祝日の場合は翌日）。200円。☎0554-23-4611。大月駅北側の吉田屋ではコシがある吉田うどんに多彩なトッピングが魅力。かけうどん500円、肉うどん・きんぴらうどん670円など。11時〜14時（麺がなくなり次第終了）、月曜休。☎0554-22-0071

吉田屋の肉うどん

※2021年3月現在、丸山公園コースは通行止め

2万5000分の1地形図　大月

稚子落し❻

•490

山梨県
大月市

•589

登山道は稚児落しの断崖の上を通る。なだらかな道で危険はないが、登山道から岩壁に近寄ると転落のおそれあり

民家の脇に出る

賑岡町浅利

送電線鉄塔

築坂峠

浅利天神　❺天神山

稚子落し分岐❸

畑倉登山口

鬼の岩屋

展望台・休憩舎

揚城戸跡

❹岩殿山
634

円通寺跡

丸山公園
岩殿山
ふれあいの館

小菅

真蔵院

(612)

浅利公民館前❼

中央自動車道

大月トンネル

高月橋

東京電力
パワーグリッド

浅利橋

吉田屋（うどん）

新浅利橋

桂

大月合同庁舎

大月市民会館入口

大月市民会館

❷丸山公園入口

中央本線

•420

•362

•352

❶大月駅

甲府駅方面

20

新宿駅方面

N

1:22,000

0　250　500m
1cm=220m
等高線は20mごと

国道20号の北側を通る静かな裏道で旧甲州街道

初・中級

花

展望

温泉

社寺

食事

新緑紅葉

1月
2月
3月
4月
5月
6月
7月
8月
9月
10月
11月
12月

山梨県／中央沿線

高川山
たかがわやま

標高
976m

81 初狩駅～むすび山～大月駅

歩行時間：4時間15分 ｜ 歩行距離：8.5km ｜ 標高差：登り570m・下り672m

82 初狩駅～田野倉駅

歩行時間：3時間55分 ｜ 歩行距離：6.7km ｜ 標高差：登り510m・下り577m

富士山を眺める手ごろなミニ縦走

かつてはヤブ山だったが、今は多くの登山道が整備されて、手ごろな行程で駅から登り下りできて、展望にも恵まれて人気が高い。初狩駅からの往復が最も手軽だが、充実感があるむすびやま縦走、明治の西洋館がある田野倉へのコースを紹介しよう。

81 初狩駅～むすび山～大月駅

初狩駅①前の十字路を右へとる。中央本線のガードをくぐり、自徳寺、高川山方面の

[標高グラフ]
[m]
1500
1000
500
0

①初狩駅 460m
②登山道入口 562m 0.30
③高川山 976m 1.10
④田野倉分岐 662m 0.55
⑤513mピーク 513m 1.00
⑥大月駅 358m 0.40

0　　　　　　5　　　　　　10
[km]

指導標に従って進むと林道となる。**登山道入口②**で山道に入り、ひと登りすると急な男坂、迂回する女坂に分かれるが、時間的に大差はない。尾根に出ると雑木林の林床に丈の低い笹が茂る、雰囲気のよい道を登るようになる。

登り着いた**高川山③**山頂からは、桂川、三ツ峠を前景にした富士山、南アルプスなどのパノラマが開ける。むすび山へは尾根を北側へ下り、尾根が東へ曲がるとロープもある急斜面となる。いったん平坦になり、854mピークからまた急下降するが、**田野倉分岐④**を過ぎると、なだらかに

高川山山頂から桂川の谷を前景にした富士山を眺める

鳥沢駅中央本線ガードから高川山

150

剣ヶ峰の三角点と日本最高峰の碑

下山は登ってきた道を戻るが、御殿場口下山道に入り、プリンスルートを逆に下るのも楽しい。

88 御殿場口頂上〜御殿場口新五合目

下山コースとして案内する。富士宮口頂上東側の**御殿場口頂上⑤**から下山する。**七合目⑦**から下山道に入り、六合目で宝永山への道を右に分けた後は、広大な砂礫の斜面をひたすら下る。新六合目で登山道と交差し、斜度が落ちた斜面をまっすぐに**御殿場口新五合目⑨**をめざす。

アクセス

87 富士宮口五合目〜富士宮口頂上往復

行き・帰り＝富士急行富士山駅（富士急静岡バス1時間30分、片道2030円・往復3100円）富士宮口五合目　富士急静岡バス ☎0545-71-2495

駐車場情報　五合目に約300台の無料駐車場があるが、登山シーズン中のマイカー規制時は麓の水ヶ塚駐車場（1回1000円）に停め、シャトルバスで五合目へ（富士急静岡バス40分、片道1150円・往復2000円）。

88 御殿場口頂上〜御殿場口新五合目

帰り＝御殿場口新五合目（富士急バス40分、1110円）JR御殿場線御殿場駅　富士急バス ☎0550-82-1333

駐車場情報　御殿場口新五合目に計約500台の無料駐車場あり。

アドバイス　富士宮口は登山道と下山道が共通なので、すれ違いは譲り合って利用を。ご来光は新七合目から上で。御殿場口から富士宮口五合目へ戻るときは御殿場口下山道からの分岐を見落とさないよう、特に霧のときなどは注意を。登山適期、一般的な歩行の注意などはP157参照。

問合せ先　富士宮市観光協会 ☎0544-27-5240、御殿場市観光協会 ☎0550-83-4770

---

plus 1 | プリンスルート

富士宮口五合目から宝永山馬ノ背を経て御殿場口登山道を登って登頂し、御殿場口新五合目へ下るルート。今上天皇が皇太子だった2008年に利用したのでプリンスルートと通称される。富士宮登山道より遠回りの分、傾斜が緩く、変化もある。

御殿場口新五合目付近から山頂方面

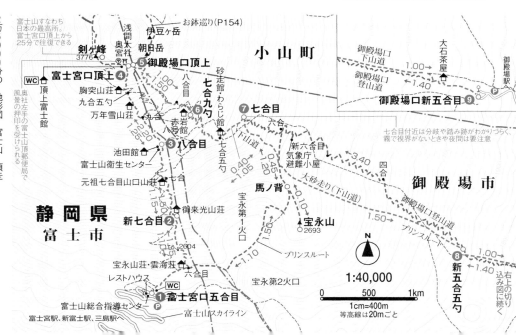

2万5000分の1地形図　富士山・須走

富士山すなわち日本の最高峰。富士宮口頂上から25分で往復できる

剣ヶ峰 3776

浅間大社奥宮

朝日岳

伊豆ヶ岳

お鉢巡り（P154）

小山町

富士宮口頂上④

WC 頂上富士館

胸突山荘

九合五勺

万年雪山荘

九合目

八合目

池田館

富士山衛生センター

元祖七合目山口山荘

七合目

御殿場口頂上⑤

砂走館・わらじ館

七合九勺⑥

八合目

赤岩館

御殿場口下山道

御殿場口登山道

大石茶屋

御殿場駅

P

御殿場口新五合目⑨

七合目⑦

六合目

新六合目気象庁避難小屋

七合目付近は分岐や踏み跡がわかりづらく、霧で視界がないときや夜間は要注意

御殿場市

御来光山荘

新七合目②

下山道

馬ノ背

大砂走り（下山道）

宝永山 2693

宝永第1火口

プリンスルート

御殿場口登山道

プリンスルート

新五合五勺⑧

込右上の切り込み図に続く

静岡県
富士市

宝永山荘・雲海荘

レストハウス

WC

富士山総合指導センター P

富士宮口五合目①

六合目

宝永第2火口

プリンスルート

富士宮駅、新富士駅、三島駅へ

富士山スカイライン

N

1:40,000

0　500　1km
1cm=400m
等高線は20mごと

花

展望

温泉

社寺

食事

新緑
紅葉

1月
2月
3月
4月
5月
6月
7月
8月
9月
10月
11月
12月

山梨県／富士山周辺

石割山

いしわりやま

標高
1412.3m

平野〜富士山・山中湖

歩行時間：**4時間15分** ｜ 歩行距離：**9.2km** ｜ 標高差：登り**560m**・下り**565m**

富士山と山中湖を眺める縦走コース

富士山展望の名所が多い富士五湖でも石割山はピカイチ。山頂はもちろん、縦走路でも富士山と山中湖を一緒に眺められる。草原が広がる尾根道も気持ちがよく、富士山が雪化粧する時期は特に楽しい。下山口の近くには日帰り温泉館が待っている。

89 平野〜富士山・山中湖

平野❶バス停から国道413号を山伏峠方面へ。石割神社前社の祠と案内板がある三差路を左に入り、車道終点の手前が**石割山登山口❷**。石割神

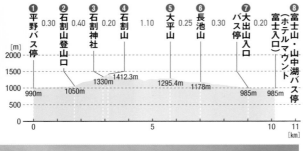

社参道の入口でもある。赤い鳥居をくぐると403段という石段が続く。石段を登り切ると尾根上に出て、石割の湯からの道を合わせ、ブナなど落葉樹林の明るい山道を進む。

石割神社❸は名前のとおり、垂直に割れた大きな石がご神体で、石の間を通り抜けると御利益があるというパワースポットだ。神社からは道が細く、やや急だが、20分ほどで登りきり、**石割山❹**山頂に着くと大展望が開ける。正面にはこれからたどる大平山への尾根の上に富士山が大きい。

下山は富士山に向かい、北西の尾根を下る。初めはやや急で滑りやすい所もあるが、ひと下りするとなだらかにな

❶平野バス停	0.30	❷石割山登山口	0.40	❸石割神社	0.20	❹石割山	1.10	❺大平山	0.25	❻長池山	0.30	❼大出山入口バス停	0.20	❽富士山・山中湖バス停（ホテルマウント富士入口）

[m]
2000
1500
1000
500
0

990m　1050m　1330m　1412.3m　1295.4m　1178m　985m　985m

0　　　　　5　　　　　10　11
[km]

広場の石割山山頂から富士山と山中湖を写真に収める

垂直に割れた岩がご神体の石割神社

158

大平山付近の尾根道

り、小さく登り下りしながら高度を下げていく。要所で富士山や山中湖を眺められるが、下山道の中間地点となる**大平山⑤**も山頂が開けていて、とりわけ眺めがよい。

長池山⑥からひと下りで花の都公園へ向かう東海自然歩道を見送り、下り着いた鞍部で車道に出る。車道を左へとり、尾根をそれて道なりに下ると山中湖畔の**大出山入口⑦**バス停だが、便が少ないので**富士山・山中湖（ホテルマウント富士入口）⑧**バス停まで

歩くとよい。さらに15分ほどで紅富士の湯だ。

アクセス
89 平野～富士山・山中湖
行き＝富士急行富士山駅（富士急バス40分、650円）旭日丘（富士急バス7分、270円）平野
帰り＝富士山・山中湖（富士急バス33分、500円）富士山駅
富士急バス ☎0555-72-6877
駐車場情報 石割山登山口に約30台、山中湖北岸の長池親水公園に約50台の無料駐車場あり。
アドバイス 新緑はゴールデンウィークごろから6月初め、紅葉は10月半ば～11月上旬ごろ。富士山が冠雪しているのは12～5月ごろ。冬の積雪は多くないが、凍結することがあり、軽アイゼンなどが必要。石割山や山中湖周辺では10月下旬～2月、富士山の山頂に日が沈むダイヤモンド富士を眺められる。観望の日にちや場所は山中湖村。
問合せ先 山中湖村観光産業課 ☎0555-62-9977

plus 1｜広大な花畑と立ち寄り湯
北西麓の花の都公園は東京ドームの6倍あまり、30haの広大な花畑にはゴールデンウィーク～10月上旬にかけ、様々な花が咲いて圧巻だ。冬のイルミネーションも美しい。☎0555-62-5587 紅富士の湯は広々とした露天風呂や内湯など、すべての湯船から富士山を眺められ、食事処や売店も充実した日帰り温泉館だ。10時～21時（受付は20時30分まで。季節変動あり）、火曜休。800円。☎0555-20-2700。石割の湯も同様に利用でき、木曜休。☎0555-20-3355

花の都公園の花畑

2万5000分の1地形図　御正体山・富士吉田

1:45,000
0　500　1km
1cm=450m
等高線は20mごと

山梨県
忍野村

山中湖村

忍野八海へ
R137
分岐から花の都公園まで40分ほどで下れる
花の都公園
花の都公園分岐
ホテルマウント富士
大出山
1101.5
富士山駅へ
R138
紅富士の湯
⑦大出山入口
⑧富士山・山中湖（ホテルマウント富士入口）
旭日丘へ
長池親水公園
長池

東海自然歩道
▲飯盛山 1178
0.25
0.40
⑥長池山
0.50
⑤大平山 1295.4
0.30
0.20

十二曲峠へ
山伏峠へ
石割山④ 1412.3
③石割神社
あずまや
平尾山▲1318
1.30
0.40
0.30
大窪山 1267
富士山と山中湖を眺める石割山からの尾根道のなかでも最も展望が優れている
芙蓉台別荘地
小海原
車道終点の駐車場手前の橋を渡り、400段あまりの石段を登る
②石割山登山口
WC
0.30
石割神社前社石割山入口
石割の湯へ
道志・相模原へ
R413
1.10

平野天満宮
⑦平野①
R724
R413

山中湖

花
展望
温泉
社寺
食事
新緑
紅葉

1月
2月
3月
4月
5月
6月
7月
8月
9月
10月
11月
12月

山梨県／富士山周辺

三国山

みくにやま

標高
1483.4m
（大洞山）

90 篭坂峠〜三国山ハイキングコース入口

歩行時間：**4時間15分** ｜ 歩行距離：**9.0km** ｜ 標高差：登り**525m**・下り**640m**

ブナ林の縦走路を富士山の絶景地へ

標高が1400m足らずで、富士五湖周辺の山では低いうえ、登山口の篭坂峠が1100m。いくつものピークを越えるが、縦走路はなだらかで、比較的楽に登れる。全体に樹林で展望は乏しいが、ブナ林が美しく、明神山では富士山と山中湖の絶景が待つ。

90 篭坂峠〜三国山ハイキングコース入口

篭坂峠❶バス停から分かれる細い車道を登り、山中湖村公園墓地の奥で指導標に従って登山道に入る。落葉樹林を登り、立山への道を右に分け

ると傾斜は増すが、20分ほどでなだらかになり、尾根に出て**アザミ平**❷に着く。数分先の北側に砂礫地が開け、フジアザミが群生して富士山の山頂部も望める。ここが本来のアザミ平だろう。フジアザミは富士山周辺に多いフォッサマグナ要素の植物。三国山周辺ではフジテンニンソウやサンショウバラ、マメザクラ（フジザクラ）も該当する。

1366mピークを越え、樹林のなだらかな尾根を進む。コース最高地点の**大洞山**❸山頂は平坦で展望もないが、大木が混じるブナ林が心地よい。さらにブナ林を緩やかに登り下りして**楢木山**❹を越え、ズナ坂峠から小さく登り返すと

断面図

❶篭坂峠　0.45　❷アザミ平　0.40　❸大洞山（角取山）　0.30　❹楢木山　0.40　❺三国山　0.20　❻三国峠　0.30　❼明神山（鉄砲木ノ頭）　0.50　❽三国山ハイキングコース入口

[m]
2000
1500
1000
500
0

1100m　1280m　1383.4m　1353m　1320m　1164m　1290.8m　985m

0　　　5　　　10
[km]

明神山の斜面に広がるススキの原、富士山と山中湖を見渡す

ブナ原生林に包まれる三国山山頂

コース一番の展望地、明神山山頂

三国山5だ。ここも展望はないが、ブナ林の雰囲気が好ましい広場で、休憩によい。

北へ急坂を下り、**三国峠6**で車道を横切って登り返し、樹林が開けると**明神山7**に着く。なだらかな山頂部から山中湖側は砂礫地にススキの原が広がり、その上に富士山と山中湖を望む絶景地だ。富士山を正面に見てススキ草原を下り、トイレや駐車場があるパノラマ台の先で樹林に入る。車道を横切って下り、別荘地の一角から舗装道路に出れば、

三国山ハイキングコース入口

8バス停はすぐだ。

アクセス

90 篭坂峠〜三国山ハイキングコース入口

行き＝富士急行富士山駅（富士急バス35分、730円）篭坂峠、またはJR御殿場線御殿場駅（富士急バス33分、920円）篭坂峠　帰り＝三国山ハイキングコース入口（富士急バス50分、810円）富士山駅　※帰りのバスは2時間に1便。旭日丘で御殿場行きバスに乗り換えもできる。富士急バス☎0555-72-6877
駐車場情報　コース上には三国峠に約20台、パノラマ台に約10台の無料駐車場あり。山中湖南岸の旭日丘緑地公園にある約200台の駐車場に車を停め、登山口、下山口への路線バスを利用することもできる。
アドバイス　ブナ林が美しいのは新緑の5月半ば〜6月上旬、紅葉の10月半ば〜11月上旬ごろ。新緑の時期はマメザクラ、

晩夏〜初秋にはフジアザミやフジテンニンソウが咲く。ススキの見ごろは9月〜10月ごろ。
問合せ先　山中湖村観光産業課
☎0555-62-9977

明神山から三国山を振り返る

plus1 | 立ち寄り湯と明神峠コース
季節運行のバスを利用して、東側の明神峠から登るコースも人気。やはりブナ林がみごとな尾根道でサンショウバラも見られる。標高差約455m、明神峠から三国山まで登り1時間10分、下り50分の行程だ。アクセスはP118不老山を参照。帰りの温泉は三国山ハイキングコース入口から北へ約2.5kmの石割の湯もあるが、バスが通る紅富士の湯が便利だ（P159参照）。

越前岳

えちぜんだけ

静岡県／富士山周辺

標高
1504.2m

91 十里木〜愛鷹登山口

歩行時間：5時間10分 ｜ 歩行距離：7.0km ｜ 標高差：登り630m・下り798m

ピンクのツツジが新緑に映える

富士山の南東、駿河湾に臨む愛鷹連峰は、富士山にも匹敵する雄大な山容で、最高峰が越前岳。十里木の高原を前景にした富士山の眺めも素晴らしい。適期は紅葉の秋、富士山が雪化粧する冬から春がよいが、アシタカツツジが咲く新緑のころも推したい。

91 十里木〜愛鷹登山口

　十里木高原バス停を通るバスもあるが、便が悪いので十里木❶バス停で下車。国道469号を10分足らず歩くと十里木高原バス停で、駐車場、ト

イレがある。トイレの傍らから登山道に入ると、南側斜面に開けたススキ草原を登る。すでに国道でも見えていた富士山だが、登るほどに雄大さを増す。

　展望台で富士山の絶景を眺めた後、NTT無線中継所の傍らを通り、高原状のなだらかな斜面を進む。樹林に入り、なだらかな馬ノ背❷の先で本格的な登りとなる。富士山の展望地を過ぎ、ブナが目立つ落葉樹林を登りつめ、勢子辻からのコースと合流すれば越前岳❸はすぐだ。山頂は傾斜

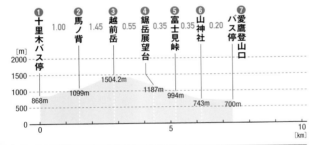

❶十里木バス停　1.00　❷馬ノ背　1.45　❸越前岳　0.55　❹鋸岳展望台　0.35　❺富士見峠　0.35　❻山神社　0.20　❼愛鷹登山口バス停

[m]
2000
1500
1000
500
0

868m
1099m
1504.2m
1187m
994m
743m
700m

0　　　　　5　　　　　10
[km]

伊豆・玄岳から見る愛鷹連峰

NTT無線中継所から見る越前岳

十里木高原展望台から富士山の整った姿を目の前に望める

越前岳（愛鷹山）山頂

した広場で休憩適地。南アルプス、駿河湾、伊豆の山々などを見渡せ、木立の上に富士山が顔をのぞかせる。

下山は東の尾根に入る。しばらく下ると富士見台。富士の写真家・岡田紅陽がここで撮影した写真が1938（昭和13）年発行の旧五十銭紙幣の図案に採用された。その解説板と展望用のやぐらがある。

富士見台を過ぎるとヤセ尾根となり、岩混じりの所もあるので慎重に下ろう。樹林の道だが、途中、右手に北白ガ

レンの崩壊地、鋸岳展望台❹で鋭い鋸岳を眺められる。富士見峠❺で東へ下り、無人の愛鷹山荘からしばらく斜面を巻いた後、谷へ下る。山神社❻で車道に出合い、車道を愛鷹登山口❼バス停へ向かう。

アクセス

91 十里木〜愛鷹登山口
行き＝JR御殿場線御殿場駅（富士急バス45分、900円）十里木
帰り＝愛鷹登山口（富士急バス30分、660円）御殿場駅 ※バスは行き帰り同じ路線で午前2便、午後3便。富士急バス305 50-82-1333
駐車場情報　十里木高原に約40台、山神社に約35台の無料駐車場あり。
アドバイス　新緑は4月半ば〜5月下旬、紅葉は10月半ば〜11月中旬ごろ。アシタカツツジは5月中旬〜下旬で、同じころトウゴクミツバツツジやヤマツツジも咲く。冬は積雪や凍結があり、山慣れ

た人向き。逆コースも支障ないが、愛鷹登山口コースは十里木コースよりやや歩きづらい。
問合せ先　裾野市観光協会30 55-992-5005

plus 1 | 特産のツツジ
鮮やかなピンクの花を咲かせるアシタカツツジは越前岳付近に特産する。トウゴクミツバツツジと混生し、花もよく似ているが、葉が5枚（トウゴクミツバツツジは3枚）輪生することで見分けがつく。十里木高原別荘地内に群生地が保護され、別荘地管理事務所で許可を得て見学可能。見学不可の場合もあるので、花の咲き具合とともに裾野市観光協会に問い合わせを。

特産のアシタカツツジ

長野県／奥秩父

甲武信ヶ岳
（こぶしがたけ）

標高
2483.5m
（三宝山）

92 毛木平から周回　宿泊：十文字小屋

1日目：	2時間10分	歩行距離：3.0km	標高差：登り530m・下り17m
2日目：	7時間50分	歩行距離：11.9km	標高差：登り750m・下り1263m

山梨・埼玉・長野県境の奥深い山へ

甲斐、武蔵、信濃旧3国の頭文字から名づけられた山名という。奥秩父主脈の中心部にそびえる雄大な山で、全体に針葉樹林に覆われ、奥秩父らしい山深さを満喫できる。比較的登りやすく、変化に富んで楽しい長野県側の周回コースを案内しよう。

92 毛木平から周回

```
[m]
3000
2500
2000
1500
1000
 500
   0
     0              5             10            15
                                              [km]

❶毛木平 1464m   2.10   ❷十文字峠 1977m   1.00   ❸大山 2225m   0.45   ❹武信白岩山 2288m   1.45   ❺三宝山 2483.5m   1.00   ❻甲武信ヶ岳 2475m   0.40   ❼千曲川信濃川水源地標 2197m   1.10   ❽滑滝 1798m   1.30   ❶毛木平 1464m
```

毛木平❶からカラマツ林の林道を10分ほど進んだ分岐で、下山路となる西沢と分かれて左へ。峠道の歴史を伝え

る五里観音を見て、しばらく谷あいを進んだ後、八丁坂の山腹道を急登する。40分ほどがんばって八丁坂ノ頭に出れば、なだらかな巻き道で十文字峠❷に着く。付近は奥秩父でも屈指のシャクナゲの名所。特に乙女の森は一面の群生地なので、花期にはぜひ立ち寄りたい。

　南下する尾根道は信濃と武蔵を分ける甲武信ヶ岳への縦走路だ。短い容易な鎖場を越える大山❸山頂で、甲武信ヶ岳方面などの展望が開ける。再び樹林の尾根を登り、特徴的な岩峰の武信白岩山❹は直下を巻く。尻岩の鞍部から1時間30分ほど登り返す三宝

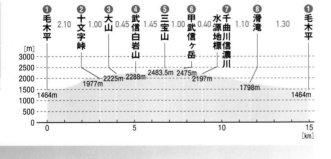

重厚な甲武信ヶ岳の峰。左から三宝山、甲武信ヶ岳、木賊山

十文字小屋を後に甲武信ヶ岳へ

164

群生するシャクナゲのなかを登る

山❺は木立に囲まれているが、甲武信ヶ岳より9m高く、本コースの最高地点だ。いったん下り、甲武信ヶ岳❻山頂に登り着けば、奥秩父主脈や富士山のパノラマが広がる。甲武信小屋へ行くなら南へ下る。

甲武信ヶ岳から奥秩父主脈縦走路を西へ15分ほど下り、尾根をそれて北側へ下る。急斜面をひと下りした後、谷に沿って進むと千曲川・信濃川水源地標❼に着く。あとは西沢の流れに沿って下る。優美な滑滝❽付近で林相は亜高山

性の針葉樹林からミズナラなどの落葉樹林に変わる。大山祇神社の手前で林道に出た後は道なりに毛木平❶へ。

アクセス
92 毛木平から周回
行き・帰り=JR小海線信濃川上駅（タクシー約30分、約7000円）毛木平 川上観光タクシー☎0267-97-2231 ※公共交通機関利用は信濃川上駅（25分、280円）梓山（徒歩1時間〜1時間15分）毛木平 川上村営バス☎0267-97-2121（川上村企画課）
駐車場情報 毛木平に約200台の無料駐車場あり。
アドバイス 毛木平から千曲川西沢コースを往復する登山者が多いが、展望地やシャクナゲ群生地がある十文字峠からの縦走路とあわせて登りたい。新緑は5月上旬〜6月下旬、アズマシャクナゲの花は5月下旬〜6月上旬、紅葉は10月上旬〜11月上旬ごろ。宿泊は甲武信小屋で

もよく、逆コースも支障ないが、歩きやすい西沢を下るほうが安心だ。シャクナゲの花期は登山者が最も多く、特に甲武信小屋は山小屋、テント場ともに混む。
問合せ先 川上村企画課☎0267-97-2121

下山に趣を添える西沢の滑滝

plus 1 | 山小屋と旅館

コース中の山小屋は、十文字小屋☎090-1031-5352と甲武信小屋☎090-3337-8947の2軒。ともに1泊2食つき8500円、テント泊1人1000円。バス終点の梓山に白木屋旅館☎0267-99-2405がある。

2万5000分の1地形図 居倉・金峰山

長野県
川上村

埼玉県
秩父市

1:89,000
0 1 2km
1cm=890m
等高線は50mごと

下山コースのビューポイントで甲武信ヶ岳〜毛木平のほぼ中間地点でもある。この付近で林相が常緑針葉樹林からミズナラやカラマツ・シラカバが混じる落葉広葉樹林に変わる

シラビソ、コメツガなど亜高山性の常緑針葉樹林を登りつめ、山頂に立つと、目指す甲武信ヶ岳などの展望が開ける

山頂は隣の木賊山から国師ヶ岳など奥秩父、富士山、南アルプス、八ヶ岳、北アルプス、浅間山などのパノラマが素晴らしい

梓山 白木屋旅館 日本最橋 新三国峠へ 梓白岩 弁慶岩 三里観音 赤沢山
毛木平❶ WC 五里観音 十文字小屋 十文字峠 四里観音避難小屋 大山
大山祇神社 八丁坂ノ頭 乙女の森 かもしか展望台 大山❸ 股沢林道 柳小屋
マキヨセの頭 五郎山 自然休暇村 武信白岩山❹ 尻岩
滑滝❽ 遭難墓標 真沢林道
長峰 三宝山❺
千曲川信濃川水源地標❼ 富士見 ミズシ 甲武信小屋 甲武信ヶ岳 笹平避難小屋 西破風山
両門ノ頭 木賊山 賽ノ河原 笹平 雁坂峠へ
大弛峠、金峰山へ 徳ちゃん新道、近丸新道へ 甲武信ヶ岳〜甲武信小屋まで下り20分、登り15分

山梨県／奥秩父

金峰山
きんぷさん

標高
2599m

93	みずがき山荘から往復
歩行時間：7時間40分	歩行距離：10.4km	標高差：登り1150m・下り1150m

94	大弛峠から往復
歩行時間：3時間40分	歩行距離：8.0km	標高差：登り480m・下り480m

奥秩父の盟主にふさわしい山容と展望

2600mに迫る標高、五丈岩をそそり立たせる堂々とした山容は盟主の貫禄充分で、山頂から眺める山岳パノラマも圧巻。山頂部には奥秩父では貴重なハイマツやキバナシャクナゲの高山帯が広がる。西側のクラシックルートと東側の楽なコースを紹介。

93 みずがき山荘から往復

古くから親しまれる本コースと次のコース 94 を組み合わせて縦走すれば、より楽しい。

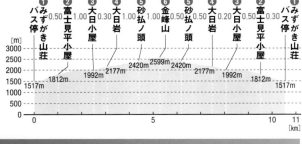

みずがき山荘❶バス停〜富士見平小屋❷はP168瑞牆山参照。富士見平小屋前で瑞牆山への登山道と分かれて東へ向かう。カラマツ林が常緑針葉樹林に変わり、飯森山を巻いて下ると大日小屋❸に着く。

大日小屋から急登をがんばって尾根上の大日岩❹に着けば展望が開ける。樹林の尾根を南下し、再び樹林が開ければ砂払ノ頭❺。金峰山や八ヶ岳の展望が開け、南側が切れ落ちた千代ノ吹上の岩稜など、ヤセ尾根や露岩も現われ、高山の趣があふれる斜面を登る。金峰山小屋分岐から20分ほどで五丈岩の基部を巻けば、

そびえ立つ五丈岩を見上げる金峰山山頂への最後の登り

富士見平小屋の瑞牆山・金峰山分岐

金峰山山頂から八ヶ岳と瑞牆山

憧れの**金峰山⑥**山頂。奥秩父の山々から八ヶ岳、南アルプス、富士山（ふじさん）の大パノラマが開ける。展望を楽しんだら往路を慎重に戻ろう。

94 大弛峠から往復

金峰山山頂までの標高差は約240mで最も楽なコースだ。**大弛峠⑦**（おおだるみ）からしばらくは針葉樹林のなだらかな尾根を登る。展望のよい岩稜に出れば**朝日岳⑧**（あさひだけ）山頂はすぐ。朝日岳から再び針葉樹林を緩やかに登り、森林限界を越えれば岩とハイマツのなだらかな斜面が開け

る。五丈岩を戴く**金峰山⑥**山頂まで15分ほどで着く。

アクセス

93 みずがき山荘から往復

行き・帰り＝JR中央本線韮崎駅（山梨峡北交通バス1時間10分、2050円）みずがき山荘　山梨峡北交通バス☎0551-42-2343　※バスは4月上旬〜11月下旬の季節運行。

駐車場情報　みずがき山荘登山口に約200台の無料駐車場。

94 大弛峠から往復

行き・帰り＝中央本線塩山駅（栄和交通ツアータクシー1時間25分、1人2000円）大弛峠　または（タクシー約1時間25分、約1万2000円）大弛峠　栄和交通☎0553-26-2344、牧丘タクシー☎0553-35-2104　※栄和交通ツアータクシーは6月上旬〜11月下旬の土・日曜、祝日に運行。1人2000円（片道）。前日までに要予約。

アドバイス　新緑は5月上旬〜6月下旬、紅葉は10月上旬〜

朝日岳付近から金峰山

11月初めごろ。11月下旬以降は冬山、5月上旬までは雪山と考えたい。

問合せ先　北杜市観光協会☎0551-30-7866

plus 1｜山小屋で泊まる

金峰山山頂まで登り20分の金峰山小屋☎0267-99-2030は1泊2食つき8500円。瑞牆山荘と富士見平山荘はP169参照。大日小屋は寝具なし素泊まりのみ4000円、富士見平小屋に申し込む。大弛小屋☎090-7605-8549は1泊2食つき8000円、テント泊1人800円。

瑞牆山
みずがきやま

山梨県／奥秩父

標高
2230m

95 みずがき山荘から往復
歩行時間：5時間　歩行距離：5.2km　標高差：登り750m・下り750m

96 みずがき山荘から周回
歩行時間：6時間10分　歩行距離：9.8km　標高差：登り850m・下り850m

奇岩を縫って達する岩峰は展望抜群

神社を囲む石造りの玉垣の意である瑞牆の山名どおりに花崗岩の岩塔が乱立し、独特の山容を誇る。山頂は岩塔の上で、高度感や展望が素晴らしい。みずがき山荘からの往復コースと、山深さにあふれたベテラン向きの不動沢コースを紹介する。

95 みずがき山荘から往復

みずがき山荘①バス停から落葉樹林の緩やかな山道を登る。林道を横切って急登し、

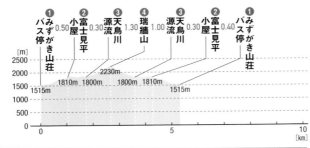

再びなだらかになれば木立に囲まれた**富士見平小屋②**だ。金峰山への道と別れ、針葉樹林の巻き道を緩やかに下る。

樹間に瑞牆山を望み、小川山方面の道を右に分けるとすぐ**天鳥川源流③**を渡る。対岸の桃太郎岩からは急登で、岩の間をよじ登る急坂が1時間あまり続く。初夏にはアズマシャクナゲが咲く所だ。

瑞牆山の肩で不動沢への道を分け、ハシゴや鎖で岩場を登ると**瑞牆山④**山頂に飛び出し、八ヶ岳や奥秩父のパノラマが迎えてくれる。

展望を楽しんだら、足元に注意して、来た道を戻る。

96 みずがき山荘から周回

みずがき山荘①バス停から

みずがき山自然公園付近から仰ぐ瑞牆山

急登で傍らに見る大ヤスリ岩

瑞牆山山頂から八ヶ岳

瑞牆山❹まではコース95と同じ。下山は瑞牆山の肩から北へ、苔むした大岩が目立つ斜面を下る。やがて水流が現われ、沢沿いの道になる。この道にもアズマシャクナゲが多い。

そそり立つ巨岩を見上げながら下れば、高さ20mほどもある不動滝❺に着く。この先は桟道などが整備され、歩きやすくなる。やがて山腹を巻いて下ると林道終点❻に着く。ここからは車道歩きで、キャンプ場や食堂があるみずがき山自然公園❼を経て、みずがき山荘❶バス停に戻る。

アクセス
95 みずがき山荘から往復
96 みずがき山荘から周回
行き・帰り＝JR中央本線韮崎

駅（山梨峡北交通バス1時間10分、2050円）みずがき山荘
山梨峡北交通バス ☎0551-42-2343 ※バスは4月上旬〜11月下旬の季節運行。

駐車場情報 みずがき山荘の登山口に約200台の無料駐車場、みずがき山自然公園に約100台の無料駐車場、林道終点に約15台の駐車スペースあり。

不動滝

アドバイス 新緑はゴールデンウィークごろから6月半ば、アズマシャクナゲの花期は6月中旬〜下旬ごろ。紅葉は10月上旬〜11月初めで、瑞牆山荘付近のカラマツの黄葉は遅め。山小屋などに泊まり、P166の金峰山とあわせて登る人も多い。テント場のある富士見平小屋へは1時間足らずで登り着くことができ、テント泊入門のコースとしても人気。
問合せ先　北杜市観光協会 ☎0551-30-7866

plus 1 | 山小屋とキャンプ場

登山口の瑞牆山荘は1泊2食つき9100円〜。カフェ、レストランも併設。1泊2食 ☎0551-45-0521。富士見平小屋は1泊2食つき1万円。テント泊は1000円（1人）、水場あり。☎090-7254-5698

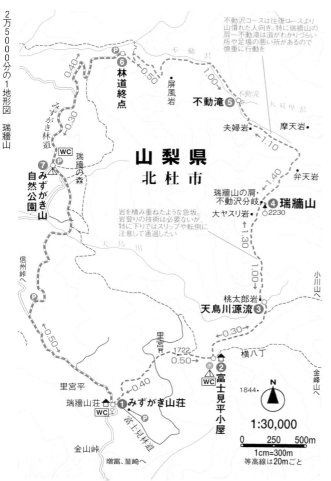

2万5000分の1地形図　瑞牆山

山梨県
北杜市

1:30,000

0　250　500m
1cm=300m
等高線は20mごと

富士見平小屋のテント場

169

乾徳山

けんとくさん

山梨県／奥秩父

花
展望
温泉
社寺
食事
新緑
紅葉

1月
2月
3月
4月
5月
6月
7月
8月
9月
10月
11月
12月

標高
2031m

97 徳和から周回

歩行時間：**7時間40分** ｜ 歩行距離：**10.4km** ｜ 標高差：登り1250m・下り1250m

山の魅力満載の中級山岳でコースも豊富

標高2000mを超え、樹林から草原、岩場と変化に富む登山コース、岩峰の山頂からのパノラマなど、登山の魅力が凝縮された山である。周回コースは標高差1100mあまりで充実感も高いが、より手軽に登りたいなら大平高原（おおだいら）からのコースを選ぶとよい。

97 徳和から周回

乾徳山登山口❶バス停の先から徳和川（とくわ）沿いの車道を登る。**登山道入口**❷から植林の山道を登ると、徐々に急になるが、落葉樹が混じって明るくなる

し、途中に水場もある。着実なペースを保てば、覚悟したほどには苦労せずに登っていけるだろう。

錦晶水（きんしょうすい）を過ぎると傾斜が緩み、樹林が開けて国師ヶ原（こくしがはら）に入る。**四辻**❸から樹林を抜け、扇平（おうぎだいら）の草原を登って尾根直下にある大岩が**月見岩**❹。乾徳山の山頂も望まれ、気持ちのよい所だ。草原の尾根道から針葉樹林に入ると岩場が現われるが、慎重に行動すれば特に危険はない。山頂直下の鳳岩（おおとり）は高さ約20mあるが、右に巻き道がある。**乾徳山**❺山

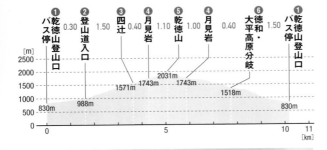

❶乾徳山登山口バス停	0.30	❷登山道入口	1.50	❸四辻	0.40	❹月見岩	1.10	❺乾徳山	1.00	❹月見岩	0.40	❻大平高原・徳和分岐	1.50	❶乾徳山登山口バス停

[m]
2500
2000
1500
1000
500
0

830m　988m　　1571m　1743m　2031m　1743m　　1518m　830m

0　　　　　5　　　　　10　11 [km]

草原の扇平。展望が開け、花も多い

乾徳山最大の岩場、鳳岩

山頂直下から乾徳山の岩峰を仰ぐ

乾徳山山頂から見る富士山は秀麗

頂は狭い岩峰で胸のすくようなパノラマが開ける。

下山は月見岩❹まで戻り、道満尾根を10分ほど進むと急下降になる。徳和・大平高原分岐❻、次いで大平高原からの林道のヘアピンカーブを

過ぎるとなだらかになるが、道満山を越えると、また急下降が続く。徳和峠から林道を右へ下り、集落に入れば乾徳山登山口❶バス停は近い。

大平高原から登れば標高差700m、乾徳山山頂まで登り2時間30分ほどの手ごろなコースとなる。下山は水のタルから乾徳山南面を巻いて国師ヶ原に出るのもよいが、急下降で足元が悪く、地図から感じるより時間がかかるので、余裕をもって行動したい。

アクセス
97 徳和から周回
行き・帰り＝JR中央本線山梨市駅（山梨市民バス40分、400円）乾徳山登山口または中央本線塩山駅（山梨交通バス30分、660円）乾徳山登山口 ※山梨交通バスは季節運行で4月下旬〜9月下旬の土・日曜、祝日と10月上旬〜11月中旬の毎日。山梨市民バス☎0553-22-1111（山梨市総務課）、山梨交通バス☎0553-33-3141。塩山駅〜大平高原はタクシー利用となり、約40分、約6000円。牧丘タクシー☎0553-35-2104、甲州タクシー☎0553-33-3120

駐車場情報 乾徳山登山口に約20台の無料駐車場、大平高原に約50台、500円の有料駐車場。
アドバイス 新緑は5月上旬〜6月中旬、花はレンゲツツジやウスユキソウ、マルバダケブキが6月中旬〜9月上旬、紅葉は10月上旬〜下旬ごろ。登山口付近の民宿に前泊、早発ちする手も。
問合せ先 山梨市観光協会☎0553-20-1400

避難小屋の高原ヒュッテ

plus 1｜帰りに寄れる市営温泉

花かげの湯入口か諏訪橋でバスを途中下車すると、花かげの湯まで徒歩2〜3分だ。10時〜21時、月曜休（祝日の場合は翌日）。510円。☎0553-35-4126。徳和峠から徒歩下山かマイカー利用なら、みとみ笛吹の湯でも。10時〜20時、火曜休（祝日の場合は翌日）。510円。☎0553-39-2610

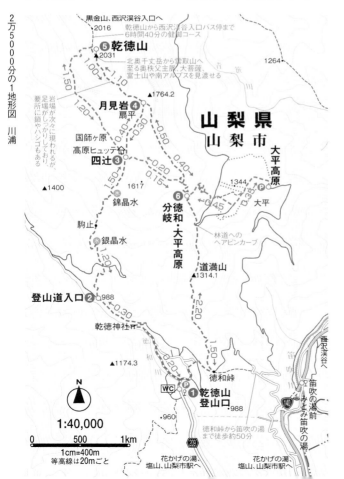

2万5000分の1地形図 川浦

黒金山、西沢渓谷入口へ
・2016
乾徳山から西沢渓谷入口バス停まで6時間40分の健脚コース
❺乾徳山
▲2031
北奥千丈岳から国師山へ
至る奥秩父主脈、大菩薩、
富士山や南アルプスを見渡せる
・1264
▲1764.2
月見岩❹
扇平
岩場が次々に現れるので足元がしっかりしており要所に鎖やハシゴもある
国師ヶ原
高原ヒュッテ
四辻❸
山梨県
山梨市
大平高原
・1400
・1617
錦晶水
❻徳和・大平高原分岐
・1344
大平
林道へのヘアピンカーブ
駒止
銀晶水
道満山
▲1314.1
登山道入口❷・988
乾徳神社
▲1174.3
徳和峠
WC 🅿
❶乾徳山登山口
・988
・960
徳和峠から笛吹の湯まで徒歩約50分
西沢渓谷へ

1:40,000
0 500 1km
1cm=400m
等高線は20mごと

N

花かげの湯、塩山、山梨市駅へ
花かげの湯、塩山、山梨市駅へ

山梨県／奥秩父

西沢渓谷

にしざわけいこく

標高
1385m
(旧森林軌道
出合)

98 西沢渓谷入口から周回
歩行時間：4時間10分 | 歩行距離：7km | 標高差：登り630m・下り630m

全国屈指のダイナミックな渓谷

白く輝く花崗岩と青く澄んだ淵、豪快な滝を連ねる西沢渓谷。とりわけ渓谷最大の七ツ釜五段ノ滝は、名前のとおり滝と滝壺を重ね、日本の滝百選にも選定される名瀑だ。中腹の落葉樹林を歩く帰り道は森林セラピー基地にも認定されている。

98 西沢渓谷入口から周回

西沢渓谷入口❶バス停から車道を進み、車止めゲートを通る。舗装がダートに変わり、ほどなく着く**ネトリ大橋分岐❷**は直進。甲武信ヶ岳へ登る近丸新道入口を右に見送ると、すぐにヌク沢を渡る。徳ちゃん新道入口を過ぎれば西沢山荘に着く。ここで林道から左の山道を下ると右手に近代的登山のパイオニア、田部重治の碑がある。1915（大正5）年、道のない東沢を遡行して甲武信ヶ岳に登った紀行文が記されている。

その東沢に架かる吊橋を渡って、山腹を巻いていくと、対岸に大久保ノ滝が見える。道なりに流れに近づくと**三重ノ滝❸**が豪快だ。ここから

標高断面図

❶西沢渓谷入口バス停 1110m
0.20
❷ネトリ大橋分岐 1137m
0.30
❸三重ノ滝 1187m
0.30
❹母胎淵 1276m
0.40
❺旧森林軌道跡出合 1380m
0.50
❻大久保沢 1278m
1.00
❷ネトリ大橋分岐 1137m
0.20
❶西沢渓谷入口バス停 1110m

[m]
2000
1500
1000
500
0

0　　　5　　　10
[km]

渓谷探勝のクライマックス、七ツ釜五段ノ滝

帰りのコースに架かるしゃくなげ橋

アズマシャクナゲ

三重ノ滝から沢沿いに登る

360度の展望が広がる飯盛山山頂

あるが、山頂を踏んでも行程は大差なく、飯盛山より10mほど高いので登っていこう。清里コースと合流して、ひと登りで**飯盛山❺**山頂。八ヶ岳をはじめ南アルプスや奥秩父、富士山も見渡せる。

下山は少し戻って清里コースに入り、牧草地の斜面から疎林を下る。林道を横切って谷あいの樹林を下り、車道に出ると**平沢❻**の集落に着く。平沢峠から来る車道に出たら右折して、すぐの三差路を左へ。山腹を縫うなだらかな道をたどり、**平沢橋❼**で左へ入れば、落差、幅ともに20mの豪快な千ヶ滝を眺められる。平沢橋から緩やかに登り返し、国道141号を渡れば**清里駅❽**に着く。

アクセス

101 野辺山駅～清里駅

行き＝JR小海線野辺山駅　帰り＝小海線清里駅

駐車場情報　平沢峠に約50台、平沢に約10台、清里駅西に約60台の無料駐車場あり。

アドバイス　新緑は4月下旬～6月中旬ごろ。花は5月下旬のヤマツツジやズミ、6月上旬～中旬のレンゲツツジ、7月のミネウスユキソウ、ニッコウキスゲ、ハクサンフウロ、8月のマツムシソウ、9月のリンドウなど。紅葉は10月中旬～下旬ごろ。八ヶ岳が雪化粧する初冬から早春は積雪があり、山慣れた人向き。問合せ先　南牧村観光協会（南牧村役場内）☎0267-96-2211、北杜市観光協会☎0551-30-7866

水量豊かな千ヶ滝

plus 1｜下山後の楽しみ

清里駅南側の萌木の村には趣味のよいカフェやショップ、アンティークオルゴールの博物館が集まり、食事にも買いものにも好適。10時～18時、無休（施設や季節により時間・休業日は変動）。☎0551-48-3522。清里駅からピクニックバス7分のアクアリゾート清里・天女の湯は天然温泉かけ流しの温泉館。10時～22時（季節や曜日で変動あり）、火曜休（ゴールデンウィーク、夏季無休）。790円～。☎0551-48-5551

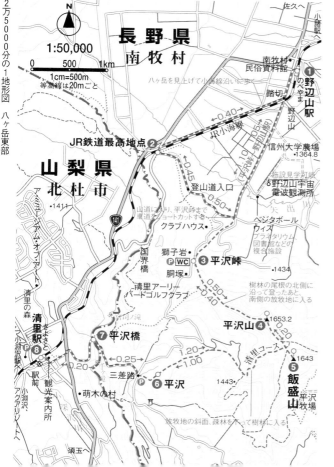

2万5000分の1地形図　八ヶ岳東部

1:50,000
0　500　1km
1cm=500m
等高線は20mごと

長野県
南牧村

山梨県
北杜市

JR鉄道最高地点 ❷

南牧村民俗資料館
野辺山駅 ❶
踏切
信州大学農場 ・1364.8
野辺山宇宙電波観測所
登山道入口
クラブハウス・
獅子岩
国界橋
平沢峠 ❸
胴塚・
清里アーリーバードゴルフクラブ
平沢山 ❹ 1653.2
・1434
1643
飯盛山
平沢牧場
清里コース
平沢橋 ❼
三差路
平沢 ❻
・1443
清里駅 ❽
萌木の村
観光案内所
1411

長野県／八ヶ岳

赤岳・硫黄岳

（あかだけ）
（いおうだけ）

標高
2899.4m
（赤岳）
2760m
（硫黄岳）

八ヶ岳核心部の岩稜を縦走する

八ヶ岳の呼称は、広義には蓼科山から編笠山までの連峰に、狭義には岩峰が連なる南部に使われる。その南部の核心部が硫黄岳～赤岳の縦走路だ。最高峰の赤岳のみを往復する人もいるが、アルペン的な岩稜を縦走して八ヶ岳登山の醍醐味を味わおう。

102 美濃戸口から周回

美濃戸口❶ バス停から林道を登り、**美濃戸❷** で北沢コースに入る。林道終点の**堰堤広場❸** から樹林の山道となり、北沢を渡り返して登る。樹林が開け、横岳の岩壁が迫れば**赤岳鉱泉❹** に着く。針葉樹林の斜面を急登し、森林限界を越えると赤岩ノ頭で、展望が開け、八ヶ岳の岩峰群が目を奪う。岩礫の広い尾根を登りきると**硫黄岳❺** 山頂。広く平坦で道迷い防止のケルンが立ち、横岳から赤岳、阿弥陀岳の岩稜が絶景だ。

縦走路を赤岳へ向かい、南へ大きく向きを変えて、緩やかに下ると、**硫黄岳山荘❻** が立つ平坦地の大ダルミでコマ

[標高断面図]

| ❶美濃戸口バス停 | ❷美濃戸 | ❸堰堤広場 | ❹赤岳鉱泉 | ❺硫黄岳 | ❻硫黄岳山荘 | ❼横岳奥ノ院 | ❽地蔵ノ頭 | ❾赤岳 | ❿中岳のコル | ⓫行者小屋 | ❷美濃戸 | ❶美濃戸口バス停 |

1.00　1.00　1.10　1.40　1.00　1.00　0.40　0.40　1.00　0.45　1.10　0.50

[m]
4000
3000
2000
1000
0

1492m　1714m　1949m　2218m　2657m　2759m　2830m　2720m　2899.4m　2645m　2350m　1714m　1492m

0　5　10　15　20 21 [km]

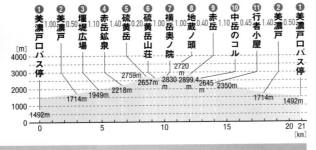

権現岳奥ノ院付近から赤岳と阿弥陀岳。奥の山脈は南アルプス

硫黄岳の爆裂火口壁

広く平坦な硫黄岳山頂

や上信越の山も望める。

下山は登り着いた山頂東側から南へ向かう。すぐに石が積み重なった急斜面になるので、慎重に下ろう。小1時間下り、針葉樹林に入るといったんなだらかになるが、2114m地点❺からまた急下降となる。再び小1時間ほど下ると傾斜が緩み、カラマツ林に入れば**蓼科山登山口**❻バス停はすぐだ。

アクセス

104 竜源橋〜蓼科山登山口

行き＝JR中央本線茅野駅（蓼科高原ラウンドバス1時間30分、

蓼科山山頂直下の大岩帯を登る

蓼科山山頂から北横岳（左）と八ヶ岳

1350円）竜源橋　帰り＝蓼科山登山口（蓼科高原ラウンドバス1時間33分、1400円）茅野駅

蓼科高原ラウンドバス（アルピコバス）☎0266-72-2151　※バスは7月下旬〜8月中旬の毎日と8月下旬〜10月下旬の土・日曜、祝日運行。

駐車場情報　蓼科山登山口に約50台の無料駐車場あり。蓼科山登山口〜竜源橋は徒歩20分。

アドバイス　梅雨明けから秋が登山適期。常緑樹が多いが、新緑は登山口付近で5月下旬、山の上で6月半ば。紅葉は9月末〜10月中旬ごろ。山頂の大石の原は吹きさらしで目印も乏しいので、荒天時と道迷いに注意。竜源橋は蓼科山登山口より80mほど低い。しかし、将軍平分岐〜蓼科山の急なガレや岩場で下

りの転倒事故が起きているので、竜源橋から登るほうがよい。バスは午前と午後各1便のみで日帰りは強行軍となるので山小屋に1泊するのが一般的。日帰りしたい場合、蓼科山登山口から親湯入口まで1時間ほど下れば夕方の便に乗れる。北横岳ヒュッテに泊まり、翌日、蓼科山に登るのも楽しい（P182参照）。

問合せ先　ちの観光まちづくり推進機構☎0266-73-8550

plus 1｜コース中の山小屋

蓼科山荘は1泊2食つき8500円、☎0266-76-5620、蓼科山頂ヒュッテは1泊2食つき1万円〜、☎090-7258-1855。ともに4月下旬〜11月初めの営業。

将軍平に立つ蓼科山荘

長野県／中信高原

霧ヶ峰
（きりがみね）

標高
1924.7m
（車山）

105 車山高原から周回
歩行時間：3時間40分 ｜ 歩行距離：10.7km ｜ 標高差：登り420m・下り420m

展望と花を楽しみながら高原を遊歩

南北15km、東西10kmにわたる広大な高原。標高は美ヶ原より少し低いが、霧ヶ峰の緩やかにうねる牧歌的な草原と湿原など、美ヶ原にはない特徴・景観も見られる。最高峰の車山から蝶々深山（ちょうちょうみやま）、物見岩（ものみいわ）、八島ヶ原湿原（やしまがはら）、旧御射山遺跡（きゅうみさやま）などを周回しよう。

ニッコウキスゲが群生する

105 車山高原から周回

リフトを使えば霧ヶ峰最高峰の車山山頂に歩かず立てる。しかし、牧歌的な高原を一周し、霧ヶ峰の魅力を深く理解すれば、日本百名山たるゆえ

んにも納得ができる。八島湿原か車山肩を起点としたいが、公共交通利用だとアクセスが不便。車山高原から歩いて登ればベストだが、手ごろな行程とするため、リフトの車山山頂駅から一周で案内する。

リフト山頂駅のすぐ上が車山❶山頂。2020年に新設された展望スカイデッキ、遠望しても目立つ気象レーダー観測所がある広い山頂は、蓼科山（たてしなやま）、八ヶ岳（やつがたけ）をはじめ、富士山（ふじさん）、南・中央・北アルプスなど中部山岳の名山の展望台だ。一周コースは山頂駅から北へ、広い道を下り、車山高原・車山乗越分岐を西へ。なだらかに起伏し、展望、花が広がる草原の道は霧ヶ峰の核心部で、

❶車山 0.35 ❷蝶々深山 0.20 ❸物見岩 0.50 ❹八島湿原バス停 0.30 ❺ヒュッテみさやま 0.15 ❻沢渡 0.30 ❼車山肩 0.40 ❶車山

[m]
2500
2000
1500
1000
500
0

1924.7m　1836m　1779m　　1644m　1615m　1651m　1808m　　1924.7m

0　　　　　5　　　　　10　　11
　　　　　　　　　　　　　　[km]

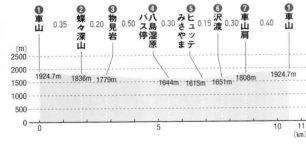

なだらかな草原が広がる尾根道を蝶々深山へ登る

車山から南アルプスを遠望

車山乗越のニッコウキスゲ群生地

遊歩という言葉がぴったり。その名も詩的な**蝶々深山❷**を越えて、霧ヶ峰には珍しく鋭角的な**物見岩❸**から疎林を下り、高層湿原の八島ヶ原湿原に着いたら反時計回りに歩く。八島ヶ池上の展望台からビーナスラインに上がった所が**八島湿原❹**バス停で、八島ビジターセンターがある。

湿原を出て、**ヒュッテみさやま❺**、旧御射山遺跡を過ぎると、いったん車道に出る。沢渡❻から樹林の山道を登り、樹林が開けると**車山肩❼**に着

く。再び高原の道となり、ニッコウキスゲ群生地から、おおらかな斜面を蛇行して登れば**車山❶**山頂に帰り着く。

アクセス

105 車山高原から周回

行き・帰り＝JR中央本線茅野駅（アルピコ交通バス1時間、1350円）車山高原（リフト2本乗り継ぎ15分、1000円）山頂駅 アルピコバス ☎0266-72-2151、車山高原 ☎0266-68-2626 ※リフトはゴールデンウィーク〜11月初め、9時〜16時運行（季節変動あり）。

駐車場情報 車山高原に約1500台、車山肩と八島湿原に約100台の無料駐車場あり。

アドバイス 新緑は6月ごろ。花はシカの食害を受けたものもあるが、6月中旬〜下旬ごろにレンゲツツジ、7月中旬〜下旬にニッコウキスゲ、ハクサンフウロ、8月にマツムシソウやヨツバヒヨドリなどが咲く。紅葉は10月上旬〜中旬。車山高原から歩くと

きは、ひと登りした諏訪隠しからゲレンデ沿いに登る。分岐から車山を往復して蝶々深山へ向かうか、車山から時計回りに歩く。問合せ先 ちの観光まちづくり推進機構 ☎0266-73-8550、諏訪観光協会 ☎0266-52-2111、下諏訪観光協会 ☎0266-26-2102、車山高原 ☎0266-68-2626

plus 1｜「あざみの歌」発祥の地

戦後すぐのヒット曲「あざみの歌」は横井弘が八島ヶ原で想を得て作詞、八島ヶ池の上に歌碑が立つ。八島ビジターセンターには付近の自然を解説する展示がある。9時30分〜16時30分、4月下旬〜11月上旬の開館期間中無休。無料。☎0266-52-7000

「あざみの歌」碑

2万5000分の1地形図 霧ヶ峰

1:45,000

1cm=450m
等高線は50mごと

長野県／中信高原

うつくしがはら
美ヶ原

標高
2034.4m
（王ヶ頭）

106 三城から周回

歩行時間：**5時間10分** ｜ 歩行距離：**10.7km** ｜ 標高差：登り**660m**・下り**663m**

「日本一の高原」の大きさに感動

標高2000mを前後する高さ、4km四方にわたる広さ、山岳展望がそろい、深田久弥も「日本一の高原」と評した。バスで山上台地の一角まで上れるが、先人たち同様、麓から歩いて、美ヶ原のスケール、登り着いて開ける展望の感動を味わいたい。

106 三城から周回

テーブルランドと表現されるように、美ヶ原の山頂部は平坦な山上台地で、山腹は急峻だ。台地上までバスや車で上れば、最高地点の王ヶ頭を

① 三城バス停　0.40　② 広小場　1.50　③ 美しの塔　0.30　④ 王ヶ頭　0.20　⑤ 王ヶ鼻　1.20　⑥ 石切場　0.30　⑦ 三城荘前バス停

[m]
2500
2000　　　　　　　　　　　1960m　　2034.4m　2008m
1500　1413m
1000　　　1582m　　　　　　　　　　　　　　　1378m　1410m
500
0
　0　　　　　　　　5　　　　　　　10　11
　　　　　　　　　　　　　　　　　　[km]

1～2時間で往復できるが、南山麓の急な山腹を登りきって、一気に開ける展望と山上台地の景観を体感したい。その感動を山の詩人・尾崎喜八は「世界の天井が抜けたかと思う」（「美ヶ原熔岩台地」）と表現し、深田久弥の『日本百名山』でも詩の全編が紹介されている。

三城①バス停から三城いこいの広場キャンプ場かたわらの登山道に入り、**広小場**②の広場から百曲りコースに入る。すぐ登りとなるが、山上台地までの標高差は400mほど。カラマツやシラカバの林は趣があり、林が切れると展望も得られて楽しく登れる。

台地に登り着いた後は、八

山上台地に登り着けば広大な草原に迎えられる

急な崖を見上げて百曲りを登る

王ヶ鼻から北アルプス穂高・槍ヶ岳

ヶ岳や北アルプスの展望をほしいままに高原の道を歩こう。美ヶ原のシンボル、**美しの塔**❸を往復したら、塩クレ場から西へ登る。山頂に電波塔、王ヶ頭ホテルが立つ**王ヶ頭**❹から緩やかに下ると、断崖上の**王ヶ鼻**❺に着く。北アルプスが特に秀麗で、石仏が山岳信仰の歴史をとどめる。

下りは岩場を巻くようにして八丁ダルミコースへ入り、樹林を急下降する。谷あいに入り、なだらかになると桜清水コテージのキャンプ場に出

る。石切場❻で出合う車道を左へ道なりに進めば**三城荘前**❼バス停に着く。

アクセス

106 三城から周回

行き・帰り＝JR篠ノ井線松本駅（タクシー約40分、約7500円）三城荘前・三城 ※松本駅東口から乗ると安上がり。アルピコタクシー☎0263-87-0555、松本タクシー☎0263-33-1141 三城荘前、三城を通る美ヶ原高原美術館線のアルピコバスは8月上旬～中旬、1日1往復の運行で登山には利用しづらい。

駐車場情報 三城に無料駐車場あり、約50台。

アドバイス 新緑は5月下旬ごろから。6月中旬～下旬ごろレンゲツツジ、7月～8月ごろはハクサンフウロ、コオニユリ、ヤナギラン、マツムシソウなどが咲く。紅葉は10月上旬～中旬。塩クレ場から夢ノ遊歩道を散策するのもよい。静かで広々した草原が広がる。美ヶ原高原行き

のバスは美ヶ原高原美術館線と別路線。桜清水コテージは入浴のみ利用も可能。7時～22時、500円。☎0263-31-2314。アクセス途中の浅間温泉には日帰り入浴できる浴場や旅館が多数ある。

問合せ先 松本市観光温泉課☎0263-34-8307

plus 1 ｜ 特産のツツジ

かつて濃霧で遭難が多発したことから1954（昭和29）年に美しの塔が建設された。霧の中で場所を教える霧鐘と避難所を備えるものだ。外装は特産の鉄平石が貼られ、前述の尾崎喜八の詩碑、美ヶ原の登山道と山本小屋の整備に尽力した山本俊一翁のレリーフが取り付けられている。

尾崎喜八の詩碑がある美しの塔

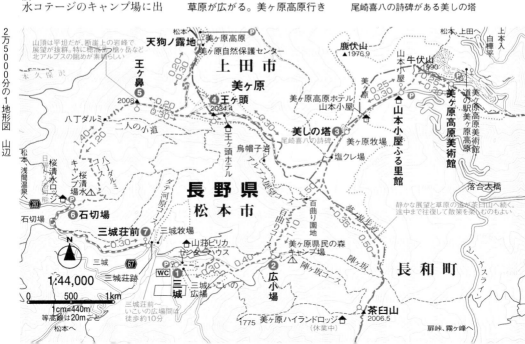

2万5000分の1地形図　山辺

山頂は平坦だが、断崖上の岩峰で展望が抜群。特に穂高岳や槍ヶ岳など北アルプスの眺めが素晴らしい

天狗ノ露地

松本、上田へ

美ヶ原高原
美ヶ原自然保護センター　P

鹿伏山 ▲1976.9

山本小屋　牛伏山 1990

上田市

美ヶ原

山本小屋

白樺平

王ヶ鼻❺
2008

0.20 / 0.30

❹王ヶ頭
2034.4

美ヶ原高原ホテル
山本小屋

山本小屋ふる里館

P

美ヶ原高原美術館

道の駅美ヶ原高原美術館

八丁ダルミ

二人の小道

0.20 / 0.30

王ヶ頭ホテル

烏帽子岩

美しの塔❸
尾崎喜八の詩碑

美ヶ原牧場

落合大橋

0.25 / 0.30

0.30

塩クレ場

桜清水ロッジ

松本・浅間温泉へ

キャンプ場
桜清水　P

石切場❻

三城荘前❼

三城牧場

三城荘跡

WC

1

三城いこいの広場

長野県
松本市

百曲り園地

百曲りコース

山辺ビリカ
センターハウス

美ヶ原県民の森
キャンプ場

陣ヶ坂
陣ヶ坂コース

長和町

N

1/44,000

0 500 1km

1cm＝440m
等高線は20mごと

三城荘前～
いこいの広場間は
徒歩約10分

松本へ

❷広小場

茶臼山
2006.5

1775

美ヶ原ハイランドロッジ
（休業中）

扉峠、霧ヶ峰へ

長野県／諏訪

入笠山
にゅうかさやま

標高
1955.4m

初・中級

花

展望

温泉

社寺

食事

新緑
紅葉

1月
2月
3月
4月
5月
6月
7月
8月
9月
10月
11月
12月

107	入笠山と大阿原湿原往復
	歩行時間：2時間33分 | 歩行距離：4.8km | 標高差：登り390m・下り390m
108	テイ沢経由、入笠山周回
	歩行時間：2時間53分 | 歩行距離：10.7km | 標高差：登り540m・下り540m

花と展望の山をゴンドラ利用で登る

初夏の100万本というスズランが有名だが、初秋にかけたくさんの花が咲いて、山頂では高山のパノラマも素晴らしい。夏山ゴンドラが運行されるようになって、人気が急上昇した山である。歩き足りない人向けに、秘境の趣漂うテイ沢コースも紹介する。

群生地がある
スズラン

107 入笠山と大阿原湿原往復

ゴンドラ山頂駅❶から林道を数分で左の山道へ。林を抜け、スズラン群生地の草原の

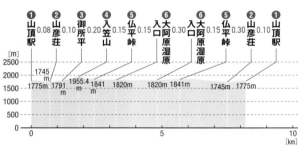

斜面を入笠湿原へ下り、山彦荘❷から林道を南下する。御所平峠❸から、入笠牧場の放牧地に接する登山道を登る。やがて岩場コースと迂回コースに分かれるが、岩場でも特に困難なく、時間も大差ない。

入笠山❹山頂からは谷を隔てた八ヶ岳、その左に北・中央アルプス、右に南アルプスなどのパノラマが広がる。

入笠山で戻る人も多いが、大阿原湿原に足を延ばそう。南へ下って仏平峠❺から車道を進み、大阿原湿原入口❻から湿原を一周する。花の種類は入笠湿原より少ないが、ズミがたくさん咲く。

帰りは車道を戻り、入笠山の東斜面を巻き、御所平峠下からは往路を山頂駅❶へ。

108 テイ沢経由、入笠山周回

シャトルバス利用だと行動時間が不足するので、タクシーかマイカーを。また、ゴンドラ最終便に余裕をもって戻

スズラン群生地の斜面を下ると花の種類が多い入笠湿原が広がる

190

テイ沢への下りから見る北アルプス

れるように行動を。

　御所平峠**❸**から車道を南西へ向かい、開けた放牧地を下る。樹林に入ると小黒川に沿って下り、テイ沢出合**❼**からは山道で、テイ沢を渡り返しながら遡る。静かで苔むした

樹林と清流はこのコースのハイライトだ。やがて沢が細くなり、なだらかなカラマツ林を抜けると大阿原湿原に出て、コース**107**に合流する。

アクセス

107 入笠山と大阿原湿原往復
108 テイ沢経由、入笠山周回
行き・帰り＝JR中央本線富士見駅（無料シャトルバス10分）富士見パノラマリゾート／山麓駅（ゴンドラ10分、往復1700円）山頂駅　富士見パノラマリゾート（シャトルバス、ゴンドラ）℡0266-62-5666　※富士見駅から富士見パノラマリゾートへは

タクシーも利用できる。所要約8分、約1700円　第一交通（タクシー）℡0266-72-4161
駐車場情報　富士見パノラマリゾートに2000台の無料駐車場がある。
アドバイス　シャトルバスは行きが午前、帰りは午後の1便。山上の車道は4月下旬〜11月中旬の8時〜15時にマイカー規制。沢入の入笠山登山口へは規制なし。コース**108**は逆回りも支障ないが、順コースでテイ沢を上流へ向かいたい。入笠湿原などの花は、5月上旬にミズバショウ、5月下旬〜6月中旬は新緑。6月上旬にクリンソウ、中旬にスズランやズミ、7月にアヤメ、ヤマオダマキ、ハクサンフウロ、8月上旬〜中旬にマツムシソウ、サワギキョウ、ウメバチソウ、下旬にエゾリンドウなどが見ごろとなる。紅葉は10月上旬〜中旬。
問合せ先　北杜市観光協会℡0551-30-7866

ひっそりしたテイ沢を遡上する

plus 1 | ゴンドラを降りて花を観賞

山頂駅北側の入笠すずらん山野草公園にはスズランやニッコウキスゲ、ヤナギラン、絶滅危惧種のカマナシホテイアツモリソウなど百数十種が保護され、初夏から初秋まで次々に咲く。

カマナシホテイアツモリソウ

2万5000分の1地形図　信濃富士見

▲1665.5
1859.5
林道から左の山道へ
0.08
0.10
帰りはアカノラ山北面の道を通っても
アカノラ山
1799
山頂駅 **❶**
ゴンドラすずらん
入笠山野草公園
山麓駅
林道の一段下に歩道があり林道と異なる花が見られる
山彦荘 **❷**
1729
マナスル山荘本館
マナスル山荘天文館
御所平 **❸**
入笠牧場
0.10
1.00
0.40
（山彦荘〜入笠山登山口）
0.30
入笠山登山口（沢入）
WC
高原の花が咲く草原のスロープ
0.20
0.15
スズラン群生地の斜面
岩場コース
迂回コース
入笠山 **❹**
1955.4
0.35
0.05
0.20
仏平峠 **❺**
首切清水
0.15
富士見町
▲1807.2
1832
長野県
伊那市
・1960
1829
大阿原湿原一周の所要時間
0.30
大阿原湿原
大阿原湿原入口 **❻**
高見岩
0.50
0.50
1786.7
高座岩
0.40
テイ沢出合 **❼**
小黒川
2006・
釜無山へ
N
1:35,000
0　250　500m
1cm＝350m
等高線は20mごと

甲斐駒ヶ岳

（かいこまがたけ）

山梨県・長野県／南アルプス

* 花
展望
温泉
社寺
食事
* 紅葉

標高
2967m

1月
2月
3月
4月
5月
6月
7月
8月
9月
10月
11月
12月

白く輝く花崗岩、整った山容の雄峰

南アルプス北部に位置し、ピラミッド形の山容が目を引く。北東側の麓から見上げると2300mの標高差でそそり立つ。北沢（きたざわ）峠からの最短コースでも標高差1000mの急登が待っているが、山頂に立てば、それに報いる充実感と展望が得られる。

109 北沢峠から周回

北沢峠❶バス停からすぐに登山道に入り、針葉樹林の登りとなる。標高差1000mの急登が続くので、あせらず、無理のないペースを保って登ろう。ダケカンバが混じって明るくなり、森林限界を越えれば、**双児山❷**（ふたごやま）で大展望が開け、駒津峰を従えてそびえる甲斐駒ヶ岳に目を奪われる。

ハイマツと砂礫の道を緩やかに下り、急斜面を登り返して**駒津峰❸**（こまつみね）で仙水峠からの道を合わせる。ここも展望が素晴らしく、さらに堂々として見える甲斐駒ヶ岳に胸が高鳴る。ひと下りした六方石（ろっぽういし）から山頂への登りにかかると直登コースと巻き道に分かれる。岩に慣れた人なら直登して登攀気分を楽しむのもよいが、事故も起きているので、巻き道をとるほうが無難だ。

白砂の斜面を右斜めに登り、摩利支天分岐（まりしてん）からジグザグに

標高断面図:

❶北沢峠バス停 2036m — 1.40 — ❷双児山 2649m — 0.50 — ❸駒津峰 2750m — 1.30 — ❹甲斐駒ヶ岳 2967m — 1.00 — ❸駒津峰 2750m — 1.00 — ❺仙水峠 2264m — 0.30 — ❻仙水小屋 2143m — 0.30 — ❶北沢峠バス停 2036m

[m] / 4000 / 3000 / 2000 / 1000 / 0

0 — 5 — 10 [km]

雄大な甲斐駒ヶ岳をめざして登る（双児山付近から）

北沢峠バス停から針葉樹林を登る

山頂付近で望む北岳（左）から塩見岳

登ると、**甲斐駒ヶ岳④**山頂に飛び出す。駒ヶ岳神社の祠が立つ山頂の展望は富士山に重なる鳳凰三山から北岳、仙丈ヶ岳などの南アルプスをはじめ、北アルプス、八ヶ岳など360度のみごとなものだ。

下山は登ってきた道を戻ると少し早いが、仙水峠経由で下りたい。**駒津峰③**から南へ、早川尾根の急坂を下る。樹林に入ってなおも下り続ければ**仙水峠⑤**で、摩利支天の眺めがよい。早川尾根と別れて西へ、大岩が堆積した緩斜面から針葉樹林の谷を下る。**仙水小屋⑥**、南アルプス市営長衛小屋を過ぎて南アルプス林道に出れば**北沢峠①**は近い。

アクセス

109 北沢峠から周回

行き・帰り＝JR中央本線甲府駅（山梨交通バス2時間、1950円）広河原（南アルプス市営バス25分、1000円）北沢峠　山梨交通バス☎055-223-0821、南アルプス市営バス☎055-282-2016　※長野県伊那市の仙流荘から北沢峠行きの南アルプス林道バスもある。55分、1150円　☎0265-98-2821

駐車場情報　マイカー規制により、芦安の市営駐車場（無料、約650台）に停め、山梨交通バスで広河原へ（1時間、1030円）。広河原で前項の南アルプス市営バスに乗り換え北沢峠へ。

アドバイス　バス運行・マイカー規制期間は6月下旬〜11月初め。期間外は通行止め。登山は梅雨明けの7月下旬〜8月が天候も安定して最適。1日目は北沢峠までアクセス、2日目に登頂、帰宅する行程が一般的で、もう1泊すれば仙丈ヶ岳にも登れる。

問合せ先　南アルプス市観光協会☎055-284-4204、伊那市観光協会（伊那市観光課内）☎0265-78-4111

山頂直下の岩礫帯を登る

plus 1｜北沢峠付近の山小屋

北沢峠こもれび山荘（旧長衛荘）☎080-8760-4367、南アルプス市長衛小屋☎090-8485-2967、大平山荘☎0265-78-3761は1泊2食つき9500円前後。仙水小屋☎0551-28-8173は1泊2食つき7000円。南アルプス市営長衛小屋、仙水小屋にはテント場もあり、1人500円。

2万5000分の1地形図　山丈ヶ岳・甲斐駒ヶ岳

1451　丹渓山荘跡

長野県
伊那市

赤河原

合

合目

七丈小屋、尾白渓谷へ

黒戸尾根

八合目

御来迎場

甲斐駒ヶ岳④ 2967

直登コース

六方石

花崗岩が白くまぶしい甲斐駒ヶ岳を間近に眺められる。ここから六方石へ下ると直登コースと巻き道が分かれる

2574

1.30

摩利支天分岐

摩利支天

花崗岩の露岩と風化した白砂の斜面を登る。甲斐駒ヶ岳らしい道だ

双児山② 2649

0.50

2740 **③ 駒津峰**

0.40

1.00

1.30

2536

山梨県
北杜市

森林限界を越え、山頂に立つと駒津峰を従えた甲斐駒ヶ岳がそびえて見え、心が躍る

不動岩

2502

0.40

仙水小屋⑥

2183

1.00

⑤ 仙水峠 2264

0.40

樹林が開けたなかに岩を敷きつめたようにゴーロが広がる

1854

2036

1.10

0.40

0.40

北沢峠①

大平山荘

0.30

長衛小屋

南アルプス市

N

1:35,000

仙丈ヶ岳へ

二合目 2195

広河原、甲府へ

2306

早川尾根

栗沢山 2714

アサヨ峰、鳳凰三山へ

0　　　500　　　1km

1cm=350m
等高線は20mごと

仙流荘・伊那へ

仙流荘・伊那へ、甲斐駒ヶ岳へ

八丁坂

仙丈ヶ岳

せんじょうがたけ

山梨県・長野県／南アルプス

標高
3032.9m

110 北沢峠から周回

歩行時間：6時間50分 ｜ 歩行距離：8.8km ｜ 標高差：登り1150m・下り1150m

たおやかな山容の「南アルプスの女王」

北沢峠をはさんで甲斐駒ヶ岳と向き合うが、性格は対照的。すっきりした岩峰の甲斐駒ヶ岳に対して、氷河跡凹地のカールをいくつも抱き、おおらかで優美な姿を見せる。カールや稜線に豊富な高山植物が咲くことも魅力。展望も素晴らしい。

110 北沢峠から周回

北沢峠から仙丈ヶ岳への登山コースは籔沢と小仙丈尾根がある。沢沿いから尾根へ登り、展望も早くに開けるなど変化がある籔沢を登り、小仙丈尾根を下るのがおすすめだ。

北沢峠❶バス停から林道を戸台側へ下り、**大平山荘❷**から登山道に入る。針葉樹林の山腹を巻いて登っていくと傾斜が増すが、急登をこなして滝見台に着けば、なだらかになる。籔沢に沿った道は背後に甲斐駒ヶ岳を望み、早い時期なら雪渓が残り、高山植物も見られる。籔沢小屋からの道を合わせてダケカンバ林の斜面を登り、**馬ノ背ヒュッテ**

❶北沢峠バス停 0.10 ❷大平山荘 2.30 ❸馬ノ背ヒュッテ 1.10 ❹仙丈小屋 0.20 ❺仙丈ヶ岳 0.40 ❻小仙丈ヶ岳 0.40 ❼五合目 1.20 ❶北沢峠バス停

[m]
4000
3000
2000
1000
0

2036m 1955m　2630m　2884m 3032.9m 2864m　2520m　2036m

0　　　　　　　　5　　　　　　　　10
[km]

明るく開けた籔沢を登る

岩峰の仙丈ヶ岳

小仙丈ヶ岳から振り返ると小仙丈カールを抱いた仙丈岳が大きい

亜高山帯の花

　亜高山帯は常緑針葉樹林帯、コケモモ・トウヒクラスとも呼ばれ、森林は一年中、緑の針葉樹のトウヒ、シラビソ、オオシラビソ、コメツガにナナカマドやカエデの仲間、ダケカンバなどの落葉樹が混じる。ダケカンバはシラカバと似るが、シラカバは山地帯に生える。亜高山帯の下限は関東付近は標高1800m前後。上限は2000〜2500mで、その上には高木が育たないことから森林限界と呼ばれる。森林内の花は小さく目立たないものが多い。

常緑針葉樹林は射しこむ光が少なく、薄暗い（雲取山）

関東周辺――植生の垂直分布から花に親しむ③

イワカガミ

岩鏡　イワウメ科　亜高山〜高山の草地や岩場に生える。高さ10cm、花は4〜7月、直径1〜1.5cm。

キヌガサソウ

衣笠草　シュロソウ科　日本海側の山地〜亜高山の湿地。高さ70cm、花は6〜7月、直径6〜7cm。

アズマシャクナゲ

東石楠花　ツツジ科　亜高山の林内や林縁に生える常緑低木。高さ2〜4m。花期5〜6月、直径4〜5cm。

ミネズオウ

峰蘇芳　ツツジ科　亜高山〜高山の岩場。常緑小低木で高さ10〜15cm。花は直径約5mm、7〜8月。

コケモモ

苔桃　ツツジ科　亜高山〜高山に生え、高さ5〜20cmの常緑小低木。花期は6〜7月、直径6〜7mm。

ニッコウキスゲ（ゼンテイカ）

日光黄菅　ユリ科　山地や亜高山の草原、湿原に群生し花期は7月。高さ50〜80cm、花の直径7cm前後。

ゴゼンタチバナ

御前橘　ミズキ科　亜高山〜高山の林内や林縁に生え、高さ5〜15cm。6〜8月に咲く花は直径約2cm。

マルバダケブキ

丸葉岳蕗　キク科　山地〜亜高山のやや湿った所に生え、高さ1m以上。花は7〜8月、直径5〜8cm。

オヤマリンドウ

御山竜胆　リンドウ科　亜高山帯の草地などに生え、高さ20〜50cm。8〜9月に長さ2〜3cmの花が咲く。

立山

たてやま

富山県／北アルプス

標高
3015m
（大汝山）

119 室堂から周回縦走

歩行時間：8時間30分　歩行距離：11.5km　標高差：登り1180m・下り1180m

高山の醍醐味を比較的楽な行程で満喫

古来、富士山や加賀の白山とともに日本三霊山のひとつ。登山の対象としても、氷河跡のカールを抱く雄大な山容、豊かな雪渓、中腹の池やお花畑など魅力満載。2450mの室堂までアクセスでき、手軽な往復から充実の縦走まで楽しめる。

室堂ターミナル前の玉殿湧水

真砂岳付近の縦走路

119 室堂から周回縦走

コースは多様だが、最短で利用者が多いのは室堂から一ノ越経由の大汝山往復で4時間40分。縦走で浄土山を省き、一ノ越から室堂へ直行すれば7時間30分。麓からの縦走は日帰りは困難で、通常、室堂か稜線の山小屋で1泊する。ベテランなら、もう1泊して剱岳にも登れる。

室堂ターミナル❶から遊歩道を北へ。立山が姿を映すミクリガ池を眺め、急坂を下り

きると**雷鳥平❷**。浄土沢を渡ると別山乗越まで標高差約500mの雷鳥坂を登る。直登からハイマツの急斜面をジグザグに登り、**別山乗越❸**で尾根上に登り着くと、剱岳が雄姿を現わす。尾根を東へ登り、別山南峰に立てば、ひときわ立派な剱岳、これからたどる立山の雄大な山稜、後立山連峰なども眺められる。

砂礫の尾根を下り、急登で**真砂岳❹**を越えると大走り分岐で、雷鳥沢への大走りコースを分ける。富士ノ折立を過ぎるとなだらかな尾根道となり、立山最高峰の**大汝山❺**に着く。さらになだらかな道を約20分行くと**雄山❻**で、雄山神社が祀られ、一ノ越から往復する登山者でにぎやかだ。

一ノ越への下りは崩れやすいガレと露岩の斜面だ。落石や転倒に注意して下ろう。**一の越山荘❼**で室堂へまっすぐ下る道を分けて登り返すと**浄土山**山頂に立つ。**南峰❽**山頂は平坦で、縦走最後のパノラマを楽しんだら、北峰から急

ミクリガ池から富士ノ折立、大汝山、雄山（左から）

別山から迫力ある岩峰の剱岳を望む

斜面を下って**室堂ターミナル**①に帰る。

アクセス
119 室堂から周回縦走
行き・帰り＝富山地方鉄道立山駅（立山黒部アルペンルートのケーブルカーとバスを乗り継ぎ、約1時間、2470円）室堂
※JR大糸線信濃大町駅から扇沢経由でもアクセスできる。立山黒部アルペンルート☎076-432-2819

駐車場情報 立山駅に無料駐車場あり。900台、臨時600台。
アドバイス 梅雨明けの7月下旬～8月が最適。9月下旬～10月上旬は紅葉が美しいが、天候が崩れると雪やみぞれになることも。ケーブルカーを予約すると乗車待ちを避けられる。逆コースでも支障はないが、ポピュラーでエスケープルートもある雄山側を後半とするほうが安心度が高い。
問合せ先 立山町観光協会☎076-462-1001

雄山神社ではお祓いを受けられる

plus 1 ｜ 立山の宿泊
稜線上の山小屋は剱御前小舎☎080-8694-5076、内蔵助山荘☎076-482-1518、一ノ越山荘☎076-421-1446の3軒 で1泊2食つき1万～1万1000円。室堂の6軒の宿泊施設は1泊2食つき1万円前後～。雷鳥平のテント場は1人500円。室堂駅のコインロッカーに宿泊装備などを置くこともできる。雷鳥平野営場（立山自然保護センター）☎076-463-5401。みくりが池温泉、らいちょう温泉・雷鳥荘、雷鳥沢ヒュッテ、ロッジ立山連峰では日帰り入浴可能。

断面図

	① 室堂ターミナル	② 雷鳥平	③ 別山乗越	④ 真砂岳	⑤ 大汝山	⑥ 雄山	⑦ 一の越山荘	⑧ 浄土山南峰	① 室堂ターミナル
区間		1.05	2.00	1.30	0.55	0.20		1.10	
標高	2450m	2277m	2755m	2861m	3015m	2991.8m	2696m	2840m	2450m

[m] 4000 / 3000 / 2000 / 1000 / 0
[km] 0 ... 5 ... 10 ... 12

地図

2万5000分の1地形図　剱岳・立山

上 市 町

新室堂乗越
奥大日岳へ
称名川
別山乗越 ③
剱御前、剱岳へ
剱山荘へ
剱沢小屋、真砂沢ロッジへ
別山
北峰 ▲2880
南峰 ▲2874
剱御前小舎
真砂岳から下り5分、上り10分ほど
内蔵助山荘
雷鳥平から大走り分岐まで上り2時間30分、下り1時間30分
ロッジ立山連峰
雷鳥沢ヒュッテ
立入禁止
② 雷鳥平 WC
野営場管理所
らいちょう温泉・雷鳥荘
大走りコース
大走り分岐
真砂岳 ④ ▲2861
内蔵助カール
富士ノ折立 ▲2999
富山県立山町
温泉 みくりが池
室堂平～雷鳥平間の迂回路
室堂山荘
山崎カール
立山 大汝山 ⑤ ▲3015 大汝休憩所
① 室堂ターミナル
玉殿ノ湧水 全国名水百選で最高所の湧水
自然保護センター
天狗平、弥陀ヶ原、美女平へ
玉殿岩屋
立山室堂山荘
立山トンネル（専用自動車道）
祓堂
一ノ越
雄山神社 ▲2991.8
⑥ 雄山
室堂山展望台
北峰 ▲2831
浄土山 ⑧ 南峰 龍王岳 ▲2872
富山大学立山研究所
五色ヶ原へ
⑦ 一の越山荘
東一の越、黒部平へ

N
1:35,000
0 250 500m
1cm=350m
等高線は20mごと

209

茨城県／北関東

筑波山
（つくばさん）

標高
877m
（女体山）

120 筑波山神社入口から周回

歩行時間：4時間40分 | 歩行距離：8.0km | 標高差：登り710m・下り710m

美しい山容で古くから親しまれる名山

日本百名山で最も低く、標高900mに満たないが、平野部からそびえる女体山と男体山の双耳峰の美しさ、古くから信仰の対象であること、詩歌や絵画に多く登場することなどが選定の理由となった。低山には貴重なブナ林が保護され、展望も素晴らしい。

120 筑波山神社入口から周回

筑波山神社入口❶バス停からガマの置物などの土産物店が並ぶ参道を進む。**筑波山神社❷**に詣でたら、石段下の玉垣に沿って沢を渡り、白雲橋（はくうんばし）コースに入る。鳥居をくぐるとすぐ山道となり、**酒迎場❸**（さかむかえば）からは山腹を巻く酒迎場コースを緩やかに登る。

カシなどの常緑広葉樹林や杉の植林が開けると、バス終点の**つつじヶ丘❹**。ツツジが植えられた斜面から雑木林に入って登る。**弁慶茶屋跡❺**（べんけいぢゃや）で白雲橋コースと合流すると巨岩が目立つようになり、すぐ弁慶七戻り（べんけいななもど）をくぐる。岩が今にも落ちそうで、豪傑の弁慶も7回戻ったことが由来とか。さらに母の胎内（ははたいない）くぐり、大仏（だいぶつ）岩などを見てブナ林を登る。

女体山❻山頂は小岩峰で、南側が切れ落ち、霞ヶ浦（かすみがうら）や関東平野、富士山（ふじさん）まで広がる展望が爽快だ。男体山へ向かい、

標高断面図：
❶筑波山神社入口バス停 219m → 0.15 → ❷筑波山神社 260m → 0.20 → ❸酒迎場 340m → 0.50 → ❹つつじヶ丘 529m → 0.40 → ❺弁慶茶屋跡 725m → 0.40 → ❻女体山 877m → 0.15 → ❼御幸ヶ原 871m → 0.15 → ❽男体山 795m → 0.10 → ❼御幸ヶ原 795m → 1.05 → ❷筑波山神社 260m → 0.10 → ❶筑波山神社入口バス停 219m

古来、山容を称された筑波山の美しい双耳峰

奇岩のひとつ弁慶七戻り

おたつ石コースのブナ林を登る

女体山駅への道を分けてカタ
クリ自生地を過ぎると御幸ヶ原
⑦。茶店やケーブルカー駅が
あり、ここから男体山⑧山頂
を往復する。余裕があれば自
然研究路を一周すると、静か
な山道に設置された解説板で
筑波山の植生や地学を学べる。
　下山はケーブルカー沿いの
御幸ヶ原コースを下る。中間
点の中茶屋跡を過ぎ、常緑広
葉樹や杉などの林を下る。宮
脇駅に出たら、筑波山神社②
から参道を戻って筑波山神社
入口①バス停へ。

アクセス

120 筑波山神社入口から周回

行き・帰り＝つくばエクスプ
レスつくば駅（筑波山シャトルバ
ス40分、740円）筑波山神社入
口　筑波山シャトルバス（関東
鉄道バス）☎029-822-3724

駐車場情報　筑波山神社入口周
辺に市営有料駐車場が4ヶ所あ
り計約450台。つつじヶ丘駐車
場は約400台。ともに500円。

アドバイス　四季を通じて登れ
るが、夏はやや蒸し暑く、冬は
山頂付近で凍結することも。ロー
プウェイ、ケーブルカーに乗
れば女体山と男体山の両方に登
っても約1時間で、小さい子ど
も連れなどにも向く。バスを終
点のつつじヶ丘まで乗れば、登

岩峰の女体山山頂

りを約1時間30分短縮できる。
筑波山神社付近の旅館で温泉に
日帰り入浴ができるが、受付時
間が短い施設もあるので確認し
て利用を。

問合せ先　つくば観光コンベン
ション協会☎029-869-8333

plus 1 | 季節のイベント

4月1日、筑波山神社例大祭御
座替祭（おざがわりさい）。4
月上旬ごろ、御幸ヶ原東側の自
生地でカタクリの花まつり。4
月半ば〜5月下旬ごろ新緑。4
月下旬ごろ、つつじヶ丘などの
ツツジ。7月、海の日の連休に
筑波山頂七夕まつり。11月1日、
御座替祭。11月上旬〜下旬ご
ろ紅葉。中旬、もみじまつり。
1月1日、筑波山神社元旦祭。2
月中旬〜3月中旬ごろ筑波山梅
まつりなどがある。

茨城県／北関東

雨引山

あまびきさん

標高
409.2m

花

展望

温泉

社寺

食事

新緑
紅葉

| 1月 |
| 2月 |
| 3月 |
| 4月 |
| 5月 |
| 6月 |
| 7月 |
| 8月 |
| 9月 |
| 10月 |
| 11月 |
| 12月 |

121 岩瀬駅から周回

歩行時間：3時間45分 ● 歩行距離：11.2km ● 標高差：登り350m・下り350m

筑波山の北にある里山と花の寺を巡る

筑波山から北へ延びる尾根は加波山や足尾山などの山を連ねた後、平地に没する。その北端に位置する低山の雨引山を訪ねる。岩瀬駅を起点に尾根を末端から登り、季節の花も美しい古刹の雨引観音に下って、つくば霞ヶ浦りんりんロードを岩瀬駅へ戻る。

121 岩瀬駅から周回

岩瀬駅❶前のロータリーから東へ、線路沿いに進んで最初の踏切を渡り、道なりに進む。溜池を過ぎると山あいに入って車道終点から山道を歩く。

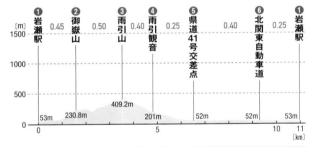

水行場の不動ノ滝を過ぎ、左手の山腹から枝尾根を登ると休憩舎がある。北側が開けていて、JR水戸線越しに富谷山などが眺められる。すぐ上の御嶽神社から緩やかに登って**御嶽山❷**を越える。

採石場のフェンス沿いの尾根道からいったん西側の谷へ下る。登り返して採石場を迂回し、尾根に戻って南へ登るとNTT無線中継所の電波塔が立っている。尾根を東へ向かい、やや急な登りを20分ほどこな

ランチ休憩にもよい雨引山山頂

板東観音霊場の札所、東国花の寺百カ寺の雨引観音仁王門とアジサイ

県指定文化財の雨引観音多宝塔

健脚祈願の太平山神社・足尾神社

じさい坂を登る。太平山神社下から**謙信平**❸に寄り、コース125の経路で太平山神社、**太平山**❹山頂へ。ぐみの木峠から尾根を直進すると晃石山への登りとなる。晃石山へは尾根通しでもよいが、南面を巻き、晃石神社から往復するほうが道はよい。**晃石山**❾山頂では男体山など奥日光の山を眺められる。

下山は雑木林の尾根を緩やかに登り下りした後、急下降して**桜峠**❿へ。ここで左に清水寺へ下り、里道で民家やブドウ園を縫って**大中寺**❺へ立ち寄ろう。帰りはぶどう団地の東側を**新大平下駅**❶へ向かう。

アクセス

125 新大平下駅〜太平山周回
行き・帰り＝東武日光線新大平下駅、またはJR両毛線大平下駅
駐車場情報　あじさい坂に約45台、おおひら歴史民俗資料館に約20台。謙信平〜太平山神社下に5カ所、計約160台。いずれも無料。

126 国学院〜太平山〜晃石山縦走
行き＝JR両毛線・東武日光線栃木駅（関東自動車バス15分、240円）国学院前　関東自動車 ☎0282-22-2645
駐車場情報　コース125に同じ。

アドバイス　一年を通じて登れるが、夏はやや暑く、水分補給に努め、熱中症に注意を。冬の積雪はほとんどない。新緑は4月中旬〜5月上旬、紅葉は11月中旬〜下旬ごろ。

問合せ先　栃木市観光協会 ☎0282-25-2356

南北に展望がある晃石山山頂

plus 1 | 太平山の花と味暦

4月上旬〜中旬ごろ、桜が謙信平など太平山遊覧道路沿いで。6月下旬〜7月上旬ごろ、アジサイがあじさい坂や大中寺、清水寺で。8月上旬〜9月下旬ごろ、ブドウ。12月下旬〜1月中旬ごろ、ロウバイが清水寺で咲く。

あじさい坂を太平山神社へ登る

2万5000分の1地形図　栃木

栃木県
栃木市
晃石山
❾ 419.1
ぐみの木峠❺
❹太平山
341
太平山城本丸跡。展望なし
展望台
茶店
大山寺
六角堂
WC
❽国学院前
国学院大学
栃木短大
あじさい坂
❸謙信平
少年自然の家
太平山県立自然公園
太平神社
山本有三碑
展望台
目立たないピークだが赤城山や浅間山などの眺めがよい
パラグライダー発着場
関東平野が見渡せる
青入山
桜峠
❿
晃石神社
大中寺❻
下野三十三観音霊場で花も多い
清水寺
桜峠から馬不入山を越え、両毛線岩舟駅まで歩くコースもある。約1時間20分
客人神社
❷
中山
143
ぶどう通り
太平ぶどう団地
野の香ぶどう園
小林ぶどう園
つぶらぶどう園
おおひら歴史民俗資料館・郷土資料館
旧太平町の歴史資料や文化財を保存
両毛線踏切❼
盤峰苑
おおひらだいした
約60軒の観光ブドウ園があり、6月下旬〜9月下旬、ブドウ狩り、試食や買いものができる。巨峰やマスカットなどのほか珍しい品種もある
馬不入山
345.2
1:40,000
0
500
1km
1cm=400m
等高線は20mごと
岩舟駅へ
鷲神社
佐野駅、前橋駅へ
両毛線
プラッツおおひら
藤岡へ
浅草駅へ
しんおおひらした
❶新大平下駅
大平運動公園
東武日光線
踏切を渡る
栃木駅へ
栃木市街へ

霧降高原・大山

きりふりこうげん
おおやま

標高
1689m
（まるやま）
1158.1m
（おおやま）

127	霧降高原からキスゲ平・丸山周回
歩行時間：1時間55分	歩行距離：4.2km	標高差：登り400m・下り400m

128	霧降高原〜大山〜霧降の滝
歩行時間：3時間55分	歩行距離：8.9km	標高差：登り325m・下り911m

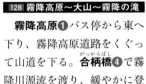

のどかな高原から秘瀑、名瀑へ下る

ニッコウキスゲの群生で人気の霧降高原だが、その東の大山も
いい山だ。草原に囲まれて展望がよく、様々なツツジが咲き、
滝を巡る登山コースも楽しい。両者をあわせて一日で歩けるが、
花や季節によって一方だけ歩くことも考え、分けて紹介する。

127 霧降高原からキスゲ平・丸山周回

霧降高原❶バス停からすぐ
キスゲ平の遊歩道に入る。直
登する木段とジグザグの遊歩
道があり、花が目的なら遊歩
道をメインに登るほうがよい。
ニッコウキスゲはスロープの
上のほうが多い。遊歩道が木
段に合流し、木段も終わると
小丸山❷で、展望台がある。

すぐの分岐を右
へ入り、樹林を登
ると**丸山❸**山頂だ。
展望には恵まれな
いが、広場で休憩
によい。

帰りは北側の樹林を下り、
笹原が広がる八平ヶ原を経て
霧降高原❶へ戻る。

128 霧降高原〜大山〜霧降の滝

霧降高原❶バス停から東へ
下り、霧降高原道路をくぐっ
て山道を下る。**合柄橋❹**で霧
降川源流を渡り、緩やかに登
り下りして、樹林が開けると
放牧地に入る。草原の斜面を
登りつめた**大山❺**山頂からは
赤薙山や男体山の眺めがよい。

下りは南斜面の放牧地と樹
林の境目付近をたどる。放牧
地を出て**猫ノ平❻**で西へ下る
と霧降川沿いの道に出合う。
上流の**マックラ滝❼**を往復し
て、玉簾滝を見ながら下った

霧降高原キスゲ平の遊歩道

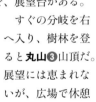

ニッコウキスゲ

隠れ三滝最大
のマックラ滝

大山山頂付近から赤薙山。左端は男体山

つつじヶ丘にはヤマツツジが群生

あと、川を渡り、枝沢沿いに登って、丁字滝の上で出合う車道を左へ。**隠れ三滝入口**⑧バス停で霧降高原道路に出たら、すぐ東側の山道に入る。ヤマツツジが群生する、つつじヶ丘を経て、**霧降の滝**⑪バ

ス停がある広場に着いたら**霧降滝展望台**⑩を往復する。

アクセス

127 霧降高原からキスゲ平・丸山周回

行き・帰り＝JR日光線日光駅・東武日光線東武日光駅（東武バス日光25分、720円）霧降高原

東武バス日光☎0288-54-1138**駐車場情報** 霧降高原に無料駐車場3カ所あり。登山には約120台の第3駐車場を利用。

128 霧降高原～大山～霧降の滝

行き＝コース**127**に同じ 帰り＝霧降の滝（東武バス日光15分、330円）東武日光駅・JR日光駅

駐車場情報 霧降の滝バス停大

山側の登山用か第一駐車場を利用。ともに無料、約50台。

アドバイス 新緑は5月上旬～下旬。大山付近は5月上旬ごろアカヤシオツツジ、中旬～下旬トウゴクミツバツツジやレンゲツツジ、同じころつつじヶ丘などでヤマツツジが見ごろ。ニッコウキスゲは7月上旬～中旬、紅葉は10月中旬～下旬。6～10月はヤマビルが出ることも。

問合せ先 日光市観光協会日光支部☎0288-54-2495

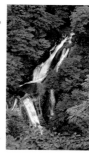

霧降滝を遠望

plus 1 | 個性的な4つの滝

隠れ三滝はすべて間近で見られる。マックラ滝は高さ約30mで垂直。玉簾ノ滝は約6mだがスダレ状で優美。丁字滝は約10mで岩壁の奥にかかる。日光三名瀑の霧降滝は上下2段、高さ75mの全容を展望台から眺められる。

①霧降高原バス停		④合柄橋		⑤大山		⑥猫ノ平		⑦マックラ滝		⑧隠れ三滝入口		⑨霧降の滝バス停		⑩霧降滝展望台		⑨霧降の滝バス停
	0.35		0.45		0.40		0.30		0.45		0.20		0.10		0.10	
1345m		1100m		1158.1m		974m		822m		812m		759m		745m		759m

2万5000分の1地形図 日光北部

栃木県
日光市

1:55,000
0　　500　　1km
1cm=550m
等高線は20mごと

花

展望

温泉

社寺

食事

新緑
紅葉

高山
たかやま

栃木県／奥日光

標高
1667.7m

様々に楽しめる中禅寺湖畔の小さな山

奥日光では標高が低く、展望にも恵まれない地味な山。しかし、戦場ヶ原や中禅寺湖岸の道など、サブコースとの組み合わせ次第で楽しさ倍増。季節の花も迎えてくれる。アクセスも多様で、奥日光の自然や風景美をたっぷり楽しめる穴場の山だ。

中禅寺湖から高山（中央奥）

129 竜頭の滝〜赤沼

竜頭の滝❶バス停で竜頭滝の落ち口を眺め、滝に沿って登る。**滝上❷**バス停で国道を渡り、山荘の傍らから山道を登る。1506mピークの北面を巻いて高度を上げ、ダケカンバが混生する常緑針葉樹の尾根上に出たあとは尾根道となる。**高山❸**山頂は樹林に囲まれた小広場で、休憩によい。

帰りは西側の急斜面を大きくジグザグを切って下り、なだらかになると**熊窪・小田代原分岐❹**に着く。尾根を直進し、すぐ北側へ緩やかに下って、出合う車道を左へ。この道は一般車進入禁止で、時折、低公害バスが通るだけだ。

小田代原バス停❺から、原の西側をたどり、男体山や太郎山を眺めていく。戦場ヶ原自然研究路に出たら、右へとるのが帰り道だが、**泉門池❻**を往復しよう。清らかな水が

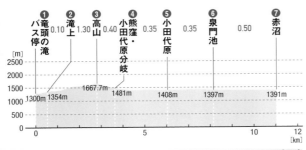

❶竜頭の滝バス停
❷滝上
❸高山
❹熊窪・小田代原分岐
❺小田代原
❻泉門池
❼赤沼

0.10　1.30　0.40　0.35　0.35　0.50

[m]
2500
2000
1500
1000
500
0

1300m　1354m　1667.7m　1481m　1408m　1397m　1391m

0　　　　　5　　　　　10　　12
[km]

ホザキシモツケ咲く戦場ヶ原から男体山

竜頭滝の落ち口

見晴には6軒の山小屋が集まる

どる道は小湿原や樹林、尾瀬沼の眺めなど変化に富む。

浅湖湿原を過ぎて樹林が開け、すぐ下の大江湿原の三差路を右折すれば尾瀬沼東岸だ。時間があれば大江湿原を散策していきたい。**尾瀬沼東岸❽**には尾瀬沼ビジターセンターと2軒の山小屋がある。

さらに尾瀬沼のほとりを進み、三平下から樹林に入り、ひと登りしてなだらかになると**三平峠❾**に着く。緩やかに下り、ブナ林に入って、やや

急下降したあと沢沿いに下り、林道に出た所が**一ノ瀬❿**。ここから**大清水⓫**までたんたんとした林道歩きだが、谷側に続く旧道の山道に入ってもいいし、低公害車両も利用できる。

沼尻平の湿原から尾瀬沼を見る

緩やかに高度を上げていく。ブナ林が針葉樹林に変わり、やや急な登りをこなすと**白砂峠❻**。ひと下りして、白砂湿原から短い樹林を抜けると尾瀬沼北西岸の**沼尻平❼**に出る。ここから尾瀬沼のほとりをた

❶鳩待峠バス停		❷山ノ鼻		❸牛首分岐		❹竜宮十字路		❺見晴		❻白砂峠		❼沼尻平		❽尾瀬沼東岸		❾三平峠		❿一ノ瀬		⓫大清水バス停
	0.50		0.50		0.40		0.30		1.45		0.25		1.00			0.40		0.50		0.55	

[m]
2000
1500 1591m
1000
500
0

1409m 1404m 1404m 1415m   1679m 1663m   1668m 1760m   1425m   1193m

0 .... 5 .... 10 .... 15 .... 20 .... 24 [km]

2万5000分の1地形図　至仏山・尾瀬ヶ原・燧ヶ岳

1:78,000
0　500　1km
1cm=780m
等高線は20mごと

N

群馬県　片品村

尾瀬沼東岸から燧ヶ岳

アクセス

135 鳩待峠〜大清水

行き＝JR上越線沼田駅（関越交
通バス1時間20分、2100円）
尾瀬戸倉／鳩待峠行きバス連絡
所（関越交通バス35分、1000円）
鳩待峠　帰り＝大清水（関越交
通バス1時間20分、2300円）
沼田駅　※バスは北陸新幹線上
毛高原駅始発もある。戸倉〜大
清水は4月下旬〜11月初めに運
行。関越交通☎0278-23-1111

駐車場情報　各登山口に有料駐
車場あり。戸倉に2カ所、計
530台、鳩待峠に120台、2500円、
大清水に240台、500円。鳩待
峠へはマイカー規制期間、戸倉
に停めてバスを利用。期間は4
月下旬〜8月上旬・9月下旬〜
10月上旬の毎日と8月中旬〜9
月中旬の土・日曜、祝日。大清
水〜戸倉のバスは10分、620円。
アドバイス　逆コースは登りが
多くなるが、支障はない。宿泊
は尾瀬沼が順当。アクセスの都
合などで選べばよい。要所の休
憩所、一部の山小屋で軽食や飲
みものをとれる。木道は右側通
行が原則。5月下旬は雪が残る
ことも。大清水〜一ノ瀬の低公
害車両は6月下旬〜10月中旬運
行、15分、700円。問合せは関
越交通。尾瀬ヶ原への最短の登
山口は沼山峠で、尾瀬沼山峠バ
ス停から尾瀬沼東岸まで約1時
間。P232燧ヶ岳参照。
花暦は5月下旬〜6月初めのミ
ズバショウに始まり、リュウキ

ンカ、新緑も同時期。
次いでヒメシャクナゲ、
ツルコケモモ、トキソ
ウなど小さいが、かわ
いい花が咲き、6月下
旬〜7月上旬はレンゲ
ツツジやワタスゲの穂
が目立つ。7月下旬は
ニッコウキスゲやヒオ
ウギアヤメ、8月はオ
ゼミズギク、オゼヌマアザミ、
サワギキョウなど。9月のオゼ
リンドウが最後を飾る。紅葉は
9月末〜10月上旬ごろ。
問合せ先　片品村観光協会☎
0278-58-3222、尾瀬檜枝岐温泉
観光協会☎0241-75-2432

P232燧ヶ岳参照。

plus 1｜コース中の山小屋

鳩待山荘・至仏山荘・東電小
屋・尾瀬沼山荘☎0278-58-7311、
尾瀬ロッジ☎0278-58-4158、山
の鼻小屋☎0278-58-7411、龍宮
小屋☎0278-58-7301、長蔵小屋・
第2長蔵小屋☎0278-58-7100、
弥四郎小屋☎027-221-4122、檜
枝岐小屋☎0278-58-7050、燧小
屋☎090-9749-1319、原ノ小屋
☎090-8921-8314、尾瀬小屋☎
090-6254-2002、尾瀬沼ヒュッ
テ☎0241-75-2350の15軒。1泊
2食つき9000〜1万円前後。山
ノ鼻、見晴、尾瀬沼東岸にテン
ト場あり、1人800円。

2万5000分の1地形図　燧ヶ岳・三平峠

1:78,000
0　500　1km
1cm=780m
等高線は20mごと

232

至仏山から小至仏山を振り返る

沼と同じコースで山ノ鼻⑥へ。

尾瀬自然植物研究見本園入口から西へ向かい、湿原から樹林に入ると、すぐに急登となる。ブナなどの広葉樹林から針葉樹林に変わり、森林限界⑦を超えると展望が開け、花も増えて足取りが軽くなる。砂礫や露岩、木道階段が交互に現われる道を登り、傾斜が落ちると花が多い高天ヶ原⑧に入る。ひと登りして至仏山⑤山頂に着いたら、コース137で鳩待峠①バス停へ下る。

山上湿原のオヤマ沢田代

アクセス

137 鳩待峠から往復
138 鳩待峠から周回

行き・帰り＝JR上越線沼田駅（関越交通バス1時間20分、2100円）尾瀬戸倉／鳩待峠行きバス連絡所（関越交通バス35分、1000円）鳩待峠 ※バスは北陸新幹線上毛高原駅始発もある。関越交通☎0278-23-1111

駐車場情報 戸倉に2カ所、計530台、1000円、鳩待峠に120台、2500円の有料駐車場。鳩待峠へはマイカー規制期間、戸倉に停めてバスを利用。期間は4月下旬～8月上旬、9月下旬～10月上旬の毎日と8月中旬～9月中旬の土・日曜、祝日。

アドバイス 例年6月末までの残雪期は登山道閉鎖、7月1日に開通。登山は梅雨明けの7月下旬～8月と紅葉の10月上旬ごろが最適だが、7月の早い時期に咲く特産種も。高山帯では蛇紋岩が滑りやすく、樹林帯ではぬかるんだ所などがあるので、特に下りではスリップや転倒に注意。

問合せ先 片品村観光協会☎0278-58-3222

plus 1 | コース中の山小屋

鳩待山荘・至仏山荘☎0278-58-7311、尾瀬ロッジ☎0278-58-4158、山の鼻小屋☎0278-58-7411の4軒。1泊2食つき9000～1万円前後。山ノ鼻にテント場あり、1人800円。

標高断面図

① 鳩待峠バス停　0.50　⑥ 山ノ鼻　1.20　⑦ 森林限界　1.00　⑧ 高天ヶ原　0.25　⑤ 至仏山　0.30　④ 小至仏山　0.30　③ オヤマ沢田代　0.20　② 原見岩　0.15　0.20　0.45　1.00　① 鳩待峠バス停

[m] 3000 2500 2000 1500 1000 500 0

1521m　1409m　1800m　2120m　2228.0m　2162m　2404m　1902m　1521m

0　5　10　11 [km]

2万5000分の1地形図 至仏山

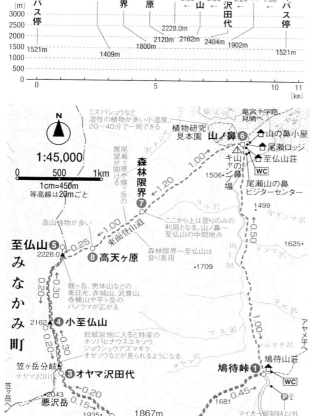

1:45,000
0　500　1km
1cm＝450m
等高線は20mごと

237

花
展望
温泉
社寺
食事
新緑
紅葉

1月
2月
3月
4月
5月
6月
7月
8月
9月
10月
11月
12月

群馬県／尾瀬

アヤメ平

標高
1969m
（中原山）

139 鳩待峠から往復
歩行時間：3時間20分｜歩行距離：9.2km｜標高差：登り413m・下り413m

140 鳩待峠～尾瀬戸倉
歩行時間：5時間35分｜歩行距離：16.5km｜標高差：登り413m・下り1029m

天空の湿原から尾瀬の名山を眺める

尾瀬ヶ原よりずっと小規模な湿原だが、標高2000m近い山上にあり、周囲の山並みの展望は尾瀬ヶ原では得られない。鳩待峠からの往復が一般的だが、かつて尾瀬のメインコースだった富士見峠から尾瀬戸倉への道を下るコースも紹介しよう。

139 鳩待峠から往復

鳩待峠❶バス停の東側、鳩待峠休憩所の右手から登山道に入る。広い尾根を登る道はやや急なブナ林だが、林相が針葉樹に変わると傾斜が緩む。この尾根は最高地点の中原山でも標高2000m足らずだが、北側に降った雨は只見川、南側は利根川の水源となる。日本海と太平洋を分ける中央分水嶺の一角である。

木道を登っていくと、林が開けて**横田代❷**に出る。細長い傾斜した湿原で、至仏山などの展望が開ける。

いったん樹林に入り、中原山を越えると**アヤメ平❸**に飛び出す。池塘が無数に点在し、その上にそびえる至仏山や燧ヶ岳が絶景だ。展望を楽しんだら、登ってきた道を**鳩待峠❶**バス停へ戻る。

140 鳩待峠～尾瀬戸倉

アヤメ平❸から東へ下り、富士見田代の下の**富士見小屋❹**（休業中）で林道に出合う。この先は林道や車道を行くが、

針葉樹林の木道を横田代へ

山上に開けた湿原のアヤメ平から燧ヶ岳を望む

池塘越しに至仏山を望む

下りの林道は新緑、紅葉が美しい

富士見下まではマイカー通行止め。その先も車は少なく、のんびり下れる。

周囲の山々を眺めて下っていくとやがて展望に乏しくなるが、針葉樹林から新緑や紅葉が美しいブナなどの落葉広葉樹林となり、大木も見られる。十二曲りのカーブを下りきると富士見下❺。さらに尾瀬戸倉❻まで車道を歩くが、タクシーを呼んでおくのもよい。

	❶鳩待峠バス停		❷横田代		❸アヤメ平		❹富士見小屋		❺富士見下		❻尾瀬戸倉バス停
		1.15		0.35		0.15		2.00		1.30	
		1.00		0.30							
[m]	1591m		1857m		1959m	1862m			1804m		982m

2500
2000
1500
1000
500
0
0　　　　　5　　　　　10　　　　　15　17
[km]

地図
2万5000分の1地形図　至仏山

群馬県
片品村

1:70,000
0　500　1km
1cm=700m
等高線は20mごと

山ノ鼻へ
・1499
・1625
・1774.6▲
アヤメ平
竜宮十字路へ
横田代❷
針葉樹林に入る
中ノ原
1968.9
・1939
中ノ原三角点
見晴へ（尾瀬沼）
富士見小屋❹
・1905
富士見峠
尾瀬沼、尾瀬ヶ原、尾瀬沼に入っていく
落葉樹林に入っていく
鳩待通り
鳩待山荘
1591
❶鳩待峠
WC
マイカー規制時以外
・1786
・1679
・1752
・1533
・1391
大行山
▲1771.7
十二曲り
・1428
❺富士見下
・1220
▲1778.1
N
県道片品水上線
・1234
・1320 ・1329
津奈木橋へ
坤六峠へ
63
スノーパーク尾瀬戸倉
鳩待峠行きバス連絡所
尾瀬戸倉❻
P WC
沼田
P WC
西山
1898.3
・1451

玉原湿原のミズバショウ

アクセス
139 鳩待峠から往復
行き・帰り＝JR上越線沼田駅（関越交通バス1時間20分、2100円）尾瀬戸倉／鳩待峠行きバス連絡所（関越交通バス35分、1000円）鳩待峠　※北陸新幹線上毛高原駅始発のバスもある。関越交通☎0278-23-1111
駐車場情報　戸倉に2カ所計530台、1000円、鳩待峠に120台2500円の有料駐車場。鳩待峠へのマイカー規制はP230尾瀬ヶ原・尾瀬沼参照。

140 鳩待峠〜尾瀬戸倉
行き＝コース139に同じ　帰り＝尾瀬戸倉（関越交通バス1時間20分、2100円）沼田駅
駐車場情報　富士見下に30台の無料駐車場。戸倉はコース139に同じ。
アドバイス　花が多い7〜8月、紅葉の9月下旬〜10月上旬ごろが適期。コース140では中腹で10月中旬、尾瀬戸倉で10月下旬〜11月初めごろが紅葉の見ごろ。山小屋は鳩待山荘のみ。☎0278-58-7311、1泊2食つき9000円〜。富士見下〜尾瀬戸倉のタクシーは約10分、約3000円。尾瀬観光タクシー☎0278-58-3152
問合せ先　片品村観光協会☎0278-58-3222

plus 1｜尾瀬ヶ原へ下る道
富士見小屋から見晴への八木沢道、竜宮十字路への長沢新道がある。ともに下り約2時間で、尾瀬ヶ原へのサブコースによい。

239

台の無料駐車場あり。
アドバイス　特に危険や困難はないが、バスが少ないので、最終便に乗り遅れないよう注意。ミズバショウは5月半ば前後が例年の見ごろ。同じころにブナが芽吹き、6月半ばごろまで新緑を楽しめ、6月〜9月にかけて様々な山野草が咲く。ブナ林

ンターに提出のこと。

冬のスノーシューも人気

アクセス
141 たんばらセンターハウスから周回
行き・帰り＝JR上越線沼田駅

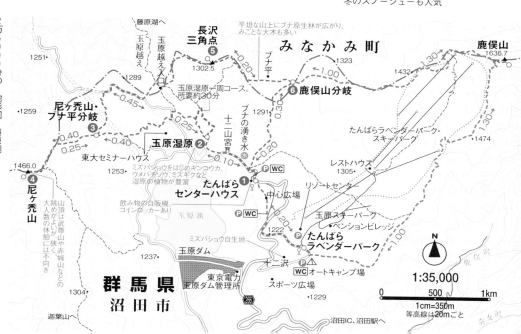

2万5000分の1地形図　藤原湖

みなかみ町
群馬県
沼田市

1:35,000
0　500　1km
1cm=350m
等高線は20mごと

藤原湖へ
・1251
・1289
・1259
玉原越
玉原越え口
長沢三角点❺
1302.5
平坦な山上にブナ原生林が広がり、みごとな大木も多い
ブナ平
・1323
鹿俣山
1636.7
・1432
・1474
尼ヶ禿山・ブナ平分岐❸
玉原湿原一周コース。所要約30分
ブナ平
❻鹿俣山分岐
・1291
たんばらラベンダーパーク・スキーパーク
1466.0
尼ヶ禿山❹
東大セミナーハウス
玉原湿原❷
ブナの湧き水
十二山宮
レストハウス
・1305
・1253
ミズバショウをはじめセンコウカ、ウメバチソウ、ミズギクなど湿原の植物が豊富
たんばらセンターハウス❶
P WC
中心広場
リゾートセンター
・1222
玉原スキーパーク
ペンションビレッジ
飲み物の自販機、コインロッカーあり
P WC
たんばらラベンダーパーク
P WC
N
・1237
玉原ダム
ミズバショウ自生地
スポーツ広場
東京電力玉原ダム管理所
・1304
・1229
十二沢
WC オートキャンプ場
迦葉山へ
沼田IC、沼田駅へ

玉原高原
たんばらこうげん

群馬県／上毛

標高
1466.0m
（尼ヶ禿山）

花
展望
温泉
社寺
食事
新緑
紅葉

1月
2月
3月
4月
5月
6月
7月
8月
9月
10月
11月
12月

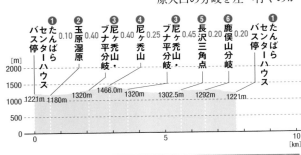

141 たんばらセンターハウスから周回
歩行時間：3時間20分｜歩行距離：7.5km｜標高差：登り420m・下り420m

ブナ原生林がみごとでミズバショウも咲く

緩やかに起伏し、関東有数とされるブナ林が広がる。かつては登山者が少ないエリアだったが、1981年、玉原ダムの完成とともに森林リゾートとして歩道やアクセスが整備された。鹿俣山と尼ヶ禿山があるが、ブナ林が立派で手軽な後者を案内する。

141 たんばらセンターハウスから周回
たんばらセンターハウス❶

バス停から車道をわずかに下り、十二山宮の祠で右の山道に入る。なだらかな落葉樹林を抜けると玉原湿原❷だ。湿原入口の分岐を左へ行くのが

尼ヶ禿山への近道だが、湿原を一周しても約30分。右へ入って湿原の景色や花を楽しんでいきたいところだ。

湿原を離れると緩やかに登り、いったん林道に出る。すぐまた山道を登ると、左手に東大セミナーハウスが立ち、付近から武尊山の岩峰を眺められる。大木も多いブナ林の斜面を登り、尼ヶ禿山・ブナ平分岐❸は左へ。なだらかな尾根道から、短い急登をこなすと尼ヶ禿山❹山頂に着く。狭いが展望はよく、武尊山か

標高断面図

❶たんばらセンターハウスバス停		❷玉原湿原		❸尼ヶ禿山・ブナ平分岐		❹尼ヶ禿山		❸尼ヶ禿山・ブナ平分岐		❺長沢三角点		❻鹿俣山分岐		❶たんばらセンターハウスバス停
	0.10		0.40		0.40		0.25		0.45		0.20		0.20	
1221m		1180m		1320m		1466.0m		1320m		1302.5m		1292m		1221m

[m] 2000 1500 1000 500 0
0 5 10 [km]

赤城山
あかぎやま

群馬県／上毛

標高
1827.7m
（黒檜山）
1674m
（地蔵岳）

花
展望
温泉
社寺
食事
新緑
紅葉

1月
2月
3月
4月
5月
6月
7月
8月
9月
10月
11月
12月

142 赤城山ビジターセンターから黒檜山周回
歩行時間：4時間25分｜歩行距離：5.3km｜標高差：登り550m・下り550m

143 赤城山ビジターセンター～新坂平
歩行時間：2時間30分｜歩行距離：4.2km｜標高差：登り350m・下り282m

ツツジと紅葉の上毛三山最高峰へ

榛名山、妙義山とともに上毛三山に数えられる赤城山は山全体の呼称。最高峰は大沼東岸の黒檜山だが、ツツジが多く展望もよい地蔵岳、「小尾瀬」の覚満淵も魅力的。それぞれを楽しむ2コースを1日で踏破も可能で、ツツジの初夏、紅葉の秋が人気だ。

142 赤城山ビジターセンターから黒檜山周回

あかぎ広場前バス停のほうが近いが、10分足らずの差なので、設備が整った赤城山ビジターセンター❶バス停からスタートしよう。大沼湖畔の車道を北上し、駒ヶ岳登山口❷、赤城神社を経て黒檜山登山口❸へ。最初は樹林の斜面の急登だが、30分ほどで尾根に出て、猫岩から大沼や地蔵岳を眺められる。

再びミズナラなどの樹林に入り、急な尾根を登る。縦走路に出合って左へ進むと黒檜山❹山頂の広場に着く。休憩適地だが、北へ5分ほど行くと谷川連峰や武尊山などを見渡せる展望地がある。

来た道を戻り、尾根を直進して御黒檜大神の碑や鳥居があるピークを過ぎると急下降となる。笹原の大ダルミから登り返して駒ヶ岳❺を越える

標高断面図

❶赤城山ビジターセンターバス停		❷駒ヶ岳登山口		❸黒檜山登山口		❹黒檜山		❺駒ヶ岳		❷駒ヶ岳登山口		❶赤城山ビジターセンターバス停
	0.05		0.30		1.30		0.50		0.50		0.40	
1364m		1355m		1370m		1827.7m	1685m		1355m		1364m

[m] 3000 2500 2000 1500 1000 500 0
0 5 10 [km]

大沼から見上げる黒檜山

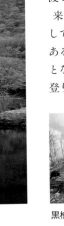

黒檜山山頂は広場で休憩によい

鳥居峠から覚満淵と大沼を見下ろす

と、下降地点に着く。西斜面へ下り、階段が続く道をジグザグに急下降をこなすと**駒ヶ岳登山口②**で往路に合流する。時間があれば覚満淵を一周して**赤城山ビジターセンター①**バス停へ戻ろう。

143 赤城山ビジターセンター〜新坂平

赤城山ビジターセンター①から覚満淵の木道を歩いて**鳥居峠⑥**に立てば覚満淵と大沼が絶景だ。関東ふれあいの道で小地蔵岳北面を巻き、小沼北岸から車道を少し歩いて、**八丁峠⑦**から急斜面を登る。

石仏と電波塔が並ぶ**地蔵岳⑧**山頂は大沼と黒檜山、尾瀬や谷川連峰の展望が開ける。下山は西斜面の樹林を下り、赤城山最大のレンゲツツジ群生地がある**新坂平⑨**バス停へ。

アクセス

142 赤城山ビジターセンターから黒檜山周回行き・帰り＝JR両毛線前橋駅（関越交通バス1時間10分、1500円）赤城山ビジターセンター　※直通便と富士見温泉乗り換え便あり。関越交通 ☎0278-23-1111

駐車場情報　赤城公園ビジターセンター100台、黒檜山登山口50台などの無料駐車場あり。

143 赤城山ビジターセンター〜新坂平行き＝コース142 に同じ　帰り＝新坂平（関越交通バス1時間、1400円）前橋駅

駐車場情報　コース142 のほか新坂平約60台などの無料駐車場。

アドバイス　ツツジは5月下旬のアカヤシオ、続いてミツバツツジ、6月中旬〜下旬ごろは新緑にヤマツツジやレンゲツツジが咲いて見ごたえがある。紅葉は10月上旬ごろ。途中の富士見温泉バス停の見晴らしの湯ふれあい館は10時〜21時（入館20時30分まで）、木曜休（祝日は営業）。520円。☎027-230-5555

問合せ先　前橋観光コンベンション協会 ☎027-235-2211

ツツジが多い地蔵岳山頂直下を登る

plus 1 | 登山に活用したい

赤城公園ビジターセンターは植物や地質など赤城山の自然を紹介する展示のほか、地図やパンフレットが手に入る観光案内所、トイレ、自販機などがある。9時〜15時45分、月曜休、無料。☎027-287-8402

2万5000分の1地形図　赤城山

地図

1528
1475
国道251
沼田市
最高地、往復約10分
天空の広場
御黒檜大神
黒檜山④
1827.7
花見ヶ原分岐
「花見ヶ原森林公園へ」
縦走路の尾根道
赤城公園キャンプ場
WC
猫岩
1362
沼尻
大沼
大ダルミ
赤城少年自然の家
P WC
あかぎ広場前
駒ヶ岳⑤
1685
赤城神社
10万株といわれるレンゲツツジの群生地
1356
P WC
急斜面を階段とジグザグの道で一気に下る
下降地点
見晴山
1458
赤城山総合案内所
赤城山
駒ヶ岳登山口②
0.50
P WC
1360
0.40
白樺牧場
新坂平⑨
0.45
1.00
赤城山ビジターセンター①
P WC
群馬県
前橋市
⑧地蔵岳
1674.0
0.45
0.30
P WC
0.30
小沼駐車場
小地蔵岳
1574
0.30
鳥居峠⑥
P WC
八丁峠⑦
0.40
血ノ池
利平茶屋・森林公園へ
外輪山の覚満淵から絶景
富士見温泉、前橋へ
小沼
N
長七郎山 1579.1
桐生市

覚満淵拡大図
1:20,000
1360
国道70
N
0 150 300m
赤城山ビジターセンター①
P WC
0.40
覚満淵
鳥居峠⑥
国道16
0.20
P WC
茶ノ木平 1:35,000
0 250 500m
1cm=350m
等高線は20mごと
銚子の伽藍
大猿公園へ
大猿公園へ

花

展望

温泉

社寺

食事

新緑
紅葉

1月
2月
3月
4月
5月
6月
7月
8月
9月
10月
11月
12月

群馬県／西上州

桜山
さくらやま

標高
591m

144 鬼石郵便局〜宇塩橋

歩行時間：4時間25分 ｜ 歩行距離：11.5km ｜ 標高差：登り700m・下り716m

晩秋、桜と紅葉の競演を楽しめる低山

かつては寒桜山（かんざくらやま）と呼ばれ、晩秋から初冬に花見ができるユニークな低山。山頂近くまで車道はあるが、雑木林が好ましい登山道を登り、温泉へ下れる。ソメイヨシノなどの桜も咲く春、初夏の新緑やツツジの時期もよい。晩秋はミカン狩りもできる。

桜の花と紅葉を同時に愛でられる

144 鬼石郵便局〜宇塩橋

鬼石郵便局（おにし）❶バス停から南へ進み、すぐ「仲町（なかまち）」の信号で右折して道なりに進む。神流川（かんながわ）に沿い、のどかな山里を歩いて大沢（おおさわ）入口の分岐を過ぎ、

次の分岐で右へ登るとすぐに金丸登山口（かなまる）❷。指導標に従って左に入ると山道となり、雑木の山腹を道なりに登る。車道を横切って、尾根上に出るとベンチがあり、桜が見られるようになる。この尾根を登りつめると桜山❸山頂だ。

秋〜初冬に咲く桜は数種類あり、桜山にあるのはフユザクラ。春にも咲くが、ソメイヨシノなどより花が小さくまばらで、春は目立たない。秋〜初冬の桜は開花期間が長いのも特徴だ。

フユザクラが咲く道を北へ下った日本庭園ではカエデの紅葉も美しい。すぐ北側の第1駐車場では花期に軽食堂や土産物の出店が並ぶ。駐車場の

行程図

❶鬼石郵便局バス停 ― 0.40 ― ❷金丸登山口 ― 1.30 ― ❸桜山 ― 0.30 ― ❹雲尾 ― 1.30 ― ❺弁天山・桜山コース入口 ― 0.15 ― ❻宇塩橋バス停

144m / 191m / 591m / 500m / 154m / 128m

[m] 1500 / 1000 / 500 / 0

0　5　10　12 [km]

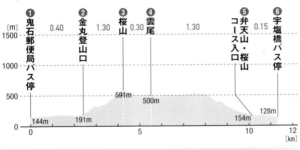
山頂直下からフユザクラの花と外秩父の山々の展望

山頂付近の園地から御荷鉾山を望む

フユザクラ咲く道を日本庭園へ下る

北側から山道に入り、斜面を
トラバースして雲尾❹の集落
で車道に出る。車道を右へ5
分ほど下ったカーブで左の林
道から山道に入る。全体に樹
林で展望に恵まれないが、静
かな山歩きができる。
　弁財天の祠の先の展望台に
着くと関東平野などの眺めが
開ける。展望台からはよく踏
まれた道を道なりに下って弁天
山・桜山コース入口❺で車道
に出合う。一段下の国道462
号にある八塩温泉郷が直近の
バス停だが、左にとり、桜山

温泉・絹の里別邸で入浴して
宇塩橋❻バス停へ向かおう。

アクセス
144 鬼石郵便局～宇塩橋
行き＝JR高崎線新町駅（日本中
央バス1時間、660円）鬼石郵
便局　帰り＝宇塩橋（日本中央
バス50分、540円）新町駅　日
本中央バス☎027-287-4422
駐車場情報　桜山山頂直下に2
カ所、計350台、500円の有料
駐車場、弁天山・桜山コース入
口に約10台の無料駐車場あり。
弁天山・桜山コース入口から鬼
石郵便局までバスを利用できる
が、登山口まで歩いても約1時間。
駐車場あり。
アドバイス　フユザクラの晩秋
の見ごろは11月中旬～12月初
め、春の桜は4月中旬ごろ。新緑、
ツツジは4月半ば～5月半ば、
紅葉は11月上旬～下旬ごろ。
約150本のロウバイは12～1月。
ミカン狩りは11月上旬～12月
中旬。冬でも雪はほとんどない。
桜山から八塩温泉へ下るコース

には指導標などが整備されてい
るが、往路ほどには踏まれてお
らず、距離も長い。不安があれ
ば往路を戻るか、日本庭園から
金丸へ下山すれば初級向き。
問合せ先　藤岡市観光協会☎
0274-40-2317

春はソメイヨシノやヤマザクラも

plus 1｜下山口の温泉館
桜山温泉・絹の里別邸には鬼石
名産の三波石（さんばせき）を使
った露天岩風呂や大浴場、食事
処がある。11時～21時（受付20
時まで）、水・木曜休（祝日の場
合は翌日）。750円（土・日曜、
祝日850円）。☎0274-50-8005

1:45,000
0　　500　　1km
1cm=450m
等高線は20mごと

▲595.4

群馬県
藤岡市

山道は全体に樹林で展望がなく、
現在地がわかりにくいなど、
やや山慣れした人向き

展望台

車道から左へ分かれる
林道を登り山道に入る

ここから歩きやすい道となる

雲尾❹

▲551.6

売店あり
0.30
0.40
WC
第1P

日本庭園

桜山❸
591

芝生広場・
第2P

大奈良

下場へ

409・

大沢

久々沢
1.30
1.30
1.00

金丸登山口❷
金丸

大沢入口

車の登山口
大沢入口

ミカン園点在

塩沢

三波川

神流湖、十石峠へ

新町、本庄へ

❻宇塩橋

桜山温泉・
絹の里別邸

弁天山・桜山
コース入口❺
八塩温泉郷

埼玉県
神川町

諏訪

鬼石郵便局❶

藤野

谷川岳

たにがわだけ

群馬県／上越国境

上級

花／展望／温泉／社寺／食事／紅葉

標高 1977m（オキの耳）

1月 2月 3月 4月 5月 6月 **7月** 8月 9月 10月 11月 12月

145 天神平から往復

歩行時間：**4時間15分**｜歩行距離：**6.5km**｜標高差：登り**635m**・下り**821m**

優美な双耳峰で展望と花を楽しむ

太平洋と日本海を分ける分水嶺にあり、豪雪や季節風の影響で森林限界が低く3000m級高山のような景観を見せる。一ノ倉沢などの岩壁が有名だが、天神尾根には特に難しい岩場はないので、ロープウェイ利用でビギナーでも高山の雰囲気を楽しめる。

145 天神平から往復

時間がないときなど、天神平から直接、天神尾根へ向かってもよいが、余裕があればリフトで**天神峠展望台❶**へ登り、秀麗な谷川岳の全容を眺

めていきたい。展望を楽しんだら北へ下り、**分岐❷**からブナ林の尾根を登り返す。

熊穴沢避難小屋❸から岩混じりの急登が始まり、ひと登りで森林限界を越え、武尊山や赤城山の展望が開ける。蛇紋岩が露出し、数は多くはないが、尾瀬の至仏山同様、蛇紋岩地特産のホソバヒナウスユキソウやジョウシュウアズマギクが咲く。

眺めがよい天狗の留まり場、天神ザンゲ岩などの露岩を過ぎ、おおらかに広がる笹原の尾根を登りつめると肩の広場で西黒尾根コースと合流する。

すぐ横に立つ谷川岳肩の小屋からひと登りすれば、**トマの耳❹**山頂。谷川岳の双耳峰

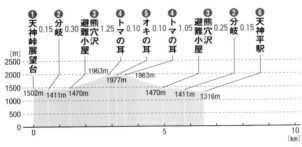

❶天神峠展望台 — 0.15 — ❷分岐 — 0.30 — ❸熊穴沢避難小屋 — 1.25 — ❹トマの耳 — 0.10 — ❺オキの耳 — 0.10 — ❹トマの耳 — 1.05 — ❸熊穴沢避難小屋 — 0.25 — ❷分岐 — 0.15 — ❻天神平駅

1502m / 1411m / 1470m / 1963m / 1977m / 1963m / 1470m / 1411m / 1316m

天神峠展望台付近から谷川岳。左がトマの耳、右がオキの耳

眺めがよい露岩の天狗の留まり場

天狗の留まり場付近から天神尾根、赤城山

の一方で三角点があり、仙ノ倉山へ続く谷川連峰をはじめ、苗場山、巻機山から平ヶ岳、尾瀬、奥日光など360度のパノラマが広がる。

目と鼻の先の最高点、**オキの耳❺**を往復したら天神尾根を戻るが、肩の広場は平坦で、特に雪が残っていると道を間違えやすい。岩場やガレ場でのスリップや転倒にも注意して**天神平駅❻**へ下ろう。

西黒尾根は土合口駅からの標高差が1200mあまり。急

登が続くうえ、ヤセ尾根や天神尾根より難度が高い鎖場や岩場があり、ベテラン向きだ。体力的には不利になるが、登りにとるほうが危険度は低い。早朝に着いたときなど、ロープウェイの始発を待たずに登れるメリットもある。

アクセス

145 天神平から往復

行き・帰り＝JR上越線水上駅（関越交通バス20分、760円）または北陸新幹線上毛高原駅（関越交通バス45分、1250円）谷川岳

肩の小屋近くにあるケルン形指導標

ロープウェイ駅／土合口駅（谷川岳ロープウエー15分、片道1250円、往復2100円）天神平駅（リフト7分、420円）天神峠展望台　関越交通☎0278-23-1111、谷川岳ロープウエー☎0278-72-3575　**駐車場情報**　土合口駅前に立体1000台、屋外500台の有料駐車場あり。ともに500円。

アドバイス　登山適期は6月下旬以降に残雪が消えてから。最適期は梅雨明け

西黒尾根には急な岩場がある

の7月下旬〜8月下旬。シーズン初めは残雪の状態を確認して計画、登山を。花は6〜7月が最盛期。紅葉の10月上旬もよいが、低温と天候急変に注意したい。**問合せ先**　みなかみ町観光協会☎0278-62-0401

plus 1｜谷川岳の山小屋と温泉

山小屋は谷川岳肩の小屋のみ。1泊2食つき7500円、☎090-3347-0802。土合駅近くの土合山の家は1泊2食つき8800円、☎0278-72-5522。帰りにバスを湯檜曽温泉で途中下車すれば日帰り入浴できる旅館がある。1000円前後。ほかに水上駅から車10分に日帰り入浴施設の湯テルメ谷川があり、10時〜20時、第3木曜休（祝日の場合は翌日）。630円。☎0278-72-2619

谷川岳肩の小屋

2万5000分の1地形図　水上

一ノ倉岳へ
浅間神社
奥の院
オキの耳
谷川岳　1977
❺
トマの耳　1963
❹ トマの耳
谷川岳
肩の小屋
万太郎山、仙ノ倉山へ
肩の広場
氷河跡
天神ザンゲ岩
天狗の留まり場
ザンゲ岩
天神ザンゲ岩
中ゴー尾根
見晴台
二俣
谷川温泉へ

急なヤセ尾根道でヤセ尾根、急な岩場などあり→ベテラン向き
一ノ倉沢へ
マチガ沢出合
谷川ロープウェイ駅
2.30
2.30
東尾根
厳剛新道
第一見晴台
西黒尾根
1.20
2.40
1.00
ラクダの背
ガレ沢のコル
ブナ林のなだらかな尾根道をたどる
1.25
1.05
熊穴沢避難小屋 ❸
0.30
分岐 ❷
0.25
0.20
天神尾根
0.15
天神尾根
0.15

群馬県谷川岳登山指導センター
登山の相談、受付などに対応

谷川岳インフォメーションセンター

P

どあい（下り）
どあい（上り）
谷川岳霊園地
土合山の家
土合橋
水上、上毛高原駅へ
土合駅
P

群馬県みなかみ町
ビューテラスてんじん
高倉山
1448.8

N

1:50,000
0　　500　　1km
1cm=500m
等高線は20mごと

天神峠展望台
天神平駅 ❶
❻
天神平駅
谷川岳天神平スキー場

避難小屋から本格的な登りとなり、森林限界を越えて鎖場や露岩も現れる

上級
✳ 花
🔭 展望
♨ 温泉
🏛 社寺
🍴 食事
🍁 紅葉

| 1月 |
| 2月 |
| 3月 |
| 4月 |
| 5月 |
| **6月** |
| **7月** |
| **8月** |
| **9月** |
| **10月** |
| 11月 |
| 12月 |

平標山・仙ノ倉山

たいらっぴょうやま・せんのくらやま

群馬県・新潟県／上越国境

標高
1983.8m
（平標山）
2026.3m
（仙ノ倉山）

146 平標登山口から周回

歩行時間：**7時間20分** ｜ 歩行距離：**14.1km** ｜ 標高差：登り1270m・下り1270m

展望や花が美しい谷川連峰の最高峰

谷川連峰の西端の雄・平標山と連峰最高峰で2000mを超える仙ノ倉山に登る。広くのびやかな尾根には高山植物が豊富で、紅葉も美しい。周回コースをとれてマイカー登山にも人気。仙ノ倉山を省き、平標山までででも展望と花を充分に楽しめる。

146 平標登山口から周回

平標登山口❶バス停の北側、苗場（なえば）ふれあいの郷の標識で右へ入る。駐車場の傍らを通り、二居川（ふたいがわ）を渡って左へカーブすると松手山（まつでやま）経由平標山登山口がある。登山道に入ると、松手山から延びる尾根末端のブナ林を急登する。1時間あまりのがんばりで送電線鉄塔に着けば、登山口から松手山の行程のほぼ3分の2地点で、展望も得られる。再び急登を続け、傾斜が落ちると森林限界を越えて**松手山❷**山頂に着く。

行く手には平標山へ続くのびやかな尾根、背後には平坦な山頂部が特徴的な苗場山などを眺めて、緩やかになった尾根道をたどれば高山植物も現われる。また急登となるが30〜40分ほどで登りきり、一ノ肩（いちのかた）からは緩やかで眺めの

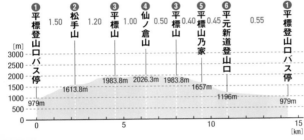

❶平標登山口バス停 ― 1.50 ― ❷松手山 1613.8m ― 1.20 ― ❸平標山 1983.8m ― 1.00 ― ❹仙ノ倉山 2026.3m ― 0.50 ― ❸平標山 1983.8m ― 0.40 ― ❺平標山乃家 ― 0.45 ― ❻平元新道登山口 1196m ― 0.55 ― ❶平標登山口バス停 979m

979m　1657m

[m] 3000 / 2500 / 2000 / 1500 / 1000 / 500 / 0

0　5　10　15 [km]

平標山から仙ノ倉山。左奥は尾瀬の燧ヶ岳と至仏山

平標山直下の登り

奥秩父主脈の山々や富士山も遠望できる

よい尾根歩きになって**平標山**❸山頂の広場に着く。目の前に仙ノ倉山が大きく、その左手に谷川連峰や尾瀬の山並みが広がる。広くなだらかな尾根を下り、登り返して**仙ノ倉山**❹山頂に立てば、仙ノ倉山に隠されていた谷川連峰の稜線が全容を現わす。ここも広場で休憩によい。

平標山❸に戻って南へ向かい、階段を下りきると**平標山乃家**❺が立つ。ここから西斜面の樹林に入るとジグザグの

急下降となる。傾斜が落ち、**平元新道登山口**❻で林道に出合う。林道を右へ道なりにたんたんと進み、別荘地に入れば**平標登山口**❶バス停は近い。

アクセス
146 **平標登山口から周回**
行き・帰り＝上越新幹線越後湯沢駅（南越後観光バス35分、610円）平標登山口　南越後観光バス☎025-784-3321
駐車場情報　平標登山口に有料駐車場あり。約200台、600円。
アドバイス　登山適期は6月～10月中旬。天気が安定するの

仙ノ倉山山頂には展望盤が設置

は梅雨明け後だが、花は6月中旬～7月上旬に多い。紅葉は10月上旬。平標山までの周回なら総歩行時間5時間30分の手ごろな行程となる。特に困難な所はないが、天候の急変に注意。逆コースも支障ないが、展望に恵まれる順コースがおすすめ。
問合せ先　湯沢町観光協会☎025-785-5505、みなかみ町観光協会☎0278-62-0401

plus 1｜平標山の山小屋と温泉

山小屋は平標山乃家のみ。1泊2食つき7500円、テント1人500円。☎0278-25-8228（みなかみ町農林課）。温泉は、バス利用の場合、越後湯沢駅ぽんしゅ館内の「酒風呂湯の沢」が直近。内湯のみだが、同じ建物に利き酒処や土産物店などもあって楽しい。10時30分～18時、無休。800円。☎025-784-3758。車は平標登山口から国道17号を北へ3.4kmの宿場の湯が便利。10時～20時30分、木曜休（祝日の場合は振り替え）。600円。☎025-789-5855

2万5000分の1地形図　三国峠

1:48,000

1cm=480m
等高線は20mごと

0　　500　　1km

上級

* 花
展望
温泉
社寺
食事
紅葉

1月 2月 3月 4月 5月 6月 **7月** **8月** **9月** **10月** 11月 12月

苗場山
なえばさん

新潟県・長野県／信越国境

標高
2145.2m

147	和田小屋から往復
歩行時間：6時間55分	歩行距離：11.4km	標高差：登り1050m・下り1050m

148	小赤沢から往復
歩行時間：6時間5分	歩行距離：12.7km	標高差：登り1150m・下り1150m

台地の山頂に湿原が広がる信越の名峰

2km四方、標高2000mを超える山頂台地に池塘をちりばめた湿原が広がり、独特の山容は遠望しても目立つ。和田小屋から往復する登山者が多いが、湿原を存分に楽しめる小赤沢コースも人気。コース147と148を合わせ山頂で泊まればベストだ。

147 和田小屋から往復

和田小屋❶からブナ林、さらに針葉樹林の登りが続くが、下ノ芝❷、中ノ芝、上ノ芝の

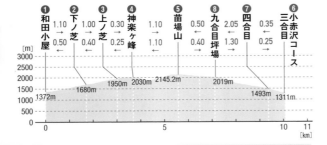

❶和田小屋 / ❷下ノ芝 / ❸上ノ芝 / ❹神楽ヶ峰 / ❺苗場山 / ❽九合目坪場 / ❼四合目 / ❻小赤沢コース三合目

1.10 → 0.50 下ノ芝 / 1.00 → 0.40 上ノ芝 / 0.30 → 0.25 神楽ヶ峰 / 1.10 → 1.10 苗場山 / 0.50 ← 0.40 九合目坪場 / 2.05 ← 1.30 四合目 / 0.35 → 0.25 小赤沢コース三合目

[m]
3000
2500
2000
1680m 1950m 2030m 2145.2m 2019m
1500 1372m
1000 1493m 1311m
500
0
0 5 10 11
[km]

小湿原がよい区切りになる。上ノ芝❸を過ぎると樹林が開けて、谷川連峰などがよく見える。なだらかな笹原を進んだあと、ひと登りした神楽ヶ峰❹山頂付近では、これから登る苗場山本峰の堂々とした姿が印象的だ。雷清水の鞍部から雲尾根の急登を小1時間も登ると山頂湿原の一角に立つ。広大な湿原、白砂山や岩菅山、浅間山など上信越の山並みを見渡す木道が続く。苗場山❺山頂から和田小屋❶へ戻るが、赤倉山分岐付近まで湿原を散策すれば、より楽しい。

148 小赤沢から往復

林道終点の**小赤沢コース三**

山頂台地から上信国境の白砂山、佐武流山の山並み

独特な台地状の苗場山（平標山から）

坪場九合目付近の湿原と北アルプス、妙高山を遠望

合目❻から登山道に入り、ブナ林を登る。水場がある四合目❼、さらに五合目を過ぎると鎖場やロープがいくつもあるが、慎重に通過すれば特に危険はない。八合目の上で樹林が開け、九合目坪場❽で山頂台地の一角に着けば湿原と展望が開ける。樹林を抜け、苗場山の真骨頂である広大な湿原に入ったら、展望を楽しみながら木道を苗場山❺山頂へ。南へ下れば秘湯・赤湯温

泉山口館だが、山口館まで4時間の急下降、さらに元橋バス停まで4時間の長丁場だ。

アクセス

147 和田小屋から往復

行き・帰り＝上越新幹線越後湯沢駅（ゆざわ魚沼タクシー約40分、約1万円）和田小屋　ゆざわ魚沼タクシー☎025-784-2025

駐車場情報　和田小屋まで徒歩25分の祓川町営駐車場を利用。約30台、500円。

148 小赤沢から往復

行き・帰り＝JR飯山線津南駅（十日町タクシー津南約50分、約8000円）、または越後湯沢駅（ゆざわ魚沼タクシー約2時間、約2万円）小赤沢コース三合目　十日町タクシー津南☎025-765-5200　※公共交通は津南駅か越後湯沢駅からバス2〜3路線と秋山郷限定の山タクを乗り継ぐ。詳細は栄村秋山郷観光協会へ。

駐車場情報　小赤沢コース三合目に約100台の無料駐車場あり。

アドバイス　天気が安定するの

は7月下旬以降の夏山だが、花は7月上旬〜8月半ば、紅葉は10月上旬ごろがよい。

問合せ先　湯沢町観光協会☎025-785-5505、栄村秋山郷観光協会☎0269-87-3333

plus 1 | 山小屋と帰りの温泉

和田小屋☎025-767-2202、苗場山自然体験交流センター☎025-767-2202、赤湯温泉山口館☎025-772-4125があり、1泊2食つき8200〜9000円。帰りの温泉は、コース147はP248平標山・仙ノ倉山参照。コース148の登山口、栄村には日帰り温泉が多く、直近は小赤沢温泉楽養館。10時〜16時、水曜休（10月無休）。600円。☎025-767-2297

登山口となる和田小屋

左側縦書き見出し：

上級

花

展望

温泉

社寺

食堂

紅葉

新緑

1月 2月 3月 4月 5月 6月 **7月** **8月** **9月** **10月** 11月 12月

新潟県／上越国境

巻機山
（まきはたやま）

標高
1967m
（最高点）

149 清水から井戸尾根往復

歩行時間：**8時間20分**｜歩行距離：**10.6km**｜標高差：登り**1330m**・下り**1330m**

伝説を秘める優美な草原の山稜へ

頂稜部はなだらかで笹原や草原の尾根に池塘も点々とするたおやかな山。行程が長いので麓で前泊して、登山口の桜坂（さくらざか）まで車で送ってもらうとよい。一般コースは井戸尾根のみで、ヌクビ沢や天狗（てんぐ）尾根は難所があるうえ、夏でも雪が残り熟達者向き。

149 清水から井戸尾根往復

桜坂❶の最上部にある第4駐車場が井戸尾根の登山口だ。山頂まで登り一辺倒で標高差は1200mを超える。急登もあるので、あせらず着実なペ

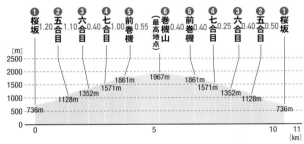

標高断面図：

❶桜坂 1.20 ❷五合目 1.10 ❸六合目 0.40 ❹七合目 1.00 ❺前巻機 0.55 ❻巻機山（最高地点） 0.40 ❺前巻機 0.40 ❹七合目 0.25 ❸六合目 0.40 ❷五合目 0.50 ❶桜坂

[m] 2500 2000 1500 1000 500 0

736m — 1128m — 1352m — 1571m — 1861m — 1967m — 1861m — 1571m — 1352m — 1128m — 736m

0　　　　5　　　　10　11 [km]

ースを心がけよう。

登山道に入ると樹林が続き、初めは緩やかだが20分ほどで井戸の壁と呼ばれる急登となり、岩が混じったり粘土質で滑りやすい所も出てくる。米子沢（こめご）などを眺められる**五合目❷**からブナの美林を登り、**六合目❸**ではヌクビ沢や割引（わりめき）岳（だけ）方面を眺められる。

樹林が開ける**七合目❹**からは広い笹原の尾根道となる。急登が続くが、展望も広がり、楽しく登っていける。

登り着いたピークは九合目の**前巻機❺**（ニセ巻機）で、巻機山の頂稜が目の前に横たわり、その左に越後（えちご）三山も見える。ひと下りした所にある巻機山避難小屋から草原と池

御機屋付近から最高地点へ続く頂稜と牛ヶ岳（左）

前巻機下から谷川連峰へ続く稜線

252

御機屋直下から井戸尾根を見下ろす

塘の斜面を登り返し、頂稜に出た所が御機屋。巻機山頂の標識があるが、右へ10分ほど頂稜を歩き、ケルンが積まれている最高地点❻のほうがわずかに高い。さらに草原の頂稜を牛ヶ岳まで歩きたいところだが、ただでさえ長い行程なので、時間、体力を考えて行動を。無理は禁物、余裕をもって往路を下山しよう。

巻機山の山名や御機屋、織姫ノ池などの地名は、山中で機を織っていたという美女の伝説、機織りの神とする信仰によるという。今も8月第1土曜に麓の清水地区の巻機神社里宮で修験者による火渡りが行なわれる。

アクセス

149 清水から井戸尾根往復

行き・帰り＝上越新幹線越後湯沢駅（タクシー約40分、約8800円）、またはJR上越線塩沢駅（タクシー約30分、約4200円）桜坂　ゆざわ魚沼タクシー☎025-784-2025　※公共交通は上越線六日町駅（南越後観光バス35分、480円）清水（徒歩40～50分）桜坂。1日3往復。南越後観光バス☎025-784-3321

駐車場情報　桜坂に有料駐車場あり。4カ所計100台、500円。

アドバイス　豪雪地なので、登山道の雪が消える7月下旬～10月上旬ごろが適期。盛夏は草原にニッコウキスゲ、湿原にハクサンコザクラやキンコウカが咲く。紅葉は10月上旬ごろ。ヌクビ沢、天狗尾根コースは台風などで登山道が荒れ、危険な所もあるので、うかつに入らないこと。下りの利用は厳に慎みたい。

問合せ先　南魚沼市商工観光課☎025-773-6665

五合目～六合目のブナの美林

山小屋は無人、寝具なしの巻機山避難小屋のみ。清水の民宿・旅館は、おのづか☎025-782-0924、やまご☎025-782-3402、上田屋☎025-782-3403、泉屋☎025-782-3478、雲天☎025-782-3473の5軒。1泊2食つき6500～8500円。山の幸のもてなしも楽しみ。予約時、登山口への送迎の有無、料金の確認を。巻機山麓キャンプ場は1人600円。☎025-782-0924（おのづか）

2万5000分の1地形図　巻機山

六日町駅へ

522
・730
・986
・598
・1064
・508
・794
568.8・

神字山
新潟県
南魚沼市
黒岩峰
▲1446.3

金城山
割引岳
1930.8

御機屋を山頂として下山する人も多いが、池塘も見られるなだらかな尾根を巻機山最高地点まで歩きたい。

天狗尾根
御機屋
巻機山避難小屋 ☆合
1578

七合目（物見平）❹
六合目❸
1564
五合目（焼松）❷
1128
766
樹林の急登が続くが、五合目で米子沢の連瀑を眺められ、ブナの美林を六合目へ登る

・1441
五十沢へ

巻機山（最高地点）❻
1967

牛ヶ岳
1961.5
0.30
1813
1896

0.55
0.40
1928
0.40
1861
❺ 前巻機（ニセ巻機／九合目）
1.00
0.40
0.40
0.25
0.50
1.20
1.10
0.40

森林限界を越え、階段を登りつめて御巻機山山頂に立つと巻機山本峰が大きく横たわって見える

・1401

群馬県
みなかみ町

1646
米子頭山
1796.1
・1411
国境稜線

N

1478

1:50,000

0　　500　　1km
1cm=500m
等高線は20mごと

1809

巻機山麓キャンプ場 ⚠ WC P ❶桜坂
・860
清水
清水峠へ
858・
0.40
0.30
行程が長いので、桜坂まで車を利用し、なるべく早い時間にスタートしたい
・1487

1809
柄沢山、朝日岳へ

新潟県／越後

八海山

はっかいさん

標高
1707m
（地蔵岳）

怪異な岩峰を見せる越後の霊峰に登る

越後三山では最も低くてアクセスしやすいが、急峻な岩峰を連ね、古来、山岳修験道の霊山でもある。ロープウェイ利用で地蔵岳までの岩登りの技術などが不要なコースを紹介する。八ツ峰縦走は垂直の岩場、やせた岩尾根が続くベテランの領域だ。

150 ロープウェー山頂駅から往復

八海山ロープウェー山頂駅
❶付近が四合目で、地蔵岳までの標高差は約640mあり気を抜けない。駅を出たところは広場で、すぐ上に八海山遥

```
❶        ❷       ❸      ❹      ❸      ❷       ❶
山頂駅   女人堂  千本檜  地蔵岳 千本檜  女人堂  山頂駅
        1.10    小屋    0.10   小屋    1.00
              1.10  0.15      0.40
[m]
2500
2000              1707m
1500      1660m 1660m
1000 1160m  1370m      1370m    1160m
500
0
    0              5              10
                                  [km]
```

拝所と避難小屋、左上に展望台がある。遥拝所には行者の石像が祀られ、これから登る八海山を望める。展望台ではコシヒカリの産地である魚沼平野の広がりを見下ろせる。

登山道に入り、ブナなどの樹林を小さく登り下りして池ノ峰を過ぎると、平坦な尾根道の傍らに小さな池が見られるようになる。登っていくと周囲の山々の眺めが開け、急登をひとがんばりすれば六合目の**女人堂❷**。目の前に薬師岳が立ちはだかる。かつてはこの先が女人禁制で、女性はここで八海山を遥拝して、引き返したという。

薬師岳まで約1時間の急登だが、樹林が開けて笹原や低

薬師岳を越えると地蔵岳の岩峰が迫る

山頂駅展望台から見る魚沼平野

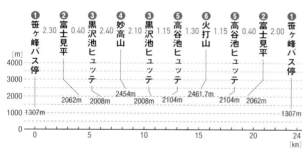

妙高山と対照的にたおやかな火打山

などの展望が素晴らしい。

下山は**高谷池ヒュッテ⑤**から南へ向かい、**富士見平②**から往路を**笹ヶ峰①**へ下る。

アクセス
160 笹ヶ峰から周回
行き・帰り＝JR信越本線妙高高

原駅（笹ヶ峰直行頸南バス50分、1000円）笹ヶ峰。※例年7月1日～10月下旬運行。頸南バス
☎0255-72-3139
駐車場情報 笹ヶ峰に無料駐車場あり、約40台。
アドバイス 豪雪地で7～8月の夏山と10月上旬ごろの紅葉の時期が適期だが、7月初めは残雪を見ることも。一部、急斜面や足場が不安定なところもある。宿泊は黒沢池ヒュッテでもよい。湿原では6月下旬～7月上旬ごろにミズバショウ、続いてキヌガサソウやシラネアオイ、ハクサンコザクラが咲く。東側の妙高高原から妙高山へは、登り4

時間40分、下り3時間20分の赤倉登山道、登り5時間10分、下り3時間50分の北地獄谷コースの利用者が多い。

問合せ先　妙高市観光商工課☎0255-72-5111、妙高観光局☎0255-86-3911

plus 1 | 妙高で泊まる

黒沢池ヒュッテは9500円、☎0255-86-5333。2020年にリニューアルされた高谷池ヒュッテ は1泊2食8500円、☎0255-86-3450。ともにテント場あり、1人1000円。前泊する場合、笹ヶ峰の山小屋明星荘が登山者によく利用されている。1泊2食8500円、☎0255-86-6910。笹ヶ峰キャンプ場は休暇村妙高の施設でフリーサイト、オートサイトあり。☎0255-82-3168。日帰り温泉は妙高高原駅から笹ヶ峰登山口へ向かう途中にある苗名の湯が直近で10時～21時、水曜定休。500円。☎0255-86-6565。妙高温泉周辺には入浴施設が多数ある。

断面図

①笹ヶ峰バス停		②富士見平		③黒沢池ヒュッテ		④妙高山		③黒沢池ヒュッテ		⑤高谷池ヒュッテ		⑥火打山		⑤高谷池ヒュッテ		②富士見平		①笹ヶ峰バス停

2.30　0.40　2.40　2.10　1.15　1.30　1.15　1.15　2.00

[m]
4000
3000
2000　2062m　2008m　2454m　2008m　2104m　2461.7m　2104m　2062m
1000　1307m　　　　　　　　　　　　　　　　　　　　　　　　1307m
0
　　0　　　5　　　10　　　15　　　20　　　24 [km]

2万5000分の1地形図　妙高山

新潟県
妙高市

1:75,000
0　500　1km
1cm=750m
等高線は20mごと

焼山へ
影火打 2384
火打山 2461.7
雷鳥平
天狗の庭
高谷池ヒュッテ⑤
高谷池
1.30
1.15
1.15
1.00
妙高山の個性的な山容、焼山の大きなドームをはじめ、妙高山同様、北アルプスや日本海の展望を楽しめる
池塘に映る火打山が美しく、ミズバショウやハクサンコザクラが咲く
茶臼山
黒沢岳 ▲2212.3
0.45
0.40
黒沢池ヒュッテ③
黒沢池
大倉山 ・2171
大倉乗越
三ツ峰分岐
黄金清水
神奈山 1908.9▲
0.30
0.40
燕温泉
河原の湯
麻平
0.50
1.10
関温泉スキー場
関温泉
妙高高原温泉郷
関見峠山 ・1153
嘉平治岳 ・2035
惣兵工落谷
富士見平②
弥八山 ▲1927.4
0.40
1.20
1.30
1.10
長助池分岐
長助池
1.00
1.30
北峰2446
三田原山 ・南峰2454
大正谷
妙高山④
1.20
1.40
光善寺池
1.10
1.20
前山 ・1932
湯道分岐
天狗堂
大谷ヒュッテ
2141.0
赤倉山
0.40
0.30
2.20
1.30
黄金の湯
大倉沢
光明滝
称名滝
光善寺池
北地獄谷
2万5000分の1地形図　妙高山
老山（鎧山）▲1730
ヒコサの滝
林相がブナ林から常緑針葉樹林に変わる
ヒコサの滝展望台 ・1371
黒沢橋
0.50
黒沢川
杉野沢橋
笹ヶ峰 ▲1544.6
赤尾岳 1441
笹ヶ峰
明星荘
笹ヶ峰キャンプ場
妙高高原駅
1.00
N
山頂駅
妙高高原ゴンドラ
池の平温泉スキー場
妙高杉ノ原スキー場
三ツ山 ▲1031.1
949

Alpine Guide
関東周辺 週末の山登り
ベストコース160

石丸哲也（いしまるてつや） 写真・文

1952年、東京に生まれ、育つ。10代から登山を始め、高山の縦走や冬山、クライミング、海外遠征も経験。現在はライターとして、山の楽しみや自然の魅力を伝えるガイドブックの執筆や、山岳雑誌などへの寄稿とともにカルチャースクールの講師としても活動。著書に『東京発 半日ゆるゆる登山』、共著に『関東百名山』『日本の山を数えてみた』（すべて山と溪谷社）などがある。

ヤマケイ アルペンガイド
関東周辺 週末の山登り
ベストコース160

2021年4月15日　初版第1刷発行

著者／石丸哲也
発行人／川崎深雪
発行所／株式会社 山と溪谷社
〒101-0051
東京都千代田区神田神保町1丁目105番地
https://www.yamakei.co.jp/

■乱丁・落丁のお問合せ先
山と溪谷社自動応答サービス
TEL03-6837-5018
受付時間／10:00～12:00、
13:00～17:30（土日、祝日を除く）
■内容に関するお問合せ先
山と溪谷社　TEL03-6744-1900（代表）
■書店・取次様からのお問合せ先
山と溪谷社受注センター
TEL03-6744-1919　FAX03-6744-1927

印刷・製本／大日本印刷株式会社

装丁・ブックデザイン／吉田直人
編集／WALK CORPORATION、長谷川 哲
校正／與那嶺桂子
DTP／WALK CORPORATION
地図製作／株式会社 千秋社

ISBN 978-4-635-01455-7

＊本書に掲載した地図の作成にあたっては、国土地理院提供の数値地図（国土基本情報）を加工して使用しました。